国防忧患意识教育论

陈胜武　著

河北大学出版社
·保定·

GUOFANG YOUHUAN YISHI JIAOYU LUN
国防忧患意识教育论

责任编辑：刘 婷
装帧设计：张彦琪
责任校对：王亚薇
责任印制：闻 利

图书在版编目（CIP）数据

国防忧患意识教育论 / 陈胜武著. -- 保定：河北大学出版社，2020.9
ISBN 978-7-5666-1695-1

Ⅰ. ①国… Ⅱ. ①陈… Ⅲ. ①国防教育－研究－中国 Ⅳ. ①E251

中国版本图书馆 CIP 数据核字(2020)第 175743 号

出版发行：河北大学出版社
地址：河北省保定市七一东路 2666 号　邮编：071000
电话：0312-5073033　0312-5073029
邮箱：hbdxcbs818@163.com　网址：www.hbdxcbs.com
经　　销：全国新华书店
印　　刷：保定市北方胶印有限公司
幅面尺寸：170 mm × 240 mm
印　　张：15.5
字　　数：261 千字
版　　次：2020 年 9 月第 1 版
印　　次：2020 年 9 月第 1 次印刷
书　　号：ISBN 978-7-5666-1695-1
定　　价：46.00 元

目　　录

调　查　篇

对　策　篇

引　言

历史长河，奔流不息，古今中外，国家大都摆脱不了“其兴也勃焉，其亡也忽焉”的历史周期律。在中国，大一统王朝及各类政权的兴衰更替，在历史舞台上接续上演。一些帝国或盛极一时，或富甲天下，但在如衰神附体似的持续外部压力和致命打击下，或分崩离析，或积祸成耻。15～19 世纪，西方国家忙于地理大发现、工业革命和殖民开拓，明、清帝国却不思进取，社会颓废，国防驰殆，以致最后在列强坚船利炮的打击下让国人饱受近代百年苦难。当前的中国，正肩负民族复兴的重任，把握难得的战略机遇，快步走在实现中国梦的道路上，经济实力、科技实力、国防实力、综合国力进入世界前列，国际地位得到前所未有提升，人民生活水平显著提高，全面实现小康指日可待。古人云：“生于忧患，死于安乐。”先贤们“安不忘危”的谆谆教诲，恰恰说明在生活富足、社会发达的情况下，人们更容易在思想上产生对国家安全的懈怠。中国将坚定地走和平发展的道路，但和平不会青睐没有防卫心理和安全意识的国家和民族，一旦国家安全保证不了，和平与发展的成果哪一样都将不会再属于中国人。

习近平同志指出：要“加强国防教育，增强全民国防观念，使关心国防、热爱国防、建设国防、保卫国防成为全社会的思想共识和自觉行动”[①]，“增强忧患意识，做到居安思危，是我们党治国理政的一个重大原则”[②]。国防观念的强弱是一个民族、一个国家兴衰的“晴雨表”。拥有数千年历史的中国饱经国防忧患，有太多的经验教训需要总结；长期和平发展，国家承平日久，有许多人

① 中共中央文献研究室：《习近平总书记重要讲话文章选编》[M]，北京：中央文献出版社，2016 年版，第 39 页。

② 《中国共产党第十九次全国代表大会文件汇编》[M]，北京：人民出版社，2017 年版，第 19 页。

逐渐淡忘国防安全。有国防忧患意识才能产生维护国防安全的动机，形成维护国防安全的行为动力。国防忧患意识作为国防意识的重要组成部分，是支撑国防观念的柱石，是自觉建设国防、维护国防安全的强劲驱动力。

重视国防教育、培养国防观念是执政兴国的战略之举，是固国安邦的长久之策。国防忧患意识是构成国防教育的基本要素，是一国国防精神力量的重要源泉，它通过直接效应、非直接效应、非直接互动效应和多元战略性效应产生并积聚维护国防安全和推动国家兴盛的精神力量，通过国民意志这个介体与国防建设和国家兴衰建立联系。分析国民意志的生成机制，弄清国防忧患意识教育在国民意志形成中的作用，才能真正意识到国防忧患意识教育对于现代国家和当代公民的重要性，才能更为科学地开展国防忧患意识教育。

国防忧患意识教育的专门研究，至今仍是国防教育理论研究的一个薄弱环节，需要通过系统深入的理论构建、历史梳理和现实问题剖析，厘清国防忧患意识教育的内容，发现国防忧患意识教育的规律和特点，找到意识缺陷和工作不灵的成因，以原理为依托，以问题为导向，有的放矢地高效开展国防忧患意识教育。对致力于伟大斗争、伟大工程、伟大事业、伟大梦想的新时代中国，研究国防忧患意识教育尤其具有重要的现实意义。

一、构建国防忧患意识教育的理论框架

任何理论都来源于实践。自从20世纪80年代以来，国防教育在全国轰轰烈烈地开展起来，各级党委政府、机关团体、企业事业单位、军队以及城乡广大人民群众，积极投身这一伟大实践，推动国防教育实施，接受国防教育洗礼。现实的实践需求和丰富的经验基础，促进了国防教育理论的形成和发展。国防忧患意识教育理论，离不开国防教育特别是国防忧患意识教育的实践，它必须从实践中总结，而不能只在书斋中进行概念上的自我循环。也就是说，国防忧患意识教育理论研究离不开对国防忧患意识教育历史和现实的深切关注，提出的任何一个观点，其出发点和归宿都必须是国防忧患意识教育实践。

国防忧患意识教育实践也离不开理论的指导。复杂纷繁的实践活动一旦被以透彻简洁的方式提高到哲学境界，便走出了粗俗与原始，便有了知识美感。更重要的是，“理论一经掌握群众，也会变成物质力量”。国防忧患意识教育理论探索的目的，就是为了将智慧与实践的结晶，熔铸为有机的体系，升华为思

想的力量，引领并推动国防忧患意识教育达到科学发展的境界，从而呵护、培育和改造教育对象以至增强全社会的国防忧患意识，释放出改造国防安全的强大精神力量，并将其转化为建设国防的巨大物质力量。

第一，要认识国防忧患意识教育的性质、规律和功能。即为什么有国防忧患意识教育，它的特性是什么，国防忧患意识教育遵循哪些规律，具有哪些主要功能。这不仅涉及国防忧患意识教育的本源，而且直接寻求的是关于国防忧患意识教育质的规定性答案。把握国防忧患意识教育的本质，是开展好国防忧患意识教育实践活动和理论研究的前提。国防忧患意识教育规律所揭示和反映的，是国防忧患意识教育的本质，认识和掌握国防忧患意识教育规律，是认识和掌握国防忧患意识教育本质的关键。国防忧患意识教育的功能，是国防忧患意识教育本质的外在集中显露，认识和掌握国防忧患意识教育的功能，有利于全面深刻把握其内在本质，有利于增强国防忧患意识教育的实效。

第二，要研究国防忧患意识教育的根本目的、教育目标和教育任务。即国防忧患意识教育的根本目的是什么，有什么样的具体教育目标，在各个阶段、各项教育活动中又有怎样的具体任务。国防忧患意识教育的根本目的，是国防忧患意识教育最基础、最本质的愿望和要求，是国防忧患意识教育的出发点和归宿，把握了根本目的，便明确了国防忧患意识教育的努力方向。国防忧患意识教育根本目的的实现，必须要有具体的教育目标和教育任务做支撑，确定并完成教育目标和教育任务是实现根本目的的必经途径。

第三，要思考国防忧患意识教育的价值内涵、形态和实现路径。即什么是国防忧患意识教育的价值，国防忧患意识教育的价值表现为什么样的形态，怎样才能实现其价值。国防忧患意识教育属于教育的范畴，具有教育的属性。教育价值是指教育的属性与功能对社会和个人需要的满足，社会和个人会按照自己的需要与期望去建构、改造教育，从而实现教育价值。教育价值一般分为教育的个人价值和社会价值。教育的个人价值可以分为生存价值或谋生价值、满足兴趣或精神需要的价值、自我完善或自我实现的价值。教育的社会价值具体表现为教育的政治价值、经济价值、文化价值等。国防忧患意识教育作为一种服务于国防安全的教育，如果在整个教育价值体系中找不到应有的位置，则其在整个教育体系中就不会有相应的位置。而发现其价值、确认其价值形态及实现路径，正是价值定位的基础工程。

第四，要分析国防忧患意识教育的基本要素。即分析国防忧患意识教育包括哪些基本要素，有着怎样的目标结构和内容体系。国防忧患意识教育是一个包括主体、客体、内容、载体、环境等基本要素的系统，每一要素又构成相对独立的子系统。弄清各要素内部、各要素之间有着怎样的联系，才能从总体上认识、把握和改进国防忧患意识教育。

需要指出的是，国防忧患意识教育理论并不是一个完全独立的体系。国防忧患意识教育既然是国防教育的组成部分，国防教育理论同样也适用于国防忧患意识教育。建立国防忧患意识教育理论的目的，在于通过揭示国防忧患意识教育的本质，发现国防忧患意识教育的特殊性，并与国防教育的普遍性结合起来，用以指导国防忧患意识教育实践。这既是国防忧患意识教育理论研究的必然要求，也有利于聚焦特殊性以深化国防忧患意识教育研究，以理论先导和理论指导，推进国防忧患意识教育实践的快速深入发展。

二、探究国家兴衰中意志力量的心理源头

历史的发展，如同陀螺的运动，不停地旋转，一圈又一圈，周而复始。人类文明勃兴衰败循环往复，为什么有的国家兴盛了，有的国家衰落了，有的国家由盛而衰，有的国家衰而复兴？在人们孜孜不倦寻求答案的过程中，产生了许许多多的解释：有的从经济角度，有的从科技角度，有的从制度角度，有的从国民精神角度，有的从宗教、文化角度，甚至有的从地理环境、气候角度，试图探求国家兴衰的规律。

中华文明是人类历史上唯一具有悠久历史而又从未间断，历经艰难波折存续至今的文明。五千年的时间在人类发展的长河中虽然短暂，却也足以为社会历史规律的显现提供足够宽广的时间舞台。所以，在世界诸国中，中国社会发展中的王朝兴衰、周期更替脉络也更为清晰，更为引人关注。唐代杜牧曾感叹：“秦人不暇自哀，而后人哀之；后人哀之而不鉴之，亦使后人复哀后人也。”“后人复哀后人”式的历史周期性重复经历了太多的克隆式轮回，使得许多人认为这几乎是一条历史定律，似乎有某种恒定的东西，始终保持不变。是什么决定了周期和周期的重复？不同的学者，针对相同或不同的历史事实，从不同的角度，阐释这条“历史定律”。几乎在认识到这些“定律”的同时，政治家们和学者们一直在努力寻找问题的解决办法，以保持国家的长盛不衰。不过，大多数努力都像中国皇帝寻找长生不老的灵丹妙药一样，其药方要么没有效果，要么

反而加重了病情，加速了政权死亡的速度。历史周期律的破解就像哥德巴赫猜想一样，在数千年中吸引着人们为其绞尽脑汁。

人们还认识到，在这种周期性的运动中，国家的兴起往往是从大乱到大治，从对外部势力的柔性反抗到激烈抵抗，再到生命力的难以遏止和强力扩张，而国家的衰落则往往伴随着内忧与外患的接踵而至，在两者共同作用下，要么昔日的盛景不再，要么逐步或迅速走向灭亡。内乱与外患是两个与国防紧密相连的事件。应当说，大多数国家在大多数时候都在努力消除内乱隐患，只不过采取的措施往往不能对症下药；大多数国家在大多数时候都在提防外部的威胁，只不过其威胁度的大小并不能由自己来左右。世界历史上大大小小的国家不计其数，我们不能一一详究，只有把目光聚焦在对人类文明进程曾有过重大影响或者继续有着重大影响的大国身上。大国因体量极大而易成强，因影响巨大而盛衰对比更为明显。一个普遍的规律是，大国的危机往往是在极盛时期集中爆发。虽然国家的盛衰主要表现在物质实力上，但仅仅从物质力量的角度却解释不了这样一种现象，那就是大国也同战场上的军队一样，往往是胜（盛）时势如破竹，败（衰）时兵败如山倒。兵家讲“势”与“气”，国家的“势”与“气”是什么，它有多么重要，它在哪里，又如何获得呢？国家的“势”与“气”就是建立在物质实力基础上的意志力，即国民意志。国民意志是一个国家的国民在不断接受教育和再教育中形成的。坚定的国民意志，它的初始状态可能只是一粒小小的火种，经过一国内部不同群体间及个体与个体间的相互感染，再加上向别的国家或民族学习，不断地积聚壮大，形成国家或民族整体奋发向上的进取精神和誓死抵御外侮的不屈坚魂。但是，如果更进一步深究，国民意志的火种又源自哪里，什么样的条件使它积聚壮大，什么样的原因又造成它极度衰弱甚至暂时或永久丧失？如果我们把思路进一步延伸：有什么办法使它一旦熊熊燃起便长久不息，或者在即将油尽灯枯时重新燃起呢？在前人“生于忧患，死于安乐”的启示下，或许可以期待发现使其生生不息的火种。

三、汲取国防忧患意识教育的历史教训

《宋书》有言：“况三国鼎峙，历晋至宋，时代移改，各随事立。”① 中国历

① 沈约：《宋书・卷十四・志第四・礼一》。

史的盛衰转换、朝代更迭，其原因无外乎内乱与外患。自汉、唐以来，在忧患意识呈下降趋势的历史脉络中，历代王朝在它的上升时期大都能够做到居安思危，在国内政策上注意休养生息、缓和矛盾，在对外政策上重视怀柔睦边，争取时间积蓄力量。具体的体现就是开国及稍后的帝王和士大夫们大都能从稳定、安全中看到内生动乱和外起边患的潜在威胁，宁愿从最坏处设想国家的安全环境，教育国民应看到国防安全潜伏的危机，激发国民维护国家安全的警惕性、自觉性和内在动力。

春秋战国时期，连年的战争使人们逐渐清醒地认识到，国不在大，军不在多，“无备，虽众不可恃也”①，忘战无备则危，“不备不虞，不可以师”②，“居安思危。思则有备，有备无患”③。秦、汉时期，政治家、军事家都特别重视国防忧患问题，或修旨下诏，或著书立说，或慷慨陈词，以教育影响他人重视国防安全。汉武帝在即位最初的几年，虽然还延续着和亲政策，但他一直在寻找机会改变汉初以来的委曲求全状况，逐步彻底击败匈奴，解除北部边境的威胁和隐患。自汉武帝至唐玄宗，初创和鼎盛时期的大一统王朝实力强大，在国家面临威胁时往往能主动出击。究其原因，在于统治者深厚的国防忧患意识催生出积极的进取精神，加上卓越的组织能力，激发了国民爱国戍边的热情，从而形成了上下齐心开拓和巩固边疆的局面。两宋时期，奉行在投降主义支配下的苟且偷安思想，对外部威胁的严峻性和危害性认识明显不足，在外患上出了问题，最终也是亡于外患。明朝，开国后一段时期积极备边防患，但自成祖以后，对边患的警觉逐渐放松，对外敌的防备逐渐废弛。清朝前期的兴盛是与统治者在皇室规范、国家法典及对民间的宣传引导中重视国防忧患意识教育密不可分的。但是，正是在“康乾盛世”时期，无知与自大遮住了中国人的双眼，看不到西方资本主义的迅速发展，看不到长期领先的优势正在迅速丧失，即使在感受到西方侵略掠夺的危险时，仍看不到国防安全面临的新型威胁和挑战，最终导致整个中华民族近代的百年耻辱。清末民初，有识之士虽奔走呼号，奋起抗争，但为政者麻木不醒，民间亦多浑浑噩噩，内乱不止，外患愈重。至日本全面侵华，中华民族处在生死存亡的危急关头，忧患意识和抵抗意志才被空前激发，奋起反抗才赢得了近代以来反侵略战争第一次全面彻底的胜利。为什么国

---

① 《左传·僖公二十二年》。

② 《左传·隐公五年》。

③ 《左传·襄公十一年》。

防忧患意识会出现“半衰期”现象，为什么在勃兴或生死存亡的危急时刻激发起的强烈忧患意识很难持久，多次在盛世时迅速消失，值得我们深思。唯有找出其中的原因，才能有的放矢地进行针对性教育。

四、破解和平时期培育国防忧患意识难题

国防是国家为防备和抵抗侵略，制止武装颠覆，保卫国家的主权、统一、领土完整和安全所进行的军事及与军事有关的政治、经济、外交、科技、文化、教育等方面的活动，是国家生存与发展的安全保障。国防忧患意识所体现的对国防安全的关心和对潜在外部军事威胁的关注，往往又会延伸为对国防斗争结果的担心和对国防建设成就的偏好。自 1945 年抗日战争结束，中国已经远离外国入侵占领 75 年；自 1979 年对越边境自卫还击作战结束（不包括此后的小规模边境冲突和海上冲突），中国已远离边境战乱 40 余年。1979 年，伴随着南疆的隆隆炮声，中国正式启动改革开放的历史进程。改革开放以来的 40 余年，是中国内外政策发生重大转变的 40 年，是国际形势发生深刻变化的 40 年，是中国迅速崛起的 40 年，总体来看是中国和平发展，进入复兴快车道、飙起复兴加速度的 40 年。这 40 年中，中国维护了和平的战略环境，抓住了发展的战略机遇。这 40 年，对中国国防来说也至关重要，国家安全形态和战争形态都出现了亘古未有的变局。改革开放中成长起来的政治家、战略家和思想家逐渐进入各自角色，承担起历史的重任，中国人民已经解决温饱问题，即将全面建成小康社会，并继续迈向中等发达国家之列。但是，台湾问题始终未能解决，岛礁主权与海洋权益被侵犯等安全挑战日益复杂，经济总量按汇率计算成为世界第二的同时，人均收入仍然较低，经济下行压力和风险持续存在，能源安全及海外安全挑战成为新的问题，各种版本的“中国威胁论”不时喧嚣，个别国家牵制和遏制中国崛起的倾向日益明显，国防现代化建设虽成效显著，但与军事强国的差距仍然十分巨大。而且当代国防安全还面临另外一种情况，即第二次世界大战以后，科学技术和国际形势的发展，特别是核武器的出现，使大国发动战争的条件、战争的目标和手段日益受到限制，由此产生了一种在目标、手段、运作领域上均有别于传统战争的战争形态——战略战争。战略战争是一种威慑、竞争和有限杀伤相结合的战略领域的战争形态，它融合政治、经济、外交、思想、心理及军事于一体，扰乱对方阵营、削弱对方国力，使之孤立以至溃灭。

“现代化的战争本质上是一种战略性的战争。”① 因此，国防忧患和其他忧患更为紧密地联系在一起。

经历了长期的和平发展，中国已经前所未有地接近世界舞台的中心，也“比历史上任何时期都更接近、更有信心和能力实现中华民族伟大复兴的目标”②。思所以危则安矣，思所以亡则存矣。进入新时代，日益凸显的领土主权和海洋权益争端、大国地缘竞争以及恐怖主义活动等传统和非传统安全威胁，特别是国家安全形态和战争形态的新变化，考验着中国的国家战略能力，也叩问着中国人的国防忧患意识。

首先，几千年积淀下来的经验教训如何找到新的用武之地。中国数千年朝代更迭史和近代中华民族反侵略斗争史，就是一部国家、民族生死存亡的搏斗史。作为大国的国家身份以及所处的特殊地缘环境，使外患充斥了中国历史发展的整个进程。繁荣或强盛而生内斗或内乱，内斗和内乱导致国家积弱，国家积弱而生外患，外患小时视若无睹，外患大时则无力回天，从而造成一代代的王朝更替，一次次处于“最危险的时候”。历史的教训虽然沉痛，却也留给中国人一笔宝贵的精神财富，那就是在生死存亡时能够激活人们的历史意象，激发民族的血性和活力，从而誓死抵抗、变革图强。在以和平与发展为主题的时代，在中国早已成为有核国家，并以大国身份进行国际竞争合作的情况下，中国已不大可能面临类似日本侵华那样的危亡局面，头脑中的历史在现实中不再能够找到对应的景象，历史记忆即使不被磨灭，也不再能够找到释放能量的空间。如果不在新安全形态和新战争形态下为国防忧患意识开辟新的空间，历史记忆不仅起不到应有的警示作用，反而可能会成为沉重的精神负担。

其次，和平主义的价值取向如何与民族的血性共存。习近平同志指出：“一个民族最深沉的精神追求，一定要在其薪火相传的民族精神中来进行基因测序。有着 5000 多年历史的中华文明，始终崇尚和平，和平、和睦、和谐的追求深深植根于中华民族的精神世界之中，深深溶化在中国人民的血脉之中。”③ 英国哲学家、数学家、文学家和历史学家罗素认为：“如果在这个世界上有‘骄傲到不

---

① 安德烈·博福尔：《战略入门》[M]，军事科学院外国军事研究部译，北京：军事科学出版社，1989 年版，第 102 页。

② 《中国共产党第十九次全国代表大会文件汇编》[M]，北京：人民出版社，2017 年版，第 12 页。

③ 习近平：《习近平谈治国理政》[M]，北京：外文出版社，2014 年版，第 265 页。

屑打仗’的民族，那就是中国。”① 和平可以是体面的，也可能是屈辱的。有血性的国家和民族不要屈辱的和平，事实上屈辱的和平也长久不了。体面的和平不能单相思，需要主动维护，需要实力、能力、勇气去维护。中国坚持走和平发展道路，不去招惹别人，但绝不能刀枪入库、马放南山，必须有防身利器，必须有别人惧怕的“撒手锏”，这样才能更好地做到以武止戈，这样国家就不仅是和平的而且是安全的。民族血性并不是一味地好勇斗狠，而应是用敏锐的目光随时捕捉国防安全的威胁因素，并随时做好为国防安全而战的准备。但是，和平主义的愿望会遮蔽国家和民族对威胁因素的感知，会销蚀其为维护尊严和利益不惜一战、死磕到底的决心和锐气。如何在珍爱和平的基础上，在长期和平的环境中避免患上“和平麻痹症”，是长期和平发展对中国人国防忧患意识的一个重大挑战。

最后，如何使国防建设与经济建设协调发展的观念深入人心。第二次世界大战特别是冷战结束以后，经济优先长期成为世界的潮流，绝大多数国家都希望在一个相对和平的环境中尽快发展本国经济。我国是一个处于社会主义初级阶段的发展中国家，解决现阶段包括国防现代化在内的所有问题，关键是要把经济发展起来并持续发展下去。经济建设及其发展状况，是决定当代中国命运的一个大局问题，离开这个大局，社会主义就有丧失物质基础的危险，国防建设的根基就有崩溃的危险。因此，国防现代化建设必须在这个大局下行动，服从和服务于这个大局。但是一个国家的发展并不仅仅是经济发展，经济发展也并不必然导致国防安全。国防安全不是仅由财富和金钱保障的，还需要有对国家利益的明确界定、坚定的国家意志、高昂的军心士气、深厚的国防安全意识、有效的国家安全机制和雄厚的国防实力，它们的集中指向就是对国防和军队建设的重视。国防和军队建设是中国社会主义现代化建设的重要组成部分，没有国防的现代化，中国的社会主义现代化是不完整的。邓小平同志指出：“如果六十年代以来中国没有原子弹、氢弹，没有发射卫星，中国就不能叫有重要影响的大国，就没有现在这样的国际地位。”② 强大的现代化国防力量，始终是中国改革开放和现代化建设的坚强后盾，是国家政权巩固、社会稳定、经济发展、人民安宁的可靠保障。江泽民同志指出：“一个巩固的国防是经济发展和国家安

① 伯特兰·亚瑟·威廉·罗素：《中国问题》[M]，秦悦译，上海：学林出版社，1996年版，第154页。

② 邓小平：《邓小平文选》(第三卷)[M]，北京：人民出版社，1993年版，第279页。

全的基本保障。如果不随着经济的发展而努力加强国防建设，提高军队武器装备的现代化水平，一旦发生战争，我们就可能陷于被动，就难以有效地维护国家安全。"① 胡锦涛同志指出："在复杂多变的国际局势下，推进改革开放和现代化建设，实现我们的宏伟目标，必须有巩固的国防作保障。"② 进入新时代，中国正处在由大向强发展的关键阶段。随着经济总量、综合实力不断上升，各种可以预见和难以预见的风险和挑战也在不断增多。体量越大，承受的外部压力就会越大，面临的内部矛盾就会越多。中国要努力缩小同世界军事强国的差距，只有这样才能做到不战而屈人之兵，同时主要任务仍然是发展经济、改善民生，国防投入还是要服从这个大局。如何在国家总体战略中兼顾发展和安全？习近平同志指出：这就需要正确把握和处理经济建设与国防建设的关系，使两者协调发展、平衡发展、兼容发展③，"发挥好军民融合对国防建设和经济社会发展的双向支撑拉动作用，实现经济建设和国防建设综合效益最大化"④。

国防安全作为公共利益是每个个体、团体、阶层的切身利益，但是在和平发展的大环境下，却是不容易看得见、摸得着，也不能伸手可及并明确被某一个体或群体占有的利益。如果一个社会的多数人对公共利益表现得十分冷漠，对国防安全也不会有真正的热情。几千年的中国国防建设史中，国防建设大多数时候都被认为是国家财政和人民生活的一种负担、一种必须付出的代价，其对经济建设的拉动作用长期被忽视，也没有真正发挥出来。在和平时期，国防建设的成效、国防投入的作用无法检验，因此，国防建设和经济建设的协调发展这一观念能否深入人心、能否在建设实践中实现，实际上也是对一国国防忧患意识整体状态的检验。重视对这一问题的研究，探索在军民融合深度发展中增强公民国防忧患意识的路径，也应当是新时代国防忧患意识教育的题中应有之义。

应当强调的是，尽管我们将焦点放在国防忧患意识的培育上，但对新时代中国国家安全的思考，不仅要有传统意义上的解释，更要有大战略的宽广意识。

---

① 中共中央文献研究室：《十五大以来重要文献选编》[M]，北京：人民出版社，2000 年版，第 701～702 页。

② 《胡锦涛在中央政治局第五次集体学习时强调：密切关注世界新军事变革的发展态势 积极关心支持国防和军队现代化建设》[N]，《人民日报》2003 年 5 月 25 日第 1 版。

③ 《深入实施军民融合发展战略 努力开创强军兴军新局面》[N]，《解放军报》2015 年 3 月 13 日第 1 版。

④ 习近平：《习近平谈治国理政》（第二卷）[M]，北京：外文出版社，2017 年版，第 413 页。

增强忧患意识，做到居安思危，必须立足“当前我国国家安全内涵和外延比历史上任何时候都要丰富，时空领域比历史上任何时候都要宽广，内外因素比历史上任何时候都要复杂”这一现实，坚持总体国家安全观。因此，从学术规范上，从研究的严谨性和方便性上考虑，我们需要对国防忧患意识教育做出严格的界定，但绝不能画地为牢。

理论篇

国防忧患意识教育理论，主要指国防忧患意识教育特有的一系列概念、范畴和原理，包括国防忧患意识的概念及内涵，国防忧患意识教育的本质、规律和功能，国防忧患意识教育的目的、目标和任务，国防忧患意识教育的价值，国防忧患意识教育的结构，国防忧患意识教育的主体、内容、对象、载体和环境等。

第一章　国防忧患意识教育的概念及内涵

系统有效地开展国防忧患意识教育需要理论支撑，而理论的建设需要以概念为基础。国防忧患意识教育理论最基础、最核心的概念是“国防忧患意识”和“国防忧患意识教育”。

一、国防忧患意识概念及内涵解析

意识是人脑对大脑内外表象的觉察。在哲学上，当意识与思维都用以指人脑对客观事物的反应时，可以通用，但意识涵盖范围更广，包括感性认识和理性认识，还包括人的情绪、意志、良心等。现代心理学的创立者、德国心理学家冯特使心理学脱离哲学成为一门独立的学科后，心理学也开始了对意识问题的研究。“忧患”一词源于《周易》，意指困苦患难。①“忧患意识”是由这两个词构成的偏正词组，基于“忧患意识”、聚焦国防安全的“国防忧患意识”，是国防忧患意识教育理论的基本概念。

（一）忧患意识

中华文化中的忧患意识源于周人天命观基础上的责任意识。徐复观认为：“在以信仰为中心的宗教气氛之下，人感到由信仰而得救；把一切问题的责任交给于神，此时不会发生忧患意识；而此时的信心，乃是对神的信心。只有自己担当起问题的责任时，才有忧患意识。”② 产生于春秋时期的儒家思想，继承和

---

① 《周易·系辞》曰：“易之兴也，其于中古乎？作易者，其有忧患乎？”这是“忧患”一词的最早出处。

② 徐复观：《中国人性论史·先秦篇》[M]，上海：上海三联书店，2001年版，第20页。

发展了周人的忧患意识思想。“儒家思想的要义，可以概括为重和谐、重人本、重道德，充满着忧患意识，贯穿着力行精神。”① 儒家思想中的忧患意识作为中华文化的精华，已经熔铸到我们民族的血液之中，成为我们伟大民族得以生生不息发展的精神源泉和动力。“中国共产党历代领导集体继承和发展了中国悠久的忧患文化，在革命、建设、改革的不同历史阶段不断地加以丰富和发展。”② 党的十八大以来，习近平同志把增强忧患意识放在重要位置，并在实践中形成了独具特色的忧患意识思想。③

忧患意识是一种基于历史使命感和社会责任感的警示意识和自我审视意识。现代意义上的忧患意识，有广义和狭义之分。从广义上讲，是“人们对现实世界进行否定性批判性思维的一种理性认识和外部情感表现，是指人们从忧患境遇的困扰中体验到人性的尊严和伟大及做人的意义和价值，并进而以自身内在的生命力量去突破困境、超越忧患的心态。它既包括对个人自身命运的关注和忧虑，也包括对社会危机的一种感受和预知能力”④。人们通常谈的忧患意识是狭义的忧患意识，它是“以忘我为特征的，带有强烈的历史使命感和社会责任感，体现出积极参与社会变革的忧国忧民的精神”⑤。从本质上讲，忧患意识是一种政治自觉意识，是客观过程在人们心理上产生的积淀，是人们对客观事物及其发展规律的一种自觉能动的预测和认识行为。

忧患意识是相对于祝福意识而言的。祝福意识作为一种社会意识现象，是知性思维方式中固守思维的确定性和肯定性判断及其外部情感表现，表现为对知性的有限规定给予情感的关怀和推崇，并上升到一种善的信念。极度膨胀的祝福意识，把认识“停留在有限的规定里，并且认这些有限规定为究竟至极的东西”⑥，即驻足于原有认识的肯定性判断，缺乏辩证理性的思考，不理解任何真理的判断总是存在于肯定、否定两个辩证环节的联系中，用情感或利益关系

① 李平：《中国文化散论》[M]，合肥：安徽大学出版社，2000年版，第2页。

② 甄宇：《中共历代领导人忧患意识发展初探》[J]，《北京警察学院学报》2015年第6期，第1页。

③ 谭东华、刘宇赤：《习近平忧患意识的特色、来源及时代价值》[J]，《攀登》2018年第5期，第9页。

④ 王红松：《应重视大学生的忧患意识教育》[J]，《理论界》2005年第9期，第119页。

⑤ 王红松：《应重视大学生的忧患意识教育》[J]，《理论界》2005年第9期，第119页。

⑥ 黑格尔：《小逻辑》[M]，贺麟译，北京：商务印书馆，1980年版，第97页。

来代替事实，按照个人有限的认识空间和感情好恶来评判现实。① 而忧患意识则是一种警觉意识和危机意识，是对危机、灾难或危险的关注，是在和平安宁环境下产生的一种对可能出现的危难或危机的政治自觉意识，是人的理性思维为追求客体内在的必然性，对现实存在所持否定性思维的外部情感体现。

忧患意识是一种主体意识。主体意识是主体的自我意识，是人们对于自身的主体地位、主体能力和主体价值的自觉意识，是人之所以具有主观能动性的重要根据，主要包括自主意识和自由意识。具有忧患意识的人们，相信面对现实和未来的困苦患难时，人始终处于主导和支配地位，不相信命运的安排，有着强烈的把握自己命运的愿望；具有忧患意识的人们，怀有改变历史进程、超越现实和应对潜在忧患的远大目标以及信心和勇气，也就是追求克服主客体对立，以实现主体的自由。

忧患意识是一种社会意识。具有忧患意识的人们有着强烈的“入世”情结，将个人的命运与社会的命运紧紧联系在一起。个体的忧患意识汇聚成社会的忧患意识，低层次、自发的忧患意识存在于社会心理之中；高层次、经过思想家加工的忧患意识则存在于哲学、艺术、宗教、道德、政治、法律思想等意识形态之中。

忧患意识是一种批判意识。忧患意识实质上是一种自我诊断意识，它通过对现实存在的怀疑、批判、否定，来谋求建构“安乐”。忧患意识不满足于现状，往往或通过理性反思总结经验，或通过积极批评揭露错误，或从对事物的肯定中发现潜伏的矛盾和危机。

忧患意识是一种责任意识。徐复观认为：“‘忧患’与恐怖、绝望的最大不同之点，在于忧患心理的形成乃是从当事者对吉凶成败的深思熟考而来的远见；在这种远见中，主要发现了吉凶成败与当事者行为的密切关系，及当事者在行为上所应负的责任。忧患正是由这种责任感而来的要以己力突破困难而尚未突破时的心理状态。所以忧患意识，乃是人类精神开始直接对事物发生责任感的表现，也即是精神上开始有了人的自觉的表现。”② 由此可见，忧患意识表现为社会主体的精神自觉，是社会主体改造世界的强烈责任感和能动性，“这是一种

① 刘志生：《社会发展与忧患意识的理性审视》[J].《南京政治学院学报》2003年第5期，第41～42页。

② 徐复观：《中国人性论史》[M]，上海：华东师范大学出版社，2005年版，第14页。

责任，更是一种担当”①。

忧患意识是一种积极意识。忧患意识是人的理性思维为追求客体内在的必然性，对社会现象和趋势的否定性认识。它虽然是一种否定性思维，往往表现为对客观事物的苛求，但目的是推动社会更加健康地向前发展；由于它不乏理性，因而是对社会和人生富于远见的深刻思考。忧患意识不是一种消极意识，它不是“杞人无事忧天倾”的那种消极悲观厌世的心态，而是善于发现和找出自己的不足，时时牢记自己的信念和责任，在前进的道路上不骄不躁，以自身内在的生命力量去突破困境、不断进取的心态。正如《易经》所说：“君子安而不忘危，存而不忘亡，治而不忘乱。是以身安而国家可保也。”②

（二）国防忧患意识

国防忧患意识是忧患意识的重要组成部分。苑士军教授认为，国防忧患意识是对国家安全的忧虑，表现为对国家安全的关心和对潜在的外部军事威胁的关注。③ 从传统意义上看，由于国家安全主要指的是国防安全，这一界定比较准确地概括了国防忧患意识的内涵。但是，随着国家安全内涵的不断拓展，特别是经济安全、文化安全、社会安全、信息安全、生态安全、资源安全、生物安全等在国家安全体系中的地位不断上升，对国家安全的忧虑已经大大超出了国防安全的范畴。另一方面，随着战争形态变化、国防斗争领域扩展和武装力量职能拓展以及国防领域与其他领域的不断交叉渗透，国防忧患意识反映的国防安全内涵更加丰富，外延也大为拓展。现代意义上的国防忧患意识，不仅包括对外来军事入侵威胁的关注和忧虑，还包括对境外重大利益面临军事威胁的关注和忧虑；不仅关注和忧虑外部的军事威胁，而且关注和忧虑本国应对这些威胁的国防能力，即关注和忧虑本国的国防建设；不仅关注和忧虑军事斗争的具体操作，而且关注和忧虑国家的战略能力、国防潜力及其与现实和潜在的竞争对手、敌人之间的对比。尤其是在综合国力竞争日趋激烈的情况下，国防忧患意识关注和忧虑的内容不仅涵盖了综合国力中的军事能力，而且涵盖了政治、经济、外交、科技、文化等影响军事能力的因素以及以上各领域的竞争和斗争

---

① 中共中央文献研究室：《习近平总书记重要讲话文章选编》[M]，北京：中央文献出版社、党建读物出版社，2016 年版，第 155 页。

② 《周易·系辞》。

③ 苑士军：《国防教育概论》[M]，北京：解放军出版社，2004 年版，第 61 页。

对军事力量的需求。综合起来看，国防忧患意识是指对外部军事威胁、本国军事斗争能力以及综合国力竞争中军事力量支撑作用的关注、忧虑和提高国防安全度的愿望。

国防忧患意识是反侵略历史记忆在头脑中的再现。意识来源于客观存在，忧患意识来源于忧患的客观存在，国防忧患意识来源于国防忧患的客观存在。国防忧患的客观存在既包括现实中存在的威胁国防安全的因素，也包括历史记忆中国家或民族遭受的外来侵略、占领、欺凌和压迫，特别是亡国灭种的惨痛记忆，还包括对其他国家或民族遭受的类似灾难的学习和记忆。这些历史记忆在人们的头脑中留下深刻的印象，并且产生对加害者的敌人意象①。"'敌人意象'一经形成很难改变"，进而发展为"镜像"，使人们进入一种"内在邪恶的信念"的知觉模式②。这些印象、意象和镜像在现实中不断被各种威胁因素激活，引起人们对国防安全的关注与担忧，威胁因素的刺激越大，则关注与担忧越为强烈。一般来讲，直接遭受过上述灾难的国家和民族，其国防忧患意识要强于没有遭受过上述灾难的国家和民族。如果一个国家或民族没有遭受过这样的灾难，只要它注意从其他国家或民族的灾难中学习，也能拥有较强的国防忧患意识。一个国家或民族如果在历史上总是处于不安全之中，或者屡遭重大国防灾难，会拥有较强的国防忧患意识。就单个国防灾难而言，它的历史越近，留给国家或民族的记忆越为深刻，由此产生的国防忧患意识也就越强。

国防忧患意识是对国防安全状态具有否定意向的知觉。知觉是当前的客观事物直接作用于人们的感觉器官，在头脑中形成的对客观事物直观形象的反映。知觉以感觉为基础，但不是感觉的简单相加，而是对大量感觉信息进行综合加工后形成的有机整体。在现实生活中，人们在对国家面临的外部威胁、本国国防能力综合感知的基础上，形成对国防安全状况的否定性意向，进而生成国防

---

① 王缉思、徐辉：《中美危机行为比较分析》[J]，《美国研究》2005 年第 2 期，第 27 页。敌人意象以冷战时期的美苏关系最为典型。双方都认为，对方热衷于侵略和征服，没有人性，不真诚、不可信，能做出极端残暴和邪恶的事情，因此不值得尊重和体谅等。(在敌对的国家和民族之间）以这些概念看待对手成了每个公民的道德义务，谁要是怀疑就要遭到谴责。

② 杨恕、王术森：《议题性质、威胁认知、共同利益与"可合作安全"》[J]，《国际安全研究》2018 年第 2 期，第 12 页。

忧患意识。由于知觉具有选择性[①]，人们对国防安全的关注需要持续不断的刺激。如果客观环境中存在刺激因素，关注具有自发性；如果客观环境中没有刺激因素，或者刺激因素不明显，或者被错误地忽视，则需要人为地进行刺激。当关注产生之后，人们便开始尝试对国防安全进行理解，并最终给出判断，这种判断可能是肯定的，也可能是否定的。国防忧患意识是对国防安全状态的批判性和否定性判断，即倾向于寻找国防安全状态中的不安全因素，并认为国防处于不安全状态，即使现在是安全的，将来也可能处于不安全之中。

国防忧患意识是维护国防安全的强烈情感。情感是指人们在认识客观事物的过程中对客观事物的态度、体验或感受。人们在与事物的接触中，常常会产生满意或不满意、愉快或不愉快、喜爱或厌恶、欣赏或遗憾等态度体验。知觉的理解性会受到情绪、意向、价值观和定势等的影响，因此忧患意识的产生本身就具有强烈的情感因素，这种情感可能来自于对民族或国家的认同，也可能来自于民族主义、爱国主义等政治情感，还可能来自于忠诚、尚武等个人操守。国防忧患意识是对国防安全的关注和忧虑，它的产生和存在是以强烈的爱国情感为基础的，没有爱国情感便不会关注国家，更不会担忧国家的前途命运。进一步说，国防忧患意识中还包括强烈的维护国家国防安全的责任感，即所谓“国家兴亡，匹夫有责”。具有国防忧患意识的人能够主动关注国防安全，并且愿意为国防安全服务，而不是仅仅把维护国防安全作为一种不得不履行的公民义务或职业操守。

（三）国防忧患意识与国防意识

“国防意识是一种自觉维护民族和国家利益的群体意识，是民族精神的重要体现，这是一种无形而巨大的精神力量。”[②] “国防意识是人们对国防的积极认识以及由这种积极认识而产生的对国防的关注和参与冲动。”[③] 国防意识的存在离不开对特定国家的认同且必须建立在这一认同的基础之上。因此，准确地说，国防意识是人们建立在国家认同即归属感基础上的对国防的积极认识（包括感

---

① 客观事物是丰富多彩的。在每一时刻里，作用于人的感觉器官的刺激也是非常多的，但人不可能对同时作用于他的刺激全都清楚地感知到，也不可能对所有的刺激都做出相应的反应。在同一时刻里，他总是对少数刺激知觉得格外清楚，而对其余的刺激知觉得比较模糊。这种特性被称为知觉的选择性。知觉得特别清楚的部分称为知觉的对象，知觉的比较模糊的部分称为知觉的背景。

② 侯树栋、冯少武、崔辉政等：《国防教育大辞典》［M］，北京：军事科学出版社，1992 年版，第 367 页。

③ 许江瑞、方宁：《国防法概论》［M］，北京：军事科学出版社，1999 年版，第 82 页。

性认识和理性认识）以及由这种积极认识而产生的国防情感和态度。国防意识的产生以国家认同为前提，没有国家认同就没有国防意识。一个人可能不属于某个国家（如无国籍人），不负有对某个国家的国防义务，但只要他主观上认定自己是某国家的人，便可能产生对这个国家的国防意识。世界上绝大多数人都有自己的祖国，但并不是所有的人都能产生关于祖国的国防意识。自近代主权国家体系确立以来，民族意识是与祖国意识联系最为密切的概念之一。对单一民族国家来说，民族意识就是祖国意识；对多民族国家来说，祖国意识高于并内含民族意识；对跨境民族和跨国移民来说，祖国意识可能会与民族意识发生冲突。总的来说，只要一个人认定自己是某一国家的人，便有了产生关于这个国家的国防意识的基础。但是，祖国意识并不必然产生国防意识。例如，一些背叛自己祖国的人可能尚存有祖国意识，但一定不具有国防意识，他们所具有的是关于祖国国防的消极认识。

对国防的感性认识包括对国防这一客观存在的感知和国防知识的了解，它是国防理性认识产生的必经过程。国防理性认识是在国防感性认识基础上形成的对国防更为全面、深刻的认识，是对国防本质和内部联系的彻悟及对国防规律的准确把握。国防忧患意识、国防责任意识、国防法律意识等均属于国防理性认识。对国防的积极认识和消极认识都会产生相应的国防情感和态度，积极认识产生关心、热爱国防的情感和参与国防建设、保卫国防安全的冲动。

国防意识与国防忧患意识的关系是整体和局部的关系。国防忧患意识是国防意识的重要组成部分，是忧患意识中属于国防意识的那一部分，是忧患意识和国防意识的交集。如图 1-1 所示。

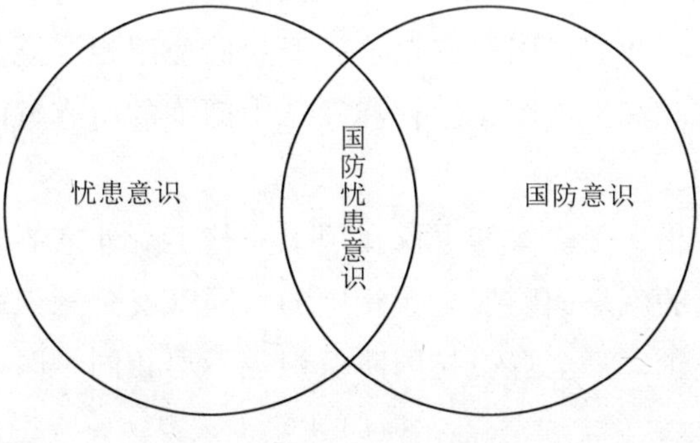

图 1-1　国防忧患意识是忧患意识和国防意识的交集

国防忧患意识属于国防意识中的理性认识。国防忧患意识是对国防这一客观存在全面观察和深入思考而形成的，是对国防规律的深刻把握，并在此基础上充分发挥认知主体的作用，对国防存在进行选择性判断。

国防忧患意识是人们对国防安全状态的否定性判断。国防的根本目的是维护国家的安全。在国防意识中，国防忧患意识倾向于认为国家面临安全威胁，而威胁程度大于或可能大于国家应对和抵御威胁的能力，从而产生对威胁因素的强烈关注和对国防建设的紧迫感。

国防忧患意识是国防意识中国防情感的最强烈部分，是国防热情的动力源泉。国防忧患意识孕育、产生并包括国防责任意识，催生并积聚人们关心国防、参与国防和超出自身义务承担国防职责的行为倾向。

（四）国防忧患意识与国家安全意识

安全一词，在古代汉语中作“安”。“安”有安定、平安之意，也有保护、保全之意。其中的保护、保全发展为现代汉语的“安全”。《现代汉语词典》将“安全”解释为“没有危险”①。西方的“security”（安全）一词出于拉丁文“securitas”，意为从小心、不稳定和自制中解脱出来的状态，进而引申为脱离危险的状态②。国家安全这一概念最早由美国专栏作家李普曼在1943年出版的《美国外交政策》一书中提出，并在二战后得到广泛应用，但其定义一直不明确。美国“国际社会关系百科丛书”认为，现代社会科学家谈到保卫国家安全时，一般是指一个国家保护它的内部社会制度不受外来威胁的能力。《苏联大百科全书》认为，保卫国家安全，即保卫现行国家制度、社会制度、领土不可侵犯和国家独立不受敌对国家的间谍特务机关以及国内现行制度的敌人破坏而采取的措施的总和。在我国，国家安全这一概念的使用相当混乱，它有时仅涉及防间和反破坏，有时又涵盖国家生存和发展中面临的所有危险，有时又与国防安全这一概念混同。

当国家安全专指一国确保其主权和领土完整不受外来势力的武装侵略和侵犯时，国家安全指的就是国防安全。相应的，国家安全意识就是国防意识。即使在这一框架内，国家安全意识与国防意识也不尽相同。国家安全意识与国防

---

① 《现代汉语词典》[M]，北京：商务印书馆，2014年版，第7页。

② 子杉：《国家的选择与安全》[M]，上海：上海三联书店，2005年版，第7页。

意识的主要区别在于，国家安全意识更强调对国防这一客观存在的认识，而不强调国防知识，并且对国防这一客观存在有着比国防意识更为明确的指向性，倾向于寻找和探究国家安全面临的威胁因素。就情感和态度而言，国家安全意识中亲身参与的冲动不一定很强，而是更倾向于通过个人的思想和行动影响或支持政府关于国家安全的决策和行动。

国防忧患意识和国家安全意识都非常关注国防安全面临的外部威胁，但国家安全意识更为关注现实威胁，而国防忧患意识不仅关注现实威胁，还重视对历史威胁的探究，并从中找出经验教训，为应对现实威胁服务。

国防忧患意识和国家安全意识都包括对国防安全的认识，国家安全意识对国防安全状态的认识可能是肯定的，也可能是否定的，而国防忧患意识对国防安全状态的认识主要是否定的，即认为国家处于不安全之中。

国防忧患意识是国防意识中最能产生“投身”冲动的那一部分意识，这种冲动是一种付诸行动的高度精神自觉，不仅表现为随时等待国家召唤的精神准备，而且表现为个人对国家安全的主动身心投入，而国家安全意识与之相比则不太强调个人的身心投入。

国防忧患意识是对国防安全状态的否定性认识，是一种理性认识，它很容易使认识主体产生强烈的国防情感，产生关注和投身国防建设和保卫国防安全的激情与冲动。国家安全意识虽然也有情感因素的存在，但这种因素远没有国防忧患意识中的情感那么强烈。

国防忧患意识是所有关于国防安全的意识中最具有远见的那部分意识，它强调深谋远虑，强调防微杜渐、防患于未然，强调通过努力追求最好的结果。国家安全意识则更受现实主义的支配，强调“合理足够”的原则。

二、国防忧患意识教育概念及内涵解析

教育是按照一定的目的要求，对受教育者的德、智、体等诸方面施加影响的一种有计划的活动，一般是指学校教育，但也用来泛指社会上一切有教育作用的活动，如社会教育、家庭教育等。国防忧患意识教育是以培养教育对象国防忧患意识为目的教育活动。

（一）国防忧患意识教育

国防忧患意识的性质决定了国防忧患意识教育是以主要培养教育对象关于国防安全的批判性意识为目的的有计划的教育活动。在具体教育活动中，国防忧患意识教育既是国防教育的重要内容，又寓于内容更为广泛的忧患意识教育之中。在教育实践过程中，由于国防忧患更容易对人们产生强烈刺激，国防忧患意识往往成为忧患意识教育的重点内容。

国防忧患意识教育具有忧患意识教育的一般属性。苑士军教授认为，忧患意识教育“利用广大公民关心国家前途、命运和社会发展的心理，在肯定有利因素和发展趋势的前提下，把前进中面临的问题、遇到的阻力、各种各样的困难和危机，有分析、有选择地告诉公民，并动员广大其共同寻求解决的方法，积极努力克服前进中的困难，使国家和社会不断向前发展”①。这说明，忧患意识教育是为国家安全与发展服务，教育内容具有较强的选择性，主要选择批判性内容，同时对教育目的的实现又持一种较为乐观的态度。

国防忧患意识教育意在对人们的心理发展过程施加影响，使这一过程以国家意识和安全意识的形成为起点，以形成维护国防安全的意志为终点。在这一意志的基础上，人们便会采取维护国防安全的自觉、自愿和坚决行动。国防忧患意识的形成过程如图 1-2 所示。

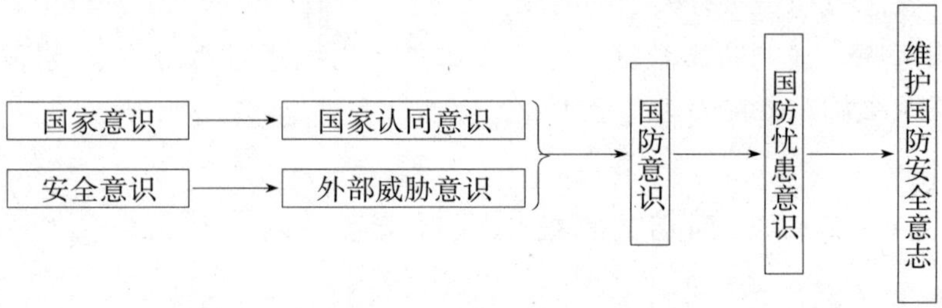

图 1-2　国防忧患意识的形成过程

国防忧患意识教育作为国防教育的重要组成部分，其根本目的与国防教育的目的是一致的。国防忧患意识教育的特殊性主要体现在内容的选择和运用国

---

① 苑士军：《国防教育概论》[M]，北京：解放军出版社，2004 年版，第 62 页。

防教育方法、手段上的特殊指向。国防忧患意识教育的内容，是由国家追求国防安全的天性和本国国民忧患意识相对不足之间的矛盾决定的。它主要选择灾难、挫折、失败等具有警示意义和震撼作用的历史性教育内容，以及威胁、危机、危险等现实性教育内容，显现国防兴衰的规律，供人们从中吸取经验教训，创造客观浓重的条件氛围，对教育对象进行强烈刺激，从而使其认识到现时威胁的存在、国防能力和国防意志的不足，需要通过自觉的努力进行改进和提高，以有效维护国防安全。

国防忧患意识教育所依托的方法、手段是教育对象可以亲身体验的，而国防忧患意识教育的内容有些或有时是可以亲身体验的，而有些或有时是不可能亲身体验的。对当代中国这样一个有足够能力维护自身安全的大国而言，国防忧患意识教育的内容主要是非体验性的。人的意识来源于客观存在，客观存在以直接经验和间接经验的形式构成人脑对客观存在的反映。直接经验是通过自己亲自实践所获得的认识，间接经验是通过媒介从他人那里获得的认识。直接经验是认知主体的亲身体验，而间接经验则不是。国防忧患意识教育中的灾难、危机、挫折、失败等是人们忧虑和担心的，即人们主观上不希望发生并且要竭力避免的。开展国防忧患意识教育的目的也正是要充分调动人们的精神力量，避免这些不幸事件发生在本国身上。在和平与发展已经成为时代主题、大规模外敌入侵威胁非常小的情况下，大多数人不可能亲历国防忧患，国防忧患意识教育主要以历史上发生的国防忧患，或者在别国发生的国防忧患作为主要内容。但是，不希望发生不一定就不发生，因此，国防忧患意识教育要注重引领人们理性认识现代条件下国防安全面临的威胁。

（二）国防忧患意识教育与国防教育

国防教育有着悠久的历史，在一些国家已经成为法定的教育活动。1997 年颁布施行的《中华人民共和国国防法》除在第三条规定“国家普及全民国防教育”外，还设专章对国防教育做出规定，标志着国防教育在我国确立了法律地位。2001 年，《中华人民共和国国防教育法》颁布实施。在我国，从 20 世纪 80 年代开始，国防教育也逐渐发展为一门相对独立的学科。“国防教育”是国防教育学科专业领域最核心、最基础的概念。《中国军事百科全书》将国防教育定义为“为巩固和加强国防而对公民进行的教育”，认为它是“国防建设的组成部分，教育事业的重要内容”①。《国防教育大辞典》将“国防教育”定义为“国防领域里的教育现象”，“是为增强全民国防观念，强化全民国防意识和军事知识与技能所进行的教育”②。《辞海》认为，国防教育是“以增强国防观念和履行国防义务为目的的教育”③。前两个定义出现在《中华人民共和国国防教育法》颁布之前。“为巩固和加强国防而对公民进行的教育”不能与军事教育加以区分，而把国防教育仅仅看成是“国防领域里的教育现象”内涵又过于单薄，外延也过于狭窄。《辞海》的定义没有教育主体和教育对象，显然不够完整。根据现行《中华人民共和国国防教育法》依据《中华人民共和国国防法》和《中华人民共和国教育法》制定这一事实，以及该法中“国防教育是建设和巩固国防的基础，是增强民族凝聚力、提高全民族素质的途径”这一表述，表明国防教育既是国防建设的组成部分，又是教育事业的组成部分，具有国防建设和国民教育的双重属性。如图 1-3 所示。

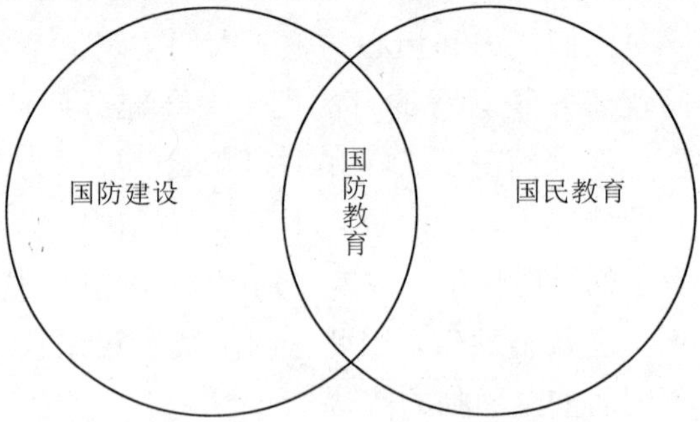

图 1-3　国防教育具有国防建设和国民教育的双重属性

因此，我们可以把国防教育定义为：由国家组织和领导的，由国家机关、社会团体、公民个人等社会成员共同参与的，运用国防及其相关知识内容，依托专门教育体系并融合其他教育体系，以增强全民国防观念和公民履行国防义务能力为目的的教育活动。

---

① 《中国大百科全书·军事卷》[M]，北京：中国大百科全书出版社，1989 年版，第 136 页。

② 侯树栋、冯少武、崔辉政等：《国防教育大辞典》[M]，北京：军事科学出版社，1992 年版，第 644 页。

③ 《辞海》[Z]，上海：上海辞书出版社，1999 年版，第 2066 页。

国防忧患意识教育作为国防教育的组成部分，具有国防教育的所有属性，这是它们的根本联系所在。但是，国防忧患意识教育又是国防教育的一个特殊领域，它的特殊性决定了其与国防教育其他领域的区别。

国防忧患意识教育是国防教育中的思想教育，不是技能教育。现行《中华人民共和国国防教育法》第三条规定："国家通过开展国防教育，使公民增强国防观念，掌握基本的国防知识，学习必要的军事技能，激发爱国热情，自觉履行国防义务。"① "增强国防观念""激发爱国热情"指增强国防意识，"学习必要的军事技能"指提高国防行为能力，"掌握基本的国防知识"则是二者兼而有之。国防忧患意识教育显然是属于国防思想教育的范畴。不过，纯粹的军事技能训练虽然本身不是国防忧患意识教育，但可以被用作国防忧患意识教育的手段，间接地起到国防忧患意识教育的作用。因此，我们不能笼统地认为军事技能训练就不是国防忧患意识教育，如果它有了明确的尚武精神以及国防能力不足等危机感的教育指向性，就是国防忧患意识教育。

国防忧患意识教育是国防教育中的忧患意识教育，不包括祝福意识教育。国防教育的目的之一是激发人们的爱国热情，爱国热情既来源于忧患意识，又来源于祝福意识。国防祝福意识饱含公民对国防安全炽热的信仰和期望，合理的祝福意识有助于树立公民对国防安全的克里斯玛（charisma）精神②，有助于民族精神的凝聚，有助于塑造重视国防建设的社会环境。但过分的祝福意识则会抑制人的开拓精神，扼杀创新，带来提倡重复的历史惰性，也必然会产生知足常乐、无忧无虑的祝福心态。国防忧患意识通过对现实存在辩证的怀疑、批判、否定、建构精神来推动未来国防安全的建构。国防忧患意识教育和国防祝福意识教育虽然都是为着激发国民的爱国热情，但它们利用的却是完全不同的

---

① 《中华人民共和国国防教育法》，由中华人民共和国第九届全国人民代表大会常务委员会第二十一次会议于2001年4月28日通过，2001年4月28日中华人民共和国主席令第五十二号予以公布，自公布之日起施行。根据2018年4月27日第十三届全国人民代表大会常务委员会第二次会议通过对《中华人民共和国国防教育法》做出修改。

② 托马斯·奥戴、阿维德：《宗教社会学》[M]，刘润忠译，北京：中国社会科学出版社，1990年版，第33～34页。克里斯玛（charisma）一词最早由德国神学家特洛伊奇（E. Troeltsch）提出，意为天赋的魅力，后被马克斯·韦伯借用为社会学概念，指具有超人魅力和魔力的人物。克里斯玛统治虽然主要出现在人类历史的早期和社会文化发展较落后的民族和地区，但实际上在任何时代都存在。克里斯玛式的人物因个体人格的一定品质而与普通人区别开来，并被看作是具有神奇的、特别卓越能力或品质的人，这是一般人所难以具有的能力和品质，但却被认为是神授的或堪为楷模的，人们正是根据这些能力或品质，将有关人物当作领袖来看待。

路径。合理、适当的国防祝福意识教育是必要的，若无国防忧患意识教育的配合，则人们对国防安全面临的威胁会趋于麻木。

国防忧患意识教育是国防教育中承担国防责任的自觉意识教育，超越了单纯的义务意识教育。国防教育既要使国民认识到国防义务是国民必须承担的法定义务，又要促进国民把保卫国防作为一种责任而自觉履行。徐复观认为，忧患意识是“精神上开始有了人的自觉的表现”①，即忧患意识是“作为主体的人对于作为对象的事物的一种自觉承担责任的主动心理状态，是人对于所极度关注的对象事物的高度责任心”②。“‘忧患意识’之所以成为中国思想文化的优秀遗产，它并不是悲观主义和厌世主义，而是崇高的社会责任感和使命感。”③ 所以，国防忧患意识教育所要培养的是国民对国防责任的一种自觉意识。

（三）国防忧患意识教育与思想政治教育

“思想政治教育”是在社会主义运动和社会主义革命与建设实践中产生的社会主义国家特有的教育概念，但作为一项社会实践活动，思想政治教育存在于古今中外一切国家的教育实践中。中国古代没有“思想政治教育”或与其相近的提法，但历史上的统治阶级为了巩固其专制政权，维护其阶级统治，无不在道德教育和政治统治中灌输、宣传、推行对自己有利的思想和做法，从而使得古代中国文化中的道德与政治、道德教育与政治统治密不可分。列宁认为：“在为阶级矛盾所分裂的社会中，任何时候也不可能有非阶级的或超阶级的思想体系。”④ 不仅“统治阶级的思想在每一时代都是占统治地位的思想”，而且统治阶级要进行“思想的生产和分配”⑤。思想的生产和分配就是为一定经济基础服务的上层建筑，包括各种形式的宣传和思想教育。在美国，虽然没有统一的“思想政治教育”这一概念，但美国不但有思想政治教育，而且它的思想政治教育搞得还很有效，在维护美国的资本主义制度、促进社会的稳定和发展、培养

---

① 徐复观：《中国人性论史》[M]，上海：华东师范大学出版社，2005 年版，第 14 页。

② 杜汉生、刘爽：《忧患意识与中华民族的民族精神》[J]，《湖北师范学院学报（哲学社会科学版）》2004 年第 4 期，第 4 页。

③ 赵鹏旭、王铁震：《论“忧患意识”》[J]，《改革与开放》2009 年第 12 期，第 246 页。

④ 列宁：《列宁全集》（第六卷）[M]，中共中央马克思恩格斯列宁斯大林著作编译局译，北京：人民出版社，1986 年版，第 38 页。

⑤《马克思恩格斯选集》（第一卷）[M]，中共中央马克思恩格斯列宁斯大林著作编译局译，北京：人民出版社，1972 年版，第 52 页。

合格公民和资产阶级接班人等方面发挥了巨大的作用。[①] 也就是说，“在美国表面上并没有思想政治教育这个概念，但在实际上，通过各种渠道、方式，无时无刻不在进行着资产阶级政治观、价值观、道德观的教育”[②]。自1847年马克思、恩格斯在共产主义者同盟章程中提出“宣传工作”这一术语，历经苏联、我国使用的“思想工作”“政治工作”“政治教育工作”等，到中国共产党第十一届三中全会前，才以“思想政治工作”或“思想政治教育”统一了相关概念。[③] 思想政治教育是指一定的阶级、政党、社会群体遵循人们思想品德形成发展规律，用一定的思想观念、政治观点、道德规范，对其成员施加有目的、有计划、有组织的影响，使他们形成符合一定社会、一定阶级所需要的思想品德的社会实践活动。[④]

国防忧患意识关注国家的国防安全，国家的政治性决定了国防忧患意识是一种政治色彩的意识和情感。根据上述思想政治教育的定义可以看出，对于建立了国家的统治阶级而言，思想政治教育必定包含培养人们国防意识的内容，这一内容自然涵盖了国防忧患意识。国防忧患意识教育和思想政治教育的主要区别是：国防忧患意识教育集中指向国家的国防安全这一视域，而思想政治教育涉及的领域要宽泛得多。

思想政治教育和国防忧患意识教育同样都是服务于国家，但它们的直接服务对象存在差异。思想政治教育直接服务于国家的意识形态安全，它的目的主要是使受教育者与统治阶级的意识形态保持一致，接受、服从并拥护统治阶级在政治上的统治地位，维护现有政治结构的稳定。国防忧患意识教育直接服务于国家的国防安全，它的目的是使受教育者产生维护国家国防安全的意识和行为。

思想政治教育和国防忧患意识教育都将爱国主义作为重要的主题，但思想政治教育主要是树立统治阶级统治国家的合法性意识，强调统治阶级与国家是一体的，强调爱国主义的现实性和实用性，爱国就是热爱由现实的统治阶级统

---

① 陈立思：《关于美国思想政治教育的几个问题》[J]，《中国青年政治学院学报》1997年第1期，第35～41页。

② 杨静云：《美国政治观、价值观驾驭掠影》[J]，《思想教育研究》1994年第3期，第38页。

③ 张耀灿、郑永廷、吴潜涛等：《现代思想政治教育学》[M]，北京：人民出版社，2006年版，第49页。

④ 张耀灿、郑永廷、吴潜涛等：《现代思想政治教育学》[M]，北京：人民出版社，2006年版，第50页。

治下的祖国；而国防忧患意识教育主要是树立国家认同意识，强调爱国主义的民族性、历史性和最广泛的共识性，即“国家兴亡，匹夫有责”。

思想政治教育和国防忧患意识教育同是培养品德素养和品德素质的教育活动，但思想政治教育着重培养人们的政治素养和政治素质，而国防忧患意识教育着重培养人们的国防素养和国防素质。素养是人通过学习而获得的一定的认知程度。素质是人经过先天遗传和后天学习获得并自发表现出来的行为规范和行为意识。政治素养和政治素质的核心是政治，国防素养和国防素质的核心是国防。政治素质是人们参与政治生活的精神境界、觉悟程度、行为倾向和行为能力，而国防素质是人们参与国防活动的精神境界、觉悟程度、行为倾向和行为能力。它们之间的差别决定了思想政治教育和国防忧患意识教育在培养目标、教育内容等方面的细分差别。

思想政治教育和国防忧患意识教育的目的都是维护国家的长治久安，但思想政治教育的聚焦点在国内，主要是维护着眼于内的“长治”，而国防忧患意识教育的聚焦点在国际，主要是维护相对于外的“久安”。思想政治教育具有鲜明的阶级性，不仅这一实践活动的实施者代表着一定阶级的意志，其表达的思想内容与统治者的意识形态也必须一致，并且要求人们保持一致。国防忧患意识教育具有鲜明的民族国家性，它表达的思想内容与统治者的意识形态是否一致，取决于统治者对国防忧患的认识和态度。当统治者具有较强的国防忧患意识并重视国防忧患意识教育时，国防忧患意识教育的思想内容与统治者的意识形态具有一致性，教育活动往往由统治者主导，在有利于“久安”的同时也有利于“长治”；当统治者不具有国防忧患意识、本该由统治者主导的国防忧患意识教育难以开展时，国防忧患意识教育就可能转而主要由社会自发进行，思想内容与统治者的意识形态极有可能发生冲突，教育活动将会产生质疑甚至冲击统治者统治地位的效果。

第二章　国防忧患意识教育的本质、规律与功能

国防忧患意识教育的本质是什么，遵循哪些基本规律，具有哪些功能？这是国防忧患意识教育理论研究要解决的基本问题。认清本质、揭示规律、明晰功能，对建构国防忧患意识教育理论具有奠基作用，对国防忧患意识教育活动具有建设性指导意义。

一、国防忧患意识教育的本质

国防忧患意识教育的本质问题，是国防忧患意识教育理论的基点及核心问题。国防忧患意识教育属于国防教育的范畴，是国防教育的重要内容，具有国防教育的所有属性。探索国防忧患意识教育的本质，离不开对国防教育的考诘。但是，国防忧患意识教育有着自身内在的质的规定性，如果简单地认为国防教育的本质就是国防忧患意识教育的本质，将会导致忽视国防忧患意识教育的特殊性，忽视对国防忧患意识教育特殊规律的探索，将导致国防忧患意识教育理论过于苍白，从而失去它的建设性指导意义。对国防忧患意识教育本质的探索，建立在对教育本质和国防建设本质的认识之上。

（一）教育的本质

关于教育本质的研究已经有很长的历史，至今没有统一的看法，几种有代表性的观点是：①教育的本质是上层建筑。毛泽东同志曾指出："学校教育、文

学艺术，都是意识形态，都是上层建筑。”[1] 教育是通过培养人为政治、经济服务的，它是一种专事培养思想品德、传递知识和技能的工作。在整个社会结构中，教育是属于意识形态范畴的一种活动，具有上层建筑的共同特点。教育总是由政治经济所决定，反映政治经济，也为政治经济服务。②教育的本质是生产力。教育劳动属于生产劳动的一个种类，教育劳动的对象是人，教育的产品是教育者的劳动成果转化为受教育者的智能、才能、品德、性格。“经过这个转化，人就成为生产力的一个要素，而教育也就成为直接的生产力了。”[2] ③教育的本质是多质的。教育是一种复杂的社会现象，教育的本质也是多质的、多层次的，是社会性、生产性、阶级性、科学性和国际性的统一，因而不能将一种属性规定为教育的本质。[3] ④教育的本质是培养人的活动。“教育作为人类社会特有的活动，其最本质的特点就是对社会知识、文化的传递和在此基础上对人的培养，并通过培养人来维持人的生存、发展和为社会服务。”[4]

（二）国防建设的本质

国防建设这一概念源出于国防。《中国军事百科全书》对国防的解释是：“为捍卫国家主权、领土完整和安全而采取的防卫措施的统称。包括国防建设和斗争。”[5]《辞海》的解释是：“为捍卫国家主权、领土完整和安全，防卫外来侵略和颠覆而进行的与军事有关的政治、经济、文化等方面的建设和斗争。”[6] 在我国许多国防教育和学生军训教材中，一般引用规范性军事术语将国防定义为“国家为防备和抵抗侵略，制止武装颠覆，保卫国家的主权、统一、领土完整和安全所进行的军事及与军事有关的政治、经济、外交、科技、文化、教育等方面的活动”。上述定义表明：国防包括国防建设和国防斗争，国防建设是国防的重要组成部分。所谓国防建设，是国家为构建和完善国防体系、提高国防能力而进行的一系列活动的总称，包括武装力量，边防、海防、空防、人防及战场建设，国防科技与国防工业建设，国防动员建设，国防法规建设，国防教育，以及与国防相关的交通运输、信息通信、医疗卫生、能源、水利、气象、航天

---

① 毛泽东：《毛泽东选集》（第五卷）[M]，北京：人民出版社，1977 年版，第 444 页。
② 于光远：《关于建立和发展教育经济学的几个问题》[J]，《经济研究》1980 年第 8 期，第 13 页。
③ 曾成平：《现代教育哲学论》[M]，重庆：重庆出版社，1991 年版，第 67 页。
④ 顾明远：《教育大辞典》[M]，上海：上海教育出版社，1998 年版，第 726 页。
⑤ 《中国军事百科全书》[M]，北京：军事科学出版社，1993 年版，第 347 页。
⑥ 《辞海》[M]，上海：上海辞书出版社，1980 年版，第 767 页。

等方面的建设。

国防教育和学生军训教材中对国防建设的定义，从国防建设的外在表现描述了国防建设的现象。国防建设的本质既与国防建设现象有着不可分割的联系，又不同于国防建设现象。国防建设的本质是由国防建设领域的主要矛盾决定的。国防建设的主要矛盾是国家国防安全需要与国家国防能力不足之间的矛盾。国家的生存与发展需要国防安全，保障国防安全需要国防建设。国家的生存、发展与安全，无论是主权独立、领土完整，还是国内稳定、人民安居乐业，都离不开国防建设。

国防建设是国家建设的重要组成部分，是与国家建设各个领域密切联系、相互渗透而又相对独立的子系统，具有很强的整体性，它主要包括武装力量、国防经济、国防科技、国防教育、国防法治、国防动员、国防理论、国防外交、兵役制度、战场建设、民防体系以及交通通信等方面的建设，既体现并融入国家建设，本身又构成以国防为特色的完整体系。国防建设从根本上讲是国家的国防安全能力建设。国家的安全不是仅由财富或金钱保障的，还需要有对国家利益的明确界定、坚定的国家意志、高昂的民心志气、浓厚的国家安全意识、有效的国家安全机制和雄厚的国防实力，它们的集中指向都是国防建设。

（三）国防教育的本质

国防教育是国防领域的教育现象，是由国家组织和领导的，由国家机关、社会团体、公民群体或个人等社会成员共同参与的，以增强全民国防观念和履行国防义务能力为目的的教育。作为国防建设的组成部分，国防教育是国防建设和斗争的基础工程，聚焦国防人力资源建设，通过提高教育对象的国防意志和能力，服务于国家的国防安全。作为一种特殊的教育现象，国防教育由国家统一组织、规划和领导，聚焦于公民个人的自身发展，以全体公民为教育对象，是一种根据国防需求来培养人的活动。

国防教育的本质由教育的本质和国防建设的本质共同决定。国防建设从根本上讲是国家的国防安全能力建设，国防安全能力包括国防物质技术能力、国防精神能力两个方面，是二者结合的体现。国防物质技术能力和国防精神能力的结合需要由人来完成，国防安全能力最终需要由人来实现。教育是一种上层建筑，通过培养人为国家的国防安全服务。教育是一种生产力，这种生产力是通过将教育者的劳动成果转化为受教育者的智能、才能、品德、性格来实现的。

国防教育作为一种生产力，通过将教育者的劳动成果转化为受教育者在国防安全方面的智能、才能、品德、性格来体现。

国防教育的本质，是国防教育实践活动本身固有的、最深层次的、内在的联系，它是由国防教育内在起核心作用的矛盾构成，它决定国防教育的性质、面貌和发展方向。国防教育的基本矛盾是国家对公民国防意志和国防能力的需求与公民国防意志和国防能力不足之间的矛盾。国家对公民国防意志和国防能力需求的核心指向是维护国家的国防安全，属于国家利益的范畴。这种国家利益是公民个人利益、公民共同利益与作为主体的所属母国利益的有机结合。正是由于国防教育基本矛盾与公民利益和国家利益结合的存在，国家必须且有可能根据国防的需要，有计划、有组织、有目的地向全体国民传授国防思想、知识和技能，以期将其培养为忠诚的爱国主义者、合格的国防建设者和勇敢的国防安全保卫者。因此，国防教育在本质上是一种以维护国家国防安全利益为目的，培养和提高公民国防意志和国防能力的教育活动，是把全体公民塑造为合格国防建设者和国防安全保卫者的劳动力再生产过程。这种再生产过程因其具有国民教育的特征而不同于专门的军事教育。国防教育所培养的国防意志和国防能力，既能用于进行国防建设和保卫国防安全，在国防建设和经济建设日益融合的情况下，又能用于国家其他方面的建设。合格的国防建设者和保卫者同时也是得力的国家建设者。

国防教育由教育者和受教育者共同参与，通过国家对国防安全的需求、教育产出的消费以及发展成果的投入连结为一个循环不断的再生产过程（也是一个矛盾运动过程），国防教育的本质在这一过程中得以充分体现。

（四）国防忧患意识教育的本质

保卫国家的国防安全需要国防实力，国防实力不仅包括物质力量，而且包括国家战略、国民意志等精神力量。国家的国防实力是通过国防建设获得的。国防建设的主要矛盾是国家国防安全需要与国家国防能力不足之间的矛盾，这一矛盾包含着国防安全需要与国家精神力量不足之间的矛盾。“行动的一切动力，都一定要通过他的头脑，一定要转变为他的意志的动机，才能使他行动起来。”[①] 国防忧患意识教育的目的，就是要通过提高公民个体和整体关于国家国防安全的忧患意识，促进国家精神力量的不断增强。增强国家精神力量有多种途径，国防忧患意识教育主要是通过忧患历史再现、现实威胁呈现，刺激公民产生并不断强化对外部军事威胁、本国军事斗争能力以及综合国力竞争中军事力量支撑作用的关注和忧虑，从而产生维护国防安全的强烈冲动。从本质上看，它是一种国防道德情感教育。道德情感是“人们根据社会的道德规范评价自己和别人的思想、意图和举止行为时所产生的一种情绪状态”[②]。“没有人的感情，就从来没有也不可能有人对真理的追求。”[③] 国防忧患意识教育，就是在公民与民族、国家之间固有的身份和感情纽带的基础上，通过对本国或他国、历史或现实的国防忧患的再现和呈现，以及对未来可能的国防忧患的预测，借用移情[④]的作用机理，激发公民关注国防、建设国防的强烈情感，推动公民确立投身国防建设、保卫国防安全的积极态度。

所以，国防忧患意识教育的本质可以表述为：为满足国家对保卫国防安全精神力量的需要，以培养国民对国防安全的积极情感和态度为直接目的，以强化国民对国防安全历史、现实和未来忧患的知觉（即否定性知觉）为手段而进行的国防道德情感教育，是具有国防忧患意识的道德主体的成长过程。

二、国防忧患意识教育的规律

国防忧患意识教育是国防教育的重要组成部分，从矛盾的普遍性来看，国防教育的规律也支配着国防忧患意识教育活动；从矛盾的特殊性来看，国防忧患意识教育相对于国防教育其他领域，有着自身的特质，有着其矛盾的特殊性，也有着必须遵循的特殊规律。

---

① 《马克思恩格斯选集》（第四卷）[M]，中共中央马克思恩格斯列宁斯大林著作编译局译，北京：人民出版社，2012 年版，第 258 页。

② 李伯黍、燕国材：《教育心理学》（第二版）[M]，上海：华东师范大学出版社，2001 年版，第 41 页。

③ 列宁：《列宁全集》（第二十五卷）[M]，中共中央马克思恩格斯列宁斯大林著作编译局译，北京：人民出版社，1988 年版，第 117 页。

④ 移情是将人的主观感情移注到客观的事物上，反过来又用被感染了的客观事物衬托主观情绪，使物人一体，能够更集中地表达强烈感情。

（一）国防教育的规律

规律是表征事物联系和发展的范畴，根源于事物的联系和发展。从系统哲学的角度看，“规律是系统发展中本身所固有的、本质的、必然的、稳定的联系……规律既是系统联系的范畴，也是系统发展的范畴”①。马克思指出：“每一运动形式都表明能够并且必然转变为其他任何运动形式。有了这种形式，规律便获得了自己的最后的表现。我们可以通过新的发现为规律提供新的证据，赋予新的更丰富的内容。”② 国防教育规律是国防教育矛盾运动过程中各个要素之间内在的、本质的、必然的联系，是国防教育发展变化的基本秩序和必然趋势。同所有的规律一样，国防教育规律既是一个联系范畴，是本质而非现象的联系，是必然而非偶然的联系，又是一个运动范畴，必然含有事物运动变化的基本秩序和必然趋势，要外在地表现出来。在国防教育的矛盾运动中，既有贯穿国防教育全过程的矛盾运动，也有只在国防教育某一类型、某一领域、某一环节存在的矛盾运动。据此，国防教育规律可以划分为基本规律和具体规律。国防教育的基本规律，是在一切国防教育活动中普遍存在的、贯穿国防教育始终的、本质的、必然的联系；国防教育的具体规律，揭示的是国防教育某一类型、某一领域、某一环节的本质联系。由于国防教育基础理论研究的缺乏，关于国防教育规律的研究文献较少，提法也有较大的差异。苑士军教授认为，国防教育存在三大规律，即利益性与思想性相结合、现实性与超前性相结合和自觉性与强制性相结合。③ 傅景云认为，国防教育有四大基本规律，即国防教育与国家安全环境相适应、国防教育与经济基础相适应、国防教育与科技发展相适应和国防教育与国防现代化相适应。④ 王淑梅认为，国防教育的基本规律是必须以维护国家利益为最高准则，必须与经济社会发展状况相协调，必须与国民教育发展水平相适应，必须注重发挥环境的熏陶作用。⑤ 杨千里认为，高校国防教育基本规律是由如下子规律形成的集合体：高校国防教育必须符合现代国防建设内在需要，高校国防教育要顺应高等教育内在发展规律，高校国防教

---

① 乌杰：《系统哲学》[M]，北京：人民出版社，2008年版，第68页。

② 《马克思恩格斯文集》（第九卷）[M]，北京：中共中央马克思恩格斯列宁斯大林著作编译局译，人民出版社，2009年版，第489页。

③ 苑士军：《国防教育概论》[M]，北京：解放军出版社，2004年版，第69～86页。

④ 傅景云：《国防教育概论》[M]，北京：军事科学出版社，2003年版，第42～49页。

⑤ 王淑梅：《国防教育教程》[M]，北京：军事科学出版社，2013年版，第27～35页。

育要与大学生心理接受能力相适应。[①] 总之，从国防教育的国防建设和国民教育双重属性来看，国防教育要与一定时期的国家安全环境、国家安全战略、国防建设水平、国民教育发展水平以及公民素质素养、经济社会条件相适应。

(二) 国防忧患意识形成发展规律

国防忧患意识的形成与发展，实质上就是对国防安全威胁这一刺激信息进行选择、组织、解释并赋予特定意义的过程。[②]

现代心理学认为，在人的心理和行为中首要的和基本的驱动力是需要。需要是人的行为产生的原动力，在人的心理—行为过程中处在起点的位置。

国防忧患意识产生的前提是个体安全需要向国防安全需要的转化。作为自然人有着安全需要，作为社会人同样也有安全需要。在自然界，动物物种在进化过程中，都始终存在着同其他物种争夺生存条件的现象和行为，也始终存在着与同物种的其他群体及个体争夺生存条件的现象和行为，也就是说，不同物种之间和相同物种的不同群体及个体之间为争夺生存条件的“战争”始终存在。就人类社会来说，随着生产力的发展产生了社会分工，出于生存的本能，在社会分工中产生了一种特殊的分工——防务；国家产生以后，这种分工由国家承担下来，“维护国家安全与生存是每个国家的本能反应”[③]，国家组织专门的人力、物力和财力从事国防建设和国防斗争，保护国防安全。国家在保护国防安全的同时也保护了国内各群体和个体的安全，群体和个体在得到国家保护的同时也必须分担国家在国防方面对人力、物力、财力的需要。此时，个体安全就直接或通过一定的群体与国防安全凝结在一起，个体的安全意识与祖国意识结合而成国防意识。国防意识的存在为国防忧患意识的产生奠定了基础。

国防忧患意识产生的根源是对外部威胁的恐惧。“安全首先是一种主观感觉，是人类对自己生命和生命条件的无忧和放心，是对自己前途和未来的一种自信；安全又是一种客观存在，是具有对抗一切现实或潜在威胁的实实在在的保障。”[④] 由此可见，国家安全问题由两个方面构成：一是客观刺激，即一种现

---

① 杨千里：《论新形势下高校国防教育的基本规律》[J]，《现代教育科学》2017 年第 9 期，第42～43 页。

② 关于对国家安全威胁的知觉，参见罗伯特·杰维斯：《国际政治中的知觉和错误知觉》[M]，秦亚青译，北京：世界知识出版社，2003 年版。

③ 李大光：《国家安全》[M]，北京：解放军出版社，2016 年版，第 2 页。

④ 夏保成：《国家安全论》[M]，长春：长春出版社，1999 年版，第 3 页。

实的或潜在的威胁。二是主观上的反应，即心理恐惧。威胁可以简单地定义为将对国家造成的伤害，它包括军事威胁、政治威胁和经济威胁等。恐惧是国家认识到自身有被侵害、统治甚或消灭的可能性而产生的一种天然的、经验的心理状态，这种可能性包括现实和潜在的威胁。① 社会心理学通过社会化、转移和投射等理论解决将个体研究的“挫折—攻击”理论上升到社会层面的问题，以在逻辑上解释人类群体的攻击冲动的发生、转移和投射机制，从而使安全的心理含义适用于人类群体安全的概念如国家安全。② 也就是说，表现为国家恐惧的国家安全心理实际上是这个国家公民个体国家安全恐惧的集合或整体，公民的国家安全恐惧是国家的国家安全恐惧的投射源。公民国防安全方面的恐惧是公民认识到本国有被外来者侵害、统治甚或消灭的可能性而产生的一种天然的、经验的心理状态。公民通过直接经历或观察学习获得的经验在他们的认知结构中以镜像的方式储存下来。当威胁的镜像形成后，它投射到个体的心理上就形成恐惧，镜像越接近威胁的典型镜像，个体的恐惧心理就越强烈。作为认识的镜像在客观威胁和心理恐惧之间起着一种桥梁的作用，它就像一面透明的镜子，把对威胁的认识投射到个体的心里，从而产生相应的心理恐惧。如果公民认识到国防安全威胁的存在而在心理上感到恐惧，那他就会认为国防是不安全的，这种心理状态可以说是一种尚不成熟的国防忧患意识。

国防忧患意识发展成熟的关键是形成理性的国防安全辩证思维。人们往往根据自身的直观感觉判断是否存在威胁、威胁的远近和大小。但是，人们的直观感觉会存在偏差，有可能会在威胁大而近时感觉其小而远，进而认为尚且可以高枕无忧；也有可能在威胁小而远时感觉其大而近，进而杞人忧天。习惯上，人们容易在本国国防实力相对弱小、与别国发生尖锐矛盾或激烈冲突，特别是预感到有可能发生战争时更为担忧国防安全；而在本国实力相对强大、与别国基本不存在大的争端，特别是长期和平状态下，会忽视存在的国防安全威胁。国防忧患意识的真正形成，在于人们辩证地看待国防安全威胁，在威胁大而近时敢于正视威胁，保持乐观向上的精神，在威胁小而远时则从安中见危。这种建立在辩证思维基础上的国防忧患意识实际上是一种理性的超前意识，是在深

---

① 何玮鹏：《恐惧：国家安全的心理分析》[J]，《世界经济与政治》2001 年第 2 期，第 26 页。

② 薛晨：《论安全的心理含义与“9·11”后美国国家安全战略的转变》[C]，《和谐世界——和平发展与文明多样性（上海市社会科学界第四届学术年会文集 2006 年度）》（世界经济·国际政治·国际关系学科卷），第 105 页。

刻领悟国防安全复杂性、国防发展非线性基础上的一种理性自觉，一种防患于未然的积极心理酝酿和理智筹划，同时也包含着对事物未来发展趋势和发展道路所做的合理预见和科学判断。它的核心是“安而不忘危，存而不忘亡，治而不忘乱，得而不忘丧”的居安思危理性精神。

（三）国防忧患意识教育的基本规律

国防忧患意识教育的基本规律，是国防忧患意识教育领域普遍存在的且贯穿国防忧患意识教育始终的本质的、必然的联系。国防忧患意识教育的基本规律是：国防忧患意识教育必须与一个国家的国防安全发展水平相适应。国防安全发展水平即国家的国防安全状态。国防忧患意识教育的目的是要在公民头脑中建立符合国家国防安全状态的否定性安全知觉，符合国防安全状态是对国防忧患意识教育的基本要求，即国防忧患意识教育既不能无视或故意低估国防安全领域出现的问题和面临的威胁，也不能故意夸大这些问题和威胁。在国防安全的认知问题上，由于认知相符①、认知失调②、诱发定势③以及预期④、愿望

---

① 认知相符（cognitive consistency）可以在很大程度上被理解为一种强烈的认知取向，即人们趋于看见他们预见到的事物，趋于将接受的信息归入自己原有的认识中去。参见罗伯特·杰维斯：《国际政治中的知觉和错误知觉》[M]，秦亚青译，北京：世界知识出版社，2003 年版，第 112 页。

② 认知失调（cognitive dissonance）是认知心理学重要的理论支柱之一。莱昂·费斯汀格认为，人总是为自己的行为寻求高度的合理性，有一种保持认知一致性的趋向。在现实中始终存在相互矛盾的事物，但这种外部的不协调还未必导致内部的失衡。因为人可以把不一致的事物理性化，以达到认知的协调。倘若做不到这一点，将无法实现认知的一致性，心理上就会产生痛苦的体验。因此，认知失调的存在从心理角度说是令人不安的，所以人们会试图减弱失调现象，以便达到认知和谐。一旦出现认知失调现象，人们除了要予以减弱以外，还会极力避开可能加强认知失调的情景和信息。

③ 诱发定势是指认知主体往往以当前的关注点去感知外在现象，并以此解读新的信息。无论理智与否，人们总是根据接收信息时自己所关注的对象来解读收到的信息。在缺乏彼此沟通甚至敌视的国际社会，情况尤为如此。诱发定势的强度可能足够使人完全忽视那些与自己的即时关注点无关的信息，而事后却才发现这些信息是有价值的。

④ 预期（expectancy）是认知相符性的延伸。“预期或知觉定势（perceptual sets）会使人们产生一种对世界的程式化看法，并由此产生一个人对自己所面临的事物的程式化预测。”参见罗伯特·杰维斯：《国际政治中的知觉和错误知觉》[M]，秦亚青译，北京：世界知识出版社，2003 年版，第 143 页。

思维①和可变性②的存在，人们很容易产生对国防安全的错误知觉，国防忧患意识教育的使命，就是通过教育活动尽可能地消除人们的错误知觉，建立或恢复符合国防安全客观实际的知觉。

国防忧患意识教育要同时适应国家国防安全的两种状态——根本状态和当前状态。国防安全根本状态就是国防的绝对不安全。它是由国际社会的无政府状态决定的。自有国家产生以来，一直未能形成有效管理国际社会的世界政府。从理论上讲，任何一个国家的存在对另一国家都构成安全上的威胁，国家如果无视这种威胁，就有可能带来国防灾难。当然，如果国家在相互恐惧心理的作用下不断加强军备，又可能陷入安全困境。国防忧患意识教育，一方面要教育公民（包括国家的决策者）不要忘记国防安全时刻面临着威胁，"入则无法家拂士，出则无敌国外患者，国恒亡"③，要"安而不忘危，存而不忘亡，治而不忘乱，是以身安而国家可保也"④。另一方面，国防忧患意识教育也要避免变成忧患情绪教育。国防忧患意识教育是一种理性意识教育，是让教育对象承认国防安全存在威胁，但又客观地认识它，乐观向上，保持维护国防安全的内心驱动力，这种意识是深沉和持久的。而国防忧患情绪是客观环境中消极刺激引起的焦虑、困惑等，是一种紊乱的心理状态，具有较大的情景性、激动性和短暂性。在这种情绪的支配下，教育对象的思想和行为有时甚至完全违背教育初衷。

国防忧患意识教育对国家国防安全的当前状态反应更为敏感。国防安全的根本状态回答了国防忧患意识和国防忧患意识教育是否必须存在的问题，而国防安全的当前状态则决定着国防忧患意识教育活动的时空分布和运行状态。当一个国家处于战争状态或面临严重安全威胁时，这个国家的公民容易知觉到国防忧患，国防忧患意识教育开展起来就较为顺利；当一个国家处于和平状态特

---

① 愿望是影响人们知觉的一个重要的情感因素。"人们看到的只是他们希望看到的事情"，这就是愿望思维。参见罗伯特·杰维斯：《国际政治中的知觉和错误知觉》[M]，秦亚青译，北京：世界知识出版社，2003年版，第373页。

② 人们必须应付与自己认识不符的信息，不符信息的大量出现，会导致较大的认识变化。从历史经验和重大事变特别是失败或灾难性事例中学习，也是促使认知主体尽管极不情愿但又不得不调整原有信仰体系和知觉的动力。参见 Jack S. Levy，1994，"Learning and Foreign Policy：Sweeping a Conceptual Minefield"，International Organization 48(2)：279-312.

③ 孟子说："入则无法家拂士，出则无敌国外患者，国恒亡。"参见朱熹：《四书集注》[M]，上海：上海古籍出版社，1996年版，第402页。

④ 《周易·系辞》。参见褚葛静：《易经的智谋》[M]，北京：中国物资出版社，2004年版，第362页。

别是长期和平状态时，或者是国防安全威胁度非常低时，这个国家的公民就不容易认可国防忧患意识教育的必要性。在前一种情况下，公民国防忧患意识的加强和国防忧患意识教育的重要性走向是一致的；在后一种情况下，公民国防忧患意识的削弱和国防忧患意识教育的重要性走向是相反的，这也正是和平时期更应该加强国防忧患意识教育的原因所在。

三、国防忧患意识教育的功能

功能是一个被广泛使用而又含义模糊的概念。《辞海》对功能的定义是物质系统所具有的作用、能力和功效。① 习惯上，功能经常与作用、能力、结果、价值、目标、目的等概念混用，但有时也不能互相代替。美国著名社会学家罗伯特·金·默顿认为：很多术语与功能（function）一词混用，而且几乎变成功能的同义词。这些术语包括使用、效用、目的、动机、意向、目标、后果。但事实上，这些表面上具有类似之处的术语之滥用却使分析者逐渐偏离严谨的功能分析。② 那么，应该怎样理解功能呢？功能概念最早被应用于物理学中，后融入社会科学的理论体系。功能属于关系范畴。所谓功能，即事物或者方法所发挥的有利作用，体现的是对象需要的满足。“思想政治教育功能，是思想政治教育系统内部各要素之间以及系统与环境之间的相互作用，表现为思想政治教育对人的发展以及社会发展所起的作用。”③ 国防教育同样通过系统内部各要素之间以及系统与环境之间的相互作用，发挥着巩固国防安全、促进社会进步、实现人的发展的作用，因而“具有国防功能、社会功能和育人功能”④。国防忧患意识教育的功能是国防忧患意识教育内部各要素之间以及国防忧患意识教育与外部环境之间以一定的方式相互作用时表现出来的特性和产生的效果。

国防忧患意识教育作为一种教育行为，其功能与目标是经常被混淆的两个概念。国防忧患意识教育的功能是客观范畴，是国防忧患意识教育本身属性的

---

① 《辞海》[Z]，上海：上海辞书出版社，1990 年版，第 1317 页。

② 罗伯特·金·默顿：《论理论社会学》[M]，何凡兴、李卫红、王丽娟译，北京：华夏出版社，1990 年版，第 103 页。

③ 张夏力：《人学视域中思想政治教育的功能研究》[J]，《理论与改革》2016 年第 3 期，第 154 页。

④ 张璐璐：《高校国防教育功能发挥研究——以真人秀节目为视角》[J]，《改革与开放》2018 年第 5 期，第 106 页。

体现；而国防忧患意识教育的目标是主观范畴，反映了教育者的主观愿望或者说是一种价值预设。如果把这种主观愿望都冠之以功能，就会出现“有多少愿望，就有多少功能”的结论，这显然是一种唯心主义的观点，是一种不正确的功能观。

国防忧患意识教育的功能，是国防忧患意识教育本质的外在集中显露。认识国防忧患意识教育的功能，有助于更全面、更深刻地把握国防忧患意识教育的本质和规律。

（一）国防安全预警功能

国防忧患意识教育不是简单地阐释教育意义、强调教育的重要性和开展教育活动，它离不开对国防忧患历史的全面细致了解，对国防忧患发生发展规律的深刻把握。它在这种了解和把握的基础上积聚公民对国防安全威胁的警觉意识，创造警惕国防安全威胁的社会氛围，形成关注国防安全威胁的注意力指向，提高公民预测和区分国防安全威胁的能力。国防忧患意识教育牵引着人们对国防忧患反思、观察和预测，促使人们重视国防忧患，努力探索国防忧患发生的原因及预防和解决的办法，以激发“就如何使下一代生活在更加和平的世界里进行讨论”①；或者是以史为鉴，温故知新，“及时幸运地一道穿越历史的迷雾、参悟沧桑的真谛、把握时代的玄机、驰骋命运的疆场”，用“赤诚和智慧去迎战种种困难”②。国防忧患意识教育可以将一个民族或国家中少数具有先知先觉的精英对国防安全威胁的感知与分析迅速传递给广大公民，从而使全体公民预设下精神防线。历史上，凡是重大的国防灾难爆发之前，总是有少部分人敏感地觉察到某种征兆，但由于缺乏有效的传递渠道和整体的忧患意识氛围，他们的

---

① 罗伯特·麦克纳马拉、詹·布莱特：《历史的教训——美国国家安全战略建言书》[M]，张立平译，北京：世界知识出版社，2005年版，《作者手记》第5页。

② 弘治、张鑫典、孙大超：《盛世之毁——甲午战争110年祭》[M]，北京：华文出版社，2004年版，《序》第4页。

先知先觉往往被忽略了。[①] 国防忧患意识教育是一种有组织的，系统、持久而又高效的传递渠道，是营造忧患意识氛围的有效手段。国防忧患意识教育能以理论的精密和逻辑的严谨，帮助公民克服在长期和平条件下对国防安全产生的错误知觉，形成共同关注国防安全和警惕外部威胁的意向与合力。斯科特·普劳斯认为，人们的决策和判断受到选择性知觉、维持认知一致性的压力、记忆偏差以及情境变化的影响，而产生错误知觉。[②] 在长期和平发展的环境中，认知相符和认知失调更容易使人回避威胁国防安全的因素。国防忧患意识教育恰恰可以利用通晓国防忧患的历史教训、知悉人的心理弱点和拥有有说服力的理论等优势，纠正人们对国防安全状态的认识偏差，使之保持对外部威胁应有的注意，及时发现并重视国防环境中的威胁因素，警惕并努力防止国防灾难的发生。

（二）国防思想建设功能

国防思想是人们关于国家防务的系统的理性思维，包括国防战略思想、国防建设思想、国防安全思想、国防教育思想等。国防思想建设即是国防思想在人的主观努力下能动的发展过程。

国防忧患意识教育是国防思想建设的重要组成部分。国防忧患意识教育是以培养教育对象关于国防安全的批判性意识为目的的有计划的教育活动，属于国防思想建设的范畴。国防忧患意识教育的理论研究成果，是国防教育理论的重要组成部分，不仅直接影响着国防教育理论的发展，而且对国防战略思想、国防建设思想、国防安全思想的发展也具有重要的理论意义。国防忧患意识教育活动，能够从特定的角度着手，培养公民的国防观念，塑造公民的国防精神，提高公民的国防意志。它不是将现有的国防理论灌输给公民，而是将围绕国防

---

① 这样的例子很多，例如，甲午战争前，郑观应、康有为等有识之士甚至乾隆时期的英使马戛尔尼均预感到太平盛世中潜伏的种种杀机。郑观应数次再版《救时揭要》，康有为多次上《致大清皇帝书》，但由于人微言轻，整个国家又缺乏忧患意识氛围，都丝毫未能警醒纸醉金迷的王朝、争权夺利的官商和浑浑噩噩的国民。第一次世界大战以后，英法等国和平主义思潮盛行，极度反战的社会情绪使公众忽视了德国法西斯势力的兴起给国家安全带来的威胁，并对国家的外交和安全决策造成恶劣影响。基辛格说："当新世界秩序遭遇到真正的挑战时，民主国家——英国是深信不疑，法国是虽有疑虑但迫于情势——别无他法只得和解到底，才能向人民证明希特勒是贪得无厌的。"参见亨利·基辛格：《大外交》[M]，顾淑馨、林添贵译，海口：海南出版社，1998 年版，第 305 页。

② 斯科特·普劳斯：《决策与判断》[M]，施俊琦、王星译，北京：人民邮电出版社，2004 年版，第 13 页。

安全的利益关系和国防的发生发展规律告诉公民，将全体公民纳入国防建设的思考者队伍中来。它不仅能够丰富国防思想建设的内涵，同时也为国防思想建设培育肥沃土壤。

国防忧患意识教育是国防思想建设的重要推动力量。国防忧患特别是国防安全面临的重大危机以至战争，会激发人们的忧患意识，这种自发的国防忧患意识虽然也能促使人们思考国防安全，形成国防思想。但是，自发形成的忧患意识往往与不理性的忧患情绪掺杂在一起，正如多年来“愤青”[①] 们所表现的那样，这种情绪大多偏激、混乱且不能持久，对形成系统科学的国防思想会形成干扰。危机和战争时期的国防忧患意识教育能够起到规范、引导作用，保证和推动符合实际的正确国防思想的形成。在长期和平安全的条件下，人们的忧患意识会弱化，国防思想发展的动力也随之被削弱，更需要国防忧患意识教育来不断地强化人们的忧患意识，保持和增强国防思想发展的动力，推动国防思想持续、健康发展。

国防忧患意识教育影响着国防思想建设发展的速度和结构。国防忧患意识的强弱影响着国防思想建设的动力，较强的国防忧患意识使国防思想建设能够获得较大的动力，从而使国防思想建设的发展保持较快的速度。国防忧患意识教育正是通过不断增强人们的国防忧患意识，使国防思想建设获得持久强大的

① “愤青”是“愤怒青年”的简称。“愤怒青年”一词最早是指20世纪50年代一些作品表现出愤世嫉俗的西方青年作家和评论家。西方的“愤怒青年”大都是反对国内政府和社会的，他们敢于对本国长期积累的、坚不可摧的社会制度和政策问题进行批判和斗争。例如，1968年发生的“五月风暴”，巴黎学生走上街头反对法国当局的教育和劳工政策，这群学生就是“愤青”的经典；美国反越战运动中，要求政府让人民从战争泥淖中走出来的也是广大美国“愤青”。中国“愤青”有的说是源于20世纪70年代的香港左翼工人运动，有的认为起自清末资产阶级民主革命，但均难以考证。“愤青”一词作为一个概念在中国具有舶来品的性质。20世纪60年代“文化大革命”时期，那些极端狂热的红卫兵常被称为“愤青”，80年代歇斯底里的摇滚青年被称为“愤青”，发展到新世纪，“愤青”又用来指称那些激进的民族主义爱国者。现在人们一说到“愤青”，就想到那些没头没脑，整日反这反那，永远没有长大的受情绪影响较大的人。“愤青”在我国完全成了一个负面词汇。当代“愤青”具有三个基本特点：一是狂热爱国但盲目排外。爱国是“愤青”们永恒的话题，他们如此“热爱”这个民族、这个国家，尤其是涉及国家利益的时候，他们都“空前团结”“一致对外”，但他们的爱国又是盲目的。二是具有网络性和口头性。网络是“愤青”发展壮大的主要平台，当前只有在网络上，“愤青”们才能得到最大的话语权，他们在论坛、博客上表达对现实社会的不满，对祖国命运的担忧，对世界强权的反抗，网络给他们提供了一个不需要付诸什么行动就可以表达自己立场的平台。三是极端、片面、不理性。他们看待问题思维单一，容易走极端，因此，他们提出的解决问题的办法也是非理性的，通常通过低俗的语言及游行示威到最后演变成打砸抢等暴力行为。他们思考问题的角度是消极的，不懂得有阳光照耀的地方就会有影子，所有的事物都具有两面性。参见王洁：《论“愤青”的爱国主义思想教育》[J]，《学理论》2014年第31期，第168页。

动力，从而保持较快的发展速度。国防忧患意识对国防安全的关注可能是全面的，也可能是集中在某一领域。当国防忧患意识将国防安全看成一个系统时，有利于推动国防思想建设的整体协调发展，从而在动态中保持国防思想系统的结构均衡。但是，国防安全面临的威胁总是有轻重主次之分，无论国防忧患意识对国防安全威胁的感知是准确的还是不准确的，都会影响到国防思想建设发展的结构。国防忧患意识教育正是通过使公民对国防安全进行系统关注和思考，并优先关注和思考威胁最大的忧患因素，使国防思想建设在结构上符合国防安全的需要。

（三）国民意志凝聚功能

国民意志是“一个国家的人民对于决定国家前途命运的大事所持的态度和意愿”①，是一个国家国防实力的重要组成部分，是国家物质力量的倍增器。国民意志又是国家意志②的有机组成部分，只有当国民意志凝聚成一个整体，并且与政府的意志一致时，国家物质潜力和精神潜力才能得到充分的发挥，从而使国家的国防实力达到现有物质基础上的最大值。“一个国家和民族在长期生存发展的实践中，要把全社会的意志和力量凝聚起来，实现伟大梦想，就必须有一个具有自身特色、与经济基础和政治制度相适应的共同精神家园。”③ 没有全民族精神力量的凝聚发挥，没有全社会共同的理想目标和精神追求，一个国家和民族就没有前途和希望，当然也不可能屹立于世界民族之林。国防忧患意识教育能够使全体公民认识到国家意志即国家精神力量的重要性，从而重视意志的凝聚和精神力量建设。国防忧患意识教育能够使全体公民认识到国家国防安全利益和公民个人利益的不可分割性，国防安全利益既是国家的利益，也是公民根本的、共同的利益，从而在家国一体的基础上达成保卫国防安全的利益共识和精神一致。如此，则可避免公民麻木不仁、畏缩颓废、自私自利、懒惰、腐败、苟且偷安以致人欲横流，形成精诚团结的精神。国防忧患意识教育能够使全体公民认识到，预防和战胜国防灾难最有效的办法就是在灾难面前患难与

① 郑建邦：《国际关系辞典》[M]，北京：中国广播电视出版社，1992年版，第44页。

② 1975年，美国学者雷·克莱因提出了著名的国力方程：$Pp=(C+E+M)\times(S+W)$，其中的“S”即是指国家意志。

③ 唐洲雁：《凝心聚力共筑中国梦——学习习近平同志在十二届全国人大一次会议上的重要讲话》[N]，《人民日报》2013年3月28日第7版。

共和意志坚定。依靠整体的力量战胜重大的灾难是人类的天性，在国防灾难面前也是如此。人们都不希望国防灾难发生，患难与共的精神和坚定的意志能够形成巨大的威慑力量，使潜在的敌人知难而退。即使是国防灾难真正来临，这种精神和意志也能够最大限度地激发全体国民以至整个国家的潜能，勇敢地接受挑战并赢得胜利。正如抗日战争时期毛泽东同志所言："国民精神总动员，就是要全国人民团结起来，振奋抗战到底的精神。"①

① 中共中央文献研究室：《毛泽东年谱》（中卷）[M]，北京：中央文献出版社，2013 年版，第 123 页。国民精神总动员由当时的国民政府提出，中国共产党肯定了其积极的一面。中共中央在 1939 年 4 月 26 日发表了《中国共产党中央委员会为开展国民精神总动员运动告全党同志书》，书中指出，"按照'国民精神总动员纲领'所提出的'共同目标'是：一，国家至上，民族至上；二，军事第一，胜利第一；三，意志集中，力量集中。这些都是根本正确的"，"必须号召全国人民牢牢记住：'国家民族之利益应高于一切，在国家民族之前，应牺牲一切私见、私心、私利、私益，乃至于牺牲个人之自由与生命，亦非所恤'"，"为着打到鸭绿江边收复一切失地的目的，'必须意志集中与力量集中'"，"国民精神总动员，应当成为全国人民的广大的政治运动，精神动员即是政治动员，它不依靠于强迫命令，而依靠于人民之政治的自觉。若以强迫命令的方法行之，必至成为虎头蛇尾，官样文章，而毫无生气。只有经过民主方式，着重宣传鼓动，才能推动全国人民，造成压倒敌人刷新自己的巨潮"。载于 1939 年 5 月 15 日《解放》周刊第 71 期。

第三章　国防忧患意识教育的目的、价值与要素

国防忧患意识教育的目的，是国防忧患意识教育的目标指向或价值指向。国防忧患意识教育的价值，是国防忧患意识教育对公民个人发展及国家国防安全的效用和意义。国防忧患意识教育的基本要素决定着国防忧患意识教育整体效应的形成和发挥，也是实现国防忧患意识教育目的、价值的支点。

一、国防忧患意识教育的目的

汉语中，“目的”指“想要达到的境地，希望实现的结果”[①]。从哲学的角度来看，“目的是行为主体关于自己行为的需要和行为结果之间的统一或相互关联的有意识的觉知”[②]。马克思主义认为，目的是人在思维中对活动的结果——活动所要创造的未来对象——的主观形式的建立，这种观念形式的对象不是在当前的现实中存在的，并表现出与当前现实的不一致。目的的实现就是要克服这种不一致，使观念形式的对象客观化为现实的对象。[③] 目的不同于功能。目的反映的是理想中的价值关系，是理想中的德性状况，功能是系统与环境以及系统内部诸要素之间相互作用的结果；目的具有主观性、价值取向性，功能则是客观的、中立的。国防忧患意识教育的目的即国防忧患意识教育的目标指向和价值取向，其中，核心的目标指向和价值取向是国防忧患意识教育的根本目的。

---

① 《新华词典》[M]，北京：商务印书馆，1980 年版，第 599 页。

② 夏甄陶：《关于目的的哲学》[M]，上海：上海人民出版社，1982 年版，第 413 页。

③ 《中国大百科全书・哲学卷》[M]，北京：中国大百科全书出版社，1992 年版，第 639 页。

（一）国防忧患意识教育的根本目的

国防忧患意识教育的根本目的，就是国防忧患意识教育最核心的目标指向和价值指向，它反映国防忧患意识教育最基础、最本质的愿望与要求，体现国防安全的根本目标，是国防忧患意识教育的出发点和归宿。

国防忧患意识教育的目的在于通过信息刺激使人们产生国防安全状态的知觉，在这种知觉的基础上形成提高国防安全质量的心理取向，并且愿意为国防安全质量的提高做出贡献。也就是说，国防忧患意识教育的目的是提高人们认识国防安全和改造国防安全的能力。

首先，教育是一项以目的性为特征的人类活动。联合国教科文组织教育统计局 1976 年编定的《国际教育标准分类》认为："教育是有组织地和持续不断地传授知识的工作。"[①] 这一定义包括了"培训"在内，但排除了娱乐、无组织的自学等形式的活动，同时也说明教育是有目的的。如表 3-1 所示。国防忧患意识教育作为一种教育活动，自然也有其目的性。

表 3-1　教育的分类及目的性

<table>
<tr><td rowspan="6">有目的的教育活动</td><td colspan="3">家庭教育</td></tr>
<tr><td colspan="3">社会辅导</td></tr>
<tr><td rowspan="3">学校教育</td><td colspan="2">正规的学校教育</td></tr>
<tr><td rowspan="2">成人教育</td><td>正式的</td></tr>
<tr><td>非正式的</td></tr>
<tr><td colspan="3">自　学</td></tr>
</table>

其次，教育目的是现实和需要的统一体。人的意识中的种种目的，首先是为了满足人的某种需要。需要是人的内在动因，需要呈现出对客体的摄取状态，需要表明人不满足于当前的现实，而要创造适应人的需要的新现实。"教育的目的不是使人实现一些外在的具体的善，而是使人以适当的自由和负责的方式，

① 联合国教科文组织教育统计局：《国际教育标准分类》[M]，北京：人民教育出版社，1988 年版，第 2～3 页。

设计和追求他们认为好的生活。”① 教育不仅要帮助人们形成“需要”的观念，而且还要发展人们追求“需要”使之成为现实的能力。

再次，国防忧患意识教育的目的是为了满足国防安全的需要。国防忧患意识教育具有明确的指向性，它通过特定知识的传授，确立人们对国防安全状态的认识，通过威胁信号的刺激，促使人们产生并不断强化国防安全的需求，并在这种需求的牵引下，形成自觉的能动性。这种自觉的能动性，表现在知与行、认识国防安全与改造国防安全的统一过程中。

（二）确立国防忧患意识教育目的的依据

国防忧患意识教育的目的是不能主观臆断的，而是由一定的社会条件包括受教育者的客观实际决定的。具体来说，确定国防忧患意识教育的目的主要依据三个方面的社会实际：一是国家维护国防安全的需要。二是国家的国防安全目标。三是受教育者的思想意识实际。

国家维护国防安全的需要。安全具有二元性，包括主、客观两个方面，客观方面是指外界的现状，主观方面是指人们的心理状态。阿诺德·沃尔费斯在《冲突与合作》一书中指出：“安全，在客观意义上，表明对所获得价值不存在威胁；在主观意义上，表明不存在这样的价值会受到攻击的恐惧。”② 国家的恐惧包括天然恐惧和经验恐惧。天然恐惧是对整个国际关系不确定性的不安以及对自身存在的忧虑，具有不确定性，它弥漫于每一个国家的心理深处，渗透在每个国家的行为之中。③ 经验恐惧是后天习得的。国家在历史发展过程中面临某种危险时或遭受这种危险的创伤后，便会对该危险甚至该危险之源产生恐惧。这一恐惧心理若又遇到相同或类似危险的刺激，就会得到强化。获得强化的恐惧心理在危险消除后将在很长一段时间存在（只要该危险源或类似危险源存在或新起）。国家这种稳定的心理恐惧是该国在危险源存在下认为自身不安全的根据。在消除恐惧的内在驱动下，国家必然会对危险源产生敌意和防范行为。④ 传统意义上，国防安全是指一国确保其领土主权完整不受外来势力的武装侵略

---

① 凯瑟琳·埃尔金：《教育的目的》[J]，李雁冰译，《教育发展研究》2016年第18期，第5页。

② Arnold Wolfers, Discord and Collaboration [M], The Johns Hopkins University Press, Baltimore, 1962.

③ 何玮鹏：《恐惧：国家安全的心理分析》[J]，《世界经济与政治》2001年第2期，第26页。

④ 何玮鹏：《恐惧：国家安全的心理分析》[J]，《世界经济与政治》2001年第2期，第26页。

和侵犯。对现代国家来说，“国防安全是国家作为主体，通过采取以军事行动为中心及与军事有关的政治、经济、外交、科技、教育等方面的活动，保障国家的政治、经济和社会生活秩序不受外部和内部敌对势力的扰乱破坏”①。国防安全是国家的基本安全，现代国防安全涉及应对传统安全领域和非传统安全领域的多种安全威胁，是国家各领域安全的基本保障。国家在国防安全方面的恐惧产生维护国防安全的需要，它通过忧患意识教育将这种恐惧传递到全体公民，建立或强化公民的国防忧患意识，从而在公民中产生维护国防安全的内驱力。

国家的国防安全目标。目标是“激发人们行为的预期要求达到的目的或结果，通常具有预测性、可计量性、有形性和激励性等特点”②。目标与目的既有密切的联系，又有明显的区别。从一般意义来看，目标是目的的具体化和阶段化。相对于目标，目的在实践各阶段中具有长期性、根本性、不变性和稳定性特征，而目标则具有一定的时间变化性、环境可调性及因人而异性，即相对可变性。目的是具有导向性、方向性的观念意识，目标是具体的、可操作的，是对可能达到的预期的设计，它是目的的分解和细化。但是，在特定的条件下，目标与目的又可以相互转化，进而带来相互关系的变化。国防忧患意识教育是国防建设的组成部分，是一种具体的国防安全行为（活动）。国家的国防安全目标是各种国防安全行为目的的综合化和抽象化，国家的所有国防安全行为都要服从和服务于总的国防安全目标，因此，国防忧患意识教育也要服从和服务于国家的国防安全目标。国防忧患意识教育的目的统一于国家的国防安全目标，国家的国防安全目标决定着国防忧患意识教育的目的。国家的国防安全目标不是单一的，而是一个集合体，是一个目标系统。国防忧患意识教育目的体现的不仅是国防安全的根本目标，也包括国防安全某一领域、某一阶段的目标。国防安全目标，是国防忧患意识教育的出发点和归宿。③

受教育者的思想意识实际。教育目的得以达成是教育有效的标志，教育对

---

① 从文胜：《塑造新型国防安全观》[J]，《人民法治》2016年第8期，第20页。

② 《辞海》[M]，上海：上海辞书出版社，1989年版，第4364页。

③ 以我国的思想政治教育作为类比：中国共产党的最终奋斗目标，是要实现共产主义。思想政治教育的根本目的就是依据和围绕这个最终目标确立的，也就是要用共产主义思想教育，动员和激励人们为实现共产主义的社会制度努力奋斗。在奋斗过程中，不断提高自己的思想道德素质，不断提高认识世界和改造世界的能力。共产主义是人类的崇高理想，为实现这个崇高理想要经历长期的艰苦奋斗历程，要分好几个阶段。在不同阶段，我们党拟定了不同的奋斗目标。思想政治教育就是要以共产主义思想为指导，根据不同阶段党的具体奋斗目标来确定自己的目的。参见陈道德：《确立思想政治教育目的的意义和主要依据》[J]，《武汉交通管理干部学院学报》2000年第4期，第3页。

象的有效性是教育有效的重要因素。教育对象的有效性主要体现在其自觉接受教育的对象意识，以及在教育过程中具有接受相应知识的准备和相应的接受、吸收、消化及运用能力。国防忧患意识教育的对象是全体公民，是活生生的人。国防忧患意识教育要解决人的思想意识问题，受教育者关于国防忧患的思想意识实际是确立国防忧患意识教育目的的又一主要依据。在确立国防忧患意识教育目的时，考察公民的思想实际，主要是解决可行性问题，而不是操作性问题。具体来说，主要是考察公民国防忧患意识客观状态，从而确定是否有进行教育的必要；考察公民对国防忧患意识教育的需要，从而确定是否有开展教育的可能。至于公民国防忧患意识的高低、公民对国防忧患意识教育需求的强弱，则属解决国防忧患意识教育操作性问题时需要考察的内容，是制订不同层次、不同阶段国防忧患意识教育具体目标的依据。

（三）国防忧患意识教育的目标

国防忧患意识教育目标是国防忧患意识教育目的的具体化和阶段化。在每一个阶段，国防忧患意识教育目标的确立，都要在服从服务国防安全这一思想的指导下，以客观的国防安全环境为基础，确定国防安全预期状态，寻找现实国防安全的不足和隐患。以根本的、共同的、长远的利益和共同的国家认同为纽带，建立人们观念中个体和国防安全的内在联系；以人们现实的国防安全意识为基点，充分考虑客观环境中的有利因素和不利因素，确定认识和改造国防安全能力的预期发展程度和提高幅度。这些具体目标组成一个目标系统，是通向国防忧患意识教育根本目的的阶梯。

国防忧患意识教育目标具有方向性。国防忧患意识教育服从服务于国家的国防安全。国防忧患意识教育目标的制订要紧紧围绕国防忧患意识教育的根本目的，紧紧围绕国家的国防安全目标，紧紧围绕国家的国防教育目标。偏离了这些目的、目标，国防忧患意识教育便失去了存在的意义；赋予国防忧患意识教育目标过多的内涵，国防忧患意识教育便会失去重心，丧失其独立存在的基础。

国防忧患意识教育目标具有渗透性。国防忧患意识教育相对独立却不孤立。国防忧患意识教育属于国防思想建设的范畴，在实践中，国防忧患意识教育的内容既相对独立，又与思想政治教育范畴的国家安全教育、忧患意识教育存在交叉，并且广泛渗透到爱国主义教育、民族精神教育之中。因此，国防忧患意识教育目标既与其他思想建设的目标存在交叉现象，又可能完全融会于其他思想建设的目标之中。

国防忧患意识教育目标具有层次性。一方面，国防忧患意识教育目标的设定必须循序渐进，符合人们认知水平及认知发展规律。另一方面，个体的国防忧患意识受个体身心发展水平、所处的社会环境等因素的制约，呈现出明显的差异性、层次性。国防忧患意识教育目标的设定，必须考虑个体现实的国防忧患意识和思想政治状况，加以区别对待。

国防忧患意识教育目标具有发展性。客观环境会不断地发展变化，人的认识水平也会不断地发展变化。一国的国防安全状态受国家实力、利益及外部威胁因素变化的影响，处于不断发展变化之中，个体对国防安全的认识也处于不断发展变化之中。特别是随着国防忧患意识教育效果的显现，人们的国防忧患意识会不断增强。因此，国防忧患意识教育的目标也要与时俱进，不断地调整提高。

二、国防忧患意识教育的价值

开展国防忧患意识教育，是因为国家（人们）已经发现国防忧患意识教育具有某种功能，能够产生预期的某种效果。为了达到这种预期效果，就要筹划并组织实施国防忧患意识教育活动，进而需要确定国防忧患意识教育目的，制订国防忧患意识教育目标。如前所述，国防忧患意识教育的功能是其本质的外在显露，研究国防忧患意识教育的功能和目的，是基于已经存在国防忧患意识教育活动这一假设，但功能和目的不能回答国防忧患意识教育产生和存在的合理性问题（用功能和目的解释国防忧患意识教育的产生和存在会陷入循环论证的误区），要回答这一问题，就必须对国防忧患意识教育进行价值研究。

（一）国防忧患意识教育的价值内涵

“价值”（value）的本意是“可宝贵、可珍贵、令人喜爱、值得重视”。它源于古代梵文“wer”“wal”（围墙、护栏、掩盖、保护、加固）和拉丁文“vallum”（堤）、“vallo”（用堤护住、加固、保护），取其“对人有维护、保护作用”的含义演化而成。作为哲学范畴的“价值”，是指客体的存在、作用以及它们的变化对于一定主体需要及其发展的某种适合、接近或一致。[①] 事实上，客体对主体生存和发展所具有的性质和能力，既具有正面意义也具有负面意义，是正面意义和负面意义即正面价值和负面价值的统一体。现在大多数人所说的价值，是指客体对主体生存和发展具有的正面意义，即正面价值。以往，关于教育价值的探讨主要集中在哲学范畴，它往往因过于抽象而使人难以理解，或者因与教育功能、作用混淆而使人怀疑是否有进行独立研究的必要。

对教育价值的研究完全可以运用马克思主义政治经济学的价值研究方法，在此我们主要用这一方法分析国防忧患意识教育的价值。马克思主义政治经济学认为：价值是指商品中凝结的一般人类劳动，它是商品之间相互比较和进行交换的基础。商品的价值只有通过同另外的商品交换才能表现出来，这样表现出来的价值叫交换价值。价值是商品的社会属性，它体现商品生产者之间的生产关系。国防忧患意识教育的价值是凝结在国防忧患意识教育中的国防安全生产劳动，是一种特殊的人类劳动。国防忧患意识教育作为一种国防安全生产活动，它的直接产品是人们头脑中生成的国防忧患意识，这种意识使人服务或能够服务于国家的国防安全，因而最终产品是国家的国防安全。一个国家的国防安全一般通过与其他国家的比较、竞争、冲突甚至战争体现或检验出来，因此，国防忧患意识教育的价值是国防安全之于国际社会的属性，它体现了国家之间的国防安全生产关系。国防忧患意识教育的价值存在，依赖国防忧患意识教育对社会生活所具有的特殊功能，即国防忧患意识教育对社会思想和人的意识发展的促进功能，这也是国防忧患意识教育为一定社会主体特别是国家所认可的基本前提和合理依据。

国防忧患意识教育作为一种社会现象，其价值是指作为客体的国防忧患意识教育对作为社会实践主体的个人、国家需要的满足。国防忧患意识教育作为一种国防思想生产活动，它的产品是人们对国防忧患的理性认识、防止国防忧患发生的愿望和维护国防安全的责任意识。这种思想意识既要满足个人发展的需要，体现国防忧患意识教育的内在价值，又要满足国家维护国防安全的需要，体现国防忧患意识教育的外在价值。所谓内在价值，是指国防忧患意识教育在促进受教育者的发展方面所构成的价值属性。国防忧患意识教育的目的不是打

---

① 李德顺：《价值论——一种主体性的研究》[M]，北京：中国人民大学出版社，1987 年版，第 13 页。

造由国家驱使的没有灵魂的从事战争的“机器人”，而是立足于促进人的发展，培养有独立意识、自觉意识、丰富情感和责任意识的人。从历史唯物主义的观点来看，国防安全的发展最根本的动力是国防安全能力的发展，而人的发展是国防安全能力发展的根本体现，因为它抓住了国防安全能力中的首要的决定的因素——人的素质的提高，并通过提高人的素质，进而推动国防安全能力系统的发展。所谓外在价值，即由国防忧患意识教育促进受教育者的发展进而促进国家国防能力全面发展所呈现出来的价值。国防忧患意识教育通过提高个体的国防忧患意识，促进全社会国防忧患意识的提高，而社会高水平的国防忧患意识，既是国家警惕、应对外部威胁，加强国防建设可以利用的精神力量，又驱动着人们去创造国家国防安全能力所需要的物质力量。

（二）国防忧患意识教育的价值形态

国防忧患意识教育的价值形态即国防忧患意识教育价值观。价值观是“主体以其需求系统为基础（参照系），对主客体之间的价值（价值关系）进行整合而形成的观念形态（即思想和思想体系），它综合地体现了主体的愿望、要求、欲望、理想、需要、利益等”①。价值观是社会成员用来评价行为、事物以及从各种可能的目标中选择自己合意目标的准则。国防忧患意识教育是以培养教育对象关于国防安全的批判性意识为目的的有计划的教育活动。国防忧患意识教育价值观是人们在评价国防忧患意识教育这一行为以及国防忧患意识教育的目的、内容、特点、功能等时内心持有的准则。国防忧患意识教育价值观通过人们涉及国防安全特别是国防忧患意识教育的行为取向及对国防忧患意识教育的评价、态度反映出来。人们的国防忧患意识教育价值观不同，对国防忧患意识教育的评价和态度也就不同。国防忧患意识教育价值观是驱使人们参与国防忧患意识教育行为的内部动力，人们的国防忧患意识教育价值观不同，参与国防忧患意识教育的动机、动力及参与和努力程度也会有相应的差异。

价值观是人们对社会存在的反映。人们所处的自然环境和社会环境，包括人的社会地位和物质生活条件，决定着人们的价值观念。处于相同自然环境和社会环境的人，相比较而言容易产生相同或相近的价值观念。每一社会都有一些共同认可的价值标准，映射着人们普遍一致的或大部分人一致的行为定势，

---

① 王玉梁：《价值和价值观》[M]，西安：陕西师范大学出版社，1988 年版，第 353 页。

或曰行为模式。反映在国防忧患意识教育的价值观与行为模式的关系上，一般来讲，处于国家生死存亡关头的人们更容易产生强烈的国防忧患意识，并十分重视、身体力行国防忧患意识教育；而在长期和平安定的条件下，人们的国防忧患意识容易淡化，进而忽视国防忧患意识教育。

价值观是后天形成的，是通过人的社会化培养起来的，是随着知识的增长和生活经验的积累而逐步确立起来的。人们的国防忧患意识教育价值观是通过家庭、学校、社会等渠道的历史教育、思想教育、品德教育、政治教育、国防教育等，特别是其中的爱国主义教育、国防安全教育、忧患意识教育，在培养并形成国家意识、安全意识、忧患意识，特别是国防忧患意识的基础上，逐步建立起来的。同所有的价值观一样，国防忧患意识教育的价值观一旦确立，便具有相对的稳定性。

（三）国防忧患意识教育的价值实现

国防忧患意识教育价值的实现就是通过教育实践活动而发挥出改造人并进而改造国防安全的作用。对国防忧患意识教育价值的探讨，目的是认识国防忧患意识教育价值实现的客观基础和条件，掌握国防忧患意识教育价值实现的逻辑规律，用以指导国防忧患意识教育实践，从而最大限度地实现国防忧患意识教育价值。

国防忧患意识教育价值形成或实现的基础和条件，包括两个方面的因素，即客观的事实因素和人的能动因素。客观的事实因素：一是国防忧患意识教育的目的、内容、过程、方法等都必须与受教育者的思想状况和接受特点相匹配。“说服教育的力量在于逻辑地论证从分析生活事实和现象中推导出来的结论。掌握逻辑的论据，遵循逻辑思维的基本规律，这是说服教育方法取得效果的必要条件。”① 二是国防忧患意识教育价值的实现受客观的社会条件制约。一方面，国防忧患意识教育从属于社会大系统，它是在社会各方面因素的影响下通过特定渠道、方式完成社会赋予其担负的使命。另一方面，社会也在不断地通过优化其结构、完善其功能，为国防忧患意识教育价值的实现创造条件。人的能动因素：正如马克思指出的那样，“理论只要彻底，就能说服人。所谓彻底，就是

---

① 苏共中央直属社会科学院心理学和教育学教研组：《党的工作中的社会心理学和教育学》［M］，史民德、何得霖译，南宁：广西人民出版社，1986 年版，第 137 页。

抓住事物的根本。但是，人的根本就是人本身”[①]。“‘人’是价值世界的轴心概念。”[②] 国防忧患意识教育的价值实现离不开人的主体意识和主体能力。主体意识是价值主体关于自身的自觉和明晰的认识，它包括价值主体对于自身在整个国防忧患意识教育实现过程中所具有的主体地位、主导性作用和所担负的具体使命，以及自身活动对于社会、对于价值客体、对于价值实现所具有的现实与长远意义的认知。主体能力是价值主体在国防忧患意识教育价值实现过程中旨在为有效实现价值而担负的一系列主导作用和能力的总和。主体意识是国防忧患意识教育价值实现过程中人的能动性的主要力量源泉。主体能力是国防忧患意识教育价值实现过程中人的能动性的主要依据，是力的支撑点。

国防忧患意识教育价值的实现，是国防忧患意识教育所蕴含的思想认识内容为教育对象所接受，内化为他们深刻且稳定的心理结构，外化为一种现实的个体意识和行为习惯，并增强他们的主体意识和主体力量的过程。[③] 国防忧患意识教育价值的实现过程就是一个由“潜价值”到“显价值”的转变过程，是一个从“价值可能”到“价值必然”的过程。在这一过程中，要首先确定“促使人们重视国防忧患意识教育”这一价值取向，再确定“提高人们的国防忧患意识”等具体的价值目标，并围绕塑造人们的国防忧患意识教育价值观，构思、采用具体的路径和方法手段。

三、国防忧患意识教育的基本要素

国防忧患意识教育是一个由国防忧患意识教育的主体、客体、内容、载体、环境五大要素构成的有机系统。开展国防忧患意识教育，必须认识国防忧患意识教育的系统结构，分析构成国防忧患意识教育系统的基本要素及其特性，这

---

① 《马克思恩格斯全集》（第三卷）[M]，中共中央马克思恩格斯列宁斯大林著作编译局译，北京：人民出版社，2002 年版，第 207 页。

② 钱美玲、丁三青：《思想政治教育价值论的逻辑起点再认识》[J]，《学校党建与思想教育》2016 年第 1 期，第 7 页。

③ 在这里，笔者参考了项久雨博士关于思想政治教育价值形成的观点。项久雨博士认为，思想政治教育价值的实现，亦即思想政治教育所蕴含的思想、认识、政治、道德等内容，为教育对象所接受，并内化为他们各自的某种深刻且稳定的心理结构，外化为一种现实的个体意识和行为习惯，并增强他们的主体意识和主体力量。参见项久雨：《思想政治教育价值论》[M]，北京：中国社会科学出版社，2003 年版，第 267 页。

样有利于厘清各要素之间的相互关系，并在具体的教育活动中找到有利于促进教育效果提高的要素间结合方式。

（一）国防忧患意识教育的主体

国防忧患意识教育属于国防教育的范畴，确定国防忧患意识教育主体的基础是确定国防教育的主体。国防教育既是国防建设的组成部分，又是国民教育的重要内容。这种双重属性给国防教育主体的确定带来了一定困惑。现有多数有关国防教育的理论研究成果大都把国防的主体作为国防教育的主体，认为“国防活动的实施主体是国家。国防教育是直接为巩固和加强国防而开展的，是国防建设的重要组成部分，所以其实施主体理所当然就是国家”[①]。但对作为国防教育主体的“国家”，在理解上存在分歧。一种观点认为，国防教育属于政府行为或国家军事部门的行为。如苑士军教授认为，“国防教育任务繁重、责任重大，能够承担起这样重大责任的，不是个人或社会团体，而是国家。因此，国防教育的实施者是国家政府”[②]。也有人认为应当从广义上来理解作为国防教育主体的“国家”这一概念，这种广义的“国家”包括国家机关和武装力量、各政党和社会团体、各企事业组织、全体公民，具有主体多层次性、利益多元性和多元利益矛盾性等特征。[③]

学者们强调国家是国防教育的主体，其基本依据是：国家是国防教育的组织领导者，是国防教育的责任承担者，其出发点和目的是引起社会对国防教育的重视，树立国防教育的国家权威性，以利于更好地开展国防教育。但是，国防教育毕竟是一种“教育”活动，具有教育的属性。既然是一种教育活动，国防教育主体的规定就不能与教育理论对教育主体的规定相矛盾，把教育主体仅仅限定为国家。此外，国防教育需要全社会的参与，如果否认其他参与者的主体地位，将不利于调动其积极性、发挥其创造性，不利于国防教育的普及和深入。

作为国防教育重要组成部分的国防忧患意识教育，其主体的确定面临着与

① 谢素蓉：《国防教育主体辨析》[J]，《厦门大学学报（哲学社会科学版）》2015 年第 6 期，第 64 页。

② 苑士军：《国防教育概论》[M]，北京：解放军出版社，2004 年版，第 88 页。

③ 谢素蓉：《国防教育主体辨析》[J]，《厦门大学学报（哲学社会科学版）》2015 年第 6 期，第 66 页。

确定国防教育主体同样的问题。基于上述原因，我们可以认为，国防忧患意识教育的主体是国防忧患意识教育的发动者、组织者和实施者。国防忧患意识教育的参与者只要具备了主体性，就能成为国防忧患意识教育的主体，也只有具备了主体性，才能成为国防忧患意识教育的主体。例如，2002年俄罗斯发布的《独联体教育统一空间构想》提出，支持各种所有权形式和水平的教育合作组织这些教育主体的主动性，便是将教育组织视为了国防教育的主体，并强调其主体性。[①]“主体性”一词是从德语的“subjekitvitǎt”和英语的“subjectivity”翻译过来的，中文有时译作“主观性”，有独立自主、自我决定、自由、能动性、自我、自我意识或自觉、个性、以个人的自由意志和才能为根据行动等含义。[②]国防忧患意识教育主体的主体性，表现为国防忧患意识教育主体的主动性、主导性、创造性、超越性等属性。国防忧患意识教育参与者能否成为教育主体，关键在于是否具有主体性，不具备主体性，便不能履行承担、发动、组织、实施国防忧患意识教育的职能，因而不能成为国防忧患意识教育的主体。

国防忧患意识教育作为国防教育的组成部分，主要由国家组织、领导和规划，国家是最高层次也是最主要的国防忧患意识教育主体。同时，各级社会组织、团体、机构，以及从事国防教育的个人，都可以成为国防忧患意识教育的主体。不过这些主体的教育活动一般要严格按照国家这一主体的统一规划，在国家主体的组织领导下实施国防忧患意识教育。

（二）国防忧患意识教育的客体

国防忧患意识教育的客体是指国防忧患意识教育活动中主体作用的对象，是国防忧患意识教育的接受者。国防忧患意识教育的客体是由国防教育的客体决定的。国防忧患意识教育的客体是人，是那些为国防忧患意识教育主体所认识并施加可控性影响的人，即受教育者。客体既可以是个体，也可以是群体。国防忧患意识教育的客体具有以下特点：

法定性。就现代国家来说，法定性是国防忧患意识教育客体的一个突出特

---

① 2000年《俄罗斯联邦国家教育论纲》开篇就把教育目标明确设定为“为俄罗斯社会经济和精神发展建立基础，保证人们高质量的生活与国家的安全”。参见张男星：《俄罗斯国家安全意识与教育政策》[J]，《教育理论与实践》2006年第4期，第19页。

② 代金平：《对主体性思想历史演变的中西比较研究》[J]，《甘肃社会科学》1997年第6期，第7页。

点。一般教育客体往往是在总结实践经验的基础上，在教育理论的研究中加以规范的，而国防忧患意识教育的客体则是由现代国家立法直接规定的。国防忧患意识教育客体的法定性是由国防教育客体的法定性决定的。国防教育具有自觉性和强制性相结合的特点，其强制性是由国家立法所赋予的。现行《中华人民共和国国防教育法》第五条规定："中华人民共和国公民都有接受国防教育的权利和义务。"因此，国防教育是对全社会全体公民的教育，其教育对象是国家的全体公民。国防忧患意识教育的对象当然也是国家的全体公民。

受教性。国防忧患意识教育客体作为教育对象，是国防忧患意识教育活动的接受者和受动者。国防忧患意识教育的目的和效果最终是由国防忧患意识教育的客体来体现的。在教育过程中，国防忧患意识教育的客体处于"接受者"地位，其接受内容即是国防忧患意识教育内容。这些内容是由国防忧患意识教育的主体确定的，目的是提高受教育者的国防忧患意识，受教育者在接受教育前后国防忧患意识的差别大小，反映国防忧患意识教育的实际效果。此外，国防忧患意识教育目标的确立、国防忧患意识教育方法手段的运用等都不可能由国防忧患意识教育的客体支配。因此，国防忧患意识教育客体是被动的，是"受动者"。

社会性。国防忧患意识作为一种国防意识，决定着人们对待国防的态度，影响甚至支配着人们参与国防事业的行为。国防不是一个人或少数人的事情，而是一个国家全体公民的事情，这就决定了国防忧患意识的内容具有社会性。国防忧患意识虽然是个体头脑中的意识，但在任何一个国家，全体国民的国防忧患意识最终将汇聚成一种社会意识。提高单个公民的国防忧患意识，其最终目的也是提高整个社会的国防忧患意识。

主体性。搞好全民国防教育，需要最大限度地调动公民的自觉性和积极性。国防忧患意识教育的客体不是一般的物质客体，而是活生生的人，是能动的，具有主体性。首先，国防忧患意识教育的客体能够能动地反映外部世界和自身，能够借助感觉、知觉、表象等认知形式获得关于自身国防忧患意识状况和国防忧患意识教育主体及其所施加影响的感性认识，在此基础上应用概念、判断、推理等逻辑形式和分析综合、归纳演绎等逻辑方法，使感性认识上升到理性认识，从而认清自身与国防安全要求之间的差距，激发参与和接受国防忧患意识教育的需要。其次，国防忧患意识教育的客体能对主体传递的国防忧患信息加以认识和选择、接受，对自己的国防思想活动进行自我认识，从而在不同程度上自觉调节自己的国防思想活动，发展和提高自己的国防思想水平。再次，国防忧患意识教育客体对主体传递的信息是有选择的接受，并且根据自己原有认识加以选择，他们不仅接受主体的作用，而且能动地认识主体，反作用于主体，力求使主体认识和把握自身的状况，互动发展。①

（三）国防忧患意识教育的内容

国防忧患意识教育的内容，是指在国防忧患意识教育过程中教育主体为达到教育目的而向教育对象传授的特定信息。国防忧患意识教育内容，是国防教育内容的组成部分，它属于国防教育内容中的国防精神②教育。其主要内容包括以下几个方面：

国防忧患知识教育。国防忧患意识来源于国防忧患的客观存在。国防忧患的客观存在既包括现实中存在的威胁国防安全的因素，也包括历史记忆中国家或民族遭受的外来侵略、占领、欺凌和压迫，特别是亡国灭种的惨痛记忆，还包括对其他国家或民族遭受的类似灾难的学习和记忆。国防忧患知识是形成国防忧患意识的基础，因此，国防忧患知识是国防忧患意识教育的基础内容。国防忧患知识包括国防忧患的历史知识和国防安全现状知识。国防忧患历史知识包括国防忧患的历史事件，人们从对国防忧患发生、发展及其规律和应对措施的总结中得出的经验教训，也包括在这些经验教训的基础上形成的国防忧患思想和国防忧患理论。国防安全现状知识包括国防安全的总体状态，国家、学者、社会、公民对国防安全状态的认识，国防安全面临的外部威胁和本国国防能力等。

国防安全情感教育。国防忧患意识是对国防安全的关注和忧虑，它的产生和存在是以强烈的爱国情感为基础的，没有爱国情感便不会关注国家，更不会担忧国家的前途命运。因此，国防忧患意识教育离不开国防安全情感教育。国防安全情感教育实质上就是爱国主义教育。“爱国主义是由于千百年来各自的祖

---

① 笔者认为，国防忧患意识教育客体的主体性与思想政治教育客体的主体性并无区别。关于思想政治教育客体的主体性，参见何宏兵：《思想政治教育主客体关系及其启示》[D]，重庆：西南师范大学，2005 年，第 21 页。笔者在这里参考了何文的观点。

② 国防精神通常是指一个国家或者一个民族在对待保卫祖国领土完整、维护国家主权、保护国民生命财产安全中的观念、意志、精神状态、心理活动的总和。参见刘晓鲁：《大学生军事思想与国防精神教育》[M]，成都：电子科技大学出版社，2011 年版，第 96 页。

国彼此隔离而形成的一种极其深厚的感情”[①]，是“人们对自己故土家园、民族和文化的归属感、认同感、尊严感与荣誉感的统一”[②]。爱国主义是反映个人对祖国依赖关系的情感系统，体现为人们对祖国的深厚感情。爱国主义教育是用爱国主义的意识形态理论灌输和陶冶人们，使人们养成爱国情感，遵守爱国规范，形成爱国践履的教育实践活动。根据《爱国主义教育实施纲要》，我国爱国主义教育的内容主要包括：中华民族悠久历史教育、中华民族优秀传统文化教育、党的基本路线和社会主义现代化建设成就教育、中国国情教育、社会主义民主和法制教育、国防教育和国家安全教育、民族团结教育、“和平统一、一国两制”方针教育。[③] 这些内容大致可抽象为国情与国防教育、祖国历史与民族文化教育、忧患意识教育、宽容教育、国家责任感和归属感教育。[④] 国防安全情感教育中的爱国主义教育，主要是基于教育心理学的行为主义理论[⑤]，通过国防忧患的刺激，使受教育者形成经常地从外在环境中体验到危机或挑战的心理习惯，产生出紧迫感，激发出迎接危机和挑战的最佳水平，并在国家认同感的基础上，产生扭转危机形势的需要和改变祖国国防安全面貌的动机，进而将这种动机付诸行动。[⑥]

国防责任意识教育。国防忧患意识中还包括强烈的维护国家国防安全的责任感，即高度认同“国家兴亡，匹夫有责”。具有国防忧患意识的人能够主动思考国防安全，并且愿意为国防安全服务，而不是仅仅把维护国防安全作为一种不得不履行的公民义务或职业操守。国防忧患意识虽然建立在公民个人利益与

---

① 列宁：《列宁全集》（第三十五卷，第二版）[M]，中共中央马克思恩格斯列宁斯大林著作编译局译，北京：人民出版社，1985 年版，第 187 页。

② 思想道德修养与法律基础编写组：《思想道德修养与法律基础》[M]，北京：高等教育出版社，2008 年版，第 35 页。

③ 中共中央宣传部宣传教育局：《爱国主义教育实施纲要读本》[M]，北京：学习出版社，1994 年版，第 50～53 页。

④ 李佩佩：《中国与新加坡爱国主义教育内容的比较探究》[J]，《亚太教育》2016 年第 4 期，第 268～269 页。

⑤ 行为主义理论又称刺激—反应（S—R）理论，是学习理论的主要流派之一。1954 年，程序教学创始人、美国心理学家斯金纳在《学习的科学和教学的艺术》一文中指出了传统教学的种种弊端：学生在学习中受到的刺激或所得到的控制不能使学生产生愉快，甚至令学生反感；学生在学习中受到的强化次数太少且强化的时机不适宜；学习过程不是逐步递进达到学习目标，缺乏合理的学习过程。行为主义学习理论认为，人类的思维是与外界环境相互作用的结果，即“刺激—反应”，刺激和反应之间的联结叫作强化。认为通过对环境的“操作”和对行为的“积极强化”，任何行为都能被创造、设计、塑造和改变。

⑥ 李瑢瑢：《论爱国主义中的忧患意识》[J]，《求索》2004 年第 8 期，第 170 页。

整体利益、国家利益一致的基础上，但绝不是赤裸裸的利益交换观念。国防忧患意识上升到哲学高度，便是个人内在的精神生活与国家国防安全的一致性，“是物我对立、人我对立的取消”①。当这种一致被打破之时，就会在内心深处产生一种深沉的悲情，表现出自发的自我关怀和国家关怀，从而产生承担责任的冲动。“责任感引发忧患感，忧患感激发责任感。有责任感，才能发现危机、直面危机，才能勇于探索救国救民的道路，才能最终消除隐患、超越忧患；有忧患感，才能意识到重任在肩，才能树立‘苟利国家生死以，岂因祸福避趋之’的承担意识，才能培养‘战战兢兢，如临深渊，如履薄冰’戒惧沉毅的品格。”② 因此，国防忧患意识教育离不开国防责任意识教育。

（四）国防忧患意识教育的载体

载体的原意是“承载知识或信息的物质形体”③，是能够用来达到承载事物目的的事物。国防忧患意识教育载体，是国防忧患意识教育过程中那些能承载教育因素的物质形体和人类活动。能够承载国防忧患意识教育因素的载体有很多，但如果把它们都视作国防忧患意识教育的载体，则会带来载体泛化的问题，也无法与其他领域的教育载体相区别。国防忧患意识教育载体必须是为实现国防忧患意识教育目的，由教育主体自觉设计运用的、能使具有国防忧患意识教育因素的事物发挥出教育作用和产生教育效果的物质形体和人类活动。

成为国防忧患意识教育的载体必须同时满足以下三个条件：一是能够承载国防忧患意识教育的目的、任务与内容等教育信息。如举办会议，只有当会议具有明确的国防忧患意识教育目的，蕴含了国防忧患意识教育的内容，才能成为国防忧患意识教育的载体。二是由国防忧患意识教育主体设计，并为主体运用、控制。如广播电视，能够为国防忧患意识教育主体控制和操作，能够成为国防忧患意识教育的载体；而人们的国防忧患意识状况，是一种客观状态，无法被教育者控制和操作，因而不能成为国防忧患意识教育的载体。三是能够联系并实际联系了国防忧患意识教育的主体和客体。国防忧患意识教育载体的属性是在国防忧患意识教育过程中，经过实际运用才被赋予的。哪怕是一本专门为进行国防忧患意识教育编写的教材，如果把它束之高阁，便不能在教育主体

---

① 李晓社：《传统忧患意识的形成及思想内涵》[J]，《攀登》2006 第 3 期，第 95 页。
② 李晓社：《传统忧患意识的形成及思想内涵》[J]，《攀登》2006 第 3 期，第 95 页。
③ 《现代汉语词典》[M]，北京：商务印书馆，1996 年版，第 1568 页。

和客体间建立联系，因而不能成为国防忧患意识教育的载体。因此，我们说，国防忧患意识教育的载体具有明确的国防忧患意识教育目的性、国防忧患意识教育内容承载性、国防忧患意识教育主体可控性和国防忧患意识教育主体与客体中介性。

国防忧患意识教育的载体按形态可划分为物质载体、精神载体和行为载体。物质载体是指传递、载运国防忧患意识教育信息的实物和场所，如文字、广播、电视、网络、历史遗址等。精神载体是指传递、载运国防忧患意识教育信息的意识、思维活动和一般心理状态，一般是民族或社会整体的意识和心理状态，包括蕴含国防忧患意识的文化现象，如爱国主义精神、长城精神、抗战精神以及国耻纪念日等。行为载体是指以传播、提高公民国防忧患意识为目的而举行的各类活动，以及个体或群体具有国防忧患意识示范效应的有意识的活动，如以进行国防忧患意识教育为目的的集会、报告、纪念活动，为应对国防安全威胁进行的警示、准备活动等。

（五）国防忧患意识教育的环境

国防忧患意识教育环境，是指直接参与国防忧患意识教育活动的各要素之外，能够对国防忧患意识教育过程施加影响的客观世界，是国防忧患意识教育所有外部相关因素和条件的总和。

国防忧患意识教育环境与国防忧患意识教育载体是容易混淆的两个概念。同一事物，可能有时仅仅是国防忧患意识教育的环境，有时又会成为国防忧患意识教育的载体。如在学校国防忧患意识教育中，校园文化既是国防忧患意识教育的环境，又在一定条件下可以转化为国防忧患意识教育的载体。区别二者的关键，是看事物本身是否直接承载国防忧患意识教育的目的、内容，是否经过国防忧患意识教育主体的加工改造并受主体控制。

国防忧患意识教育的环境按其性质可分为自然环境和社会环境。自然环境对国防忧患意识的影响是显而易见的，如濒海国家的人们会担心来自海上的国防安全威胁，而内陆国家则较少担心或不担心海上威胁。社会环境又包括国内环境和国际环境，国内环境如国内公众的国防忧患意识状况，国际环境如本国的国际地位、与邻国的关系等。

国防忧患意识教育的环境按与国防忧患意识教育关系的密切程度可分为直接环境和间接环境。那些与国防忧患意识教育活动有着直接联系、对国防忧患意识教育活动有着较大影响的外部因素，如本国面临的战争、危机等构成直接环境，而与国防忧患意识教育活动联系较为松散的外部因素，如不会涉及本国的战争、危机等构成间接环境。

国防忧患意识教育的环境按影响范围可分为宏观环境与微观环境。宏观环境是指对国防忧患意识教育产生影响的具有整体性的环境，如社会环境、国际环境等。微观环境是指与国防忧患意识教育活动直接相关的局部范围的环境，如家庭环境、学校环境等。

国防忧患意识教育的环境按其价值可分为良性环境与恶性环境。良性环境是指对人们国防忧患意识提高和开展国防忧患意识教育活动有促进作用的环境。恶性环境是指阻碍人们提高国防忧患意识甚至降低人们的国防忧患意识，以及构成国防忧患意识教育活动障碍的外部因素。

历史篇

中国历来重视教育，历史上成功的经验，失败的教训，辩证的教育教学思想，持久的尊师重教传统，虽经数千年岁月的磨砺、风雨的冲刷，仍然给进入社会主义新时代的教育留下深刻的影响。中国历史上兵祸连连、外患不断，至近代更是屡遭列强的侵略、欺凌，几至亡国灭种。国防忧患意识教育在国防安全能力建设方面到底扮演了什么样的角色，发挥了什么样的作用呢？研究它的发生发展，探索其演变规律，有助于提取当代国防忧患意识教育可资借鉴的经验教训。

忧患意识作为一种普遍的、稳定的心态和自觉的精神，在中国具有悠久的历史，国防忧患意识从一开始就是它的有机组成部分。中国古代的国防忧患意识教育，伴随着国家的产生，适应国防安全的需要，在立言传世、大臣进谏、军事训练以及学校教育等活动中体现出来。中国历史上王朝周期性更替，国防忧患意识教育活动也出现了周期性的兴衰。1840 年以来，中国不断遭到西方列强的侵略、欺凌，民族危亡局面一再出现，因而掀起了数次国防忧患意识教育的高潮。

中国历史的每一个时期，都留下了许多关于国防忧患的经验教训，在这些经验教训的基础上人们产生了内涵丰富而又情感强烈的国防忧患意识，这种国防忧患意识反过来又影响着国防忧患意识教育的实践。但是，国防忧患意识教育虽然是由统治者主导，但在一定时期国防忧患意识不一定为统治者所拥有，不同时期的统治者具有的国防忧患意识也会有强有弱。如果统治者能够吸收并利用好国防忧患意识这一宝贵精神财富，将使国家出现长治而又久安的局面。遗憾的是，屡屡上演的“后人复哀后人”式的悲剧告诉我们，并非所有的统治者都能把国防忧患意识教育重视起来，也并非所有的国防忧患意识教育都能真正获得预期的效果。

第四章　先秦时期的国防忧患意识教育

战争这一令人深恶痛绝的社会现象，几乎与人类历史一样久远。最早的原始战争产生于氏族制度形成以后，以血亲复仇的形式出现①，它催生了原始的“国防”忧患意识。“在漫长的原始社会，由于生产力极不发达，人类几乎全受着陌生的、对立的、不可理解的外部大自然支配，不能掌握自己的命运，从而形成强烈的自卫本能和随时进行抵抗的警惕性。”② 这种警惕性与原始教育中的礼仪活动如宗教教育中的“图腾与禁忌”结合在一起，成为国防忧患意识教育的雏形。它不仅有助于增强氏族成员的共同体观念，而且有助于激励他们为集体利益而献身。国家产生以后，出于保卫国防安全的需要，国防教育成为一种必要的教育活动，国防忧患意识教育也随之正式越过发展的起步点。中国古代的国防忧患意识教育源远流长，而先秦时期的国防忧患意识教育一出场便成为精彩序章。

一、国防忧患意识教育的思想基础

先秦时期，特别是春秋战国时期，是我国思想史上第一个黄金时期，也是我国第一批古典文化著作横空出世的时期。这些思想和文化著作，渗透着深刻的忧患意识，这些忧患意识饱含着深重的国防忧患思想，在当时的中央王国及诸侯列国，均具有普遍的国防忧患意识教育意义。

---

① 中国军事通史编委会：《中国军事通史》（第一卷）[M]，北京：军事科学出版社，1998 年版，第 3 页。

② 中国军事通史编委会：《中国军事通史》（第一卷）[M]，北京：军事科学出版社，1998 年版，第 3～4 页。

（一）《易》与《诗》开创忧患意识先河

《易经》[①] 是我国最古老、最著名的经典著作之一。鲁迅认为，《易经》是中华民族文化的源头，是一部饱含忧患意识的经典。孔子认为，《易经》的创作目的是开启智慧、成就事业，圣人以《易经》沟通天下人的意志，奠定天下的事业，判断天下的疑问[②]，讲的就是它可以达到的教育目的。“《易》之兴也，其于中古乎？作《易》者，其有忧患乎？”[③] 这是“忧患”一词的最早出处。“《易》之兴也，其当殷之末世，周之盛德邪？当文王与纣之事邪？是故其辞危。危者使平，易者使倾。其道甚大，百物不废。惧以终始，其要无咎，此之谓《易》之道也。”[④] 朱熹解释说：“危惧故得平安，慢易则必倾覆，《易》之道也”[⑤]，论述了忧患意识与国家兴亡关系重大。这种通过对国家安全问题深入思考而形成的忧患意识，是一种主动的、反省的、内发的心理状态，蕴含着坚强的意志和奋发的精神，给后来文化以很大的影响。

《诗经》是成书于周代的另一部古代经典之作，曾被孔子作为弟子立言立行的标准。先秦诸子中，引用《诗经》者颇多，如孟子、荀子、墨子、庄子、韩非子等人在说理论证时，多引述《诗经》中的句子以增强说服力。《诗经》在多处记载了时人对国家忧患的关注，如“质尔人民，谨尔侯度，用戒不虞”[⑥]，教育人们“王于兴师，修我戈矛，与子同仇”[⑦]。最典型的是周幽王时，申侯勾结犬戎杀幽王于骊山，周土被占，而后犬戎又攻入洛阳，逐走襄王。《诗经》记载了周大夫来到镐京后的黍离之痛：“彼黍离离，彼稷之苗。行迈靡靡，中心摇摇。知我者，谓我心忧；不知我者，谓我何求”[⑧]，表达了古朴苍凉而又激越悲

---

① 《周易》的一部分。《周易》是我国传统文化中的一部经典力作。它对中国文化的形成发展有着深远影响。它被儒家列为“六经之首”，又被道家尊为“三玄之一”。《周易》包括《易经》和《易传》两部分。《易经》（古人认为是伏羲和文王所作）虽属占卦之书，但却蕴含着深刻的理论思维。《易传》是战国前后儒家学者对《易经》进行的注释和理论发挥。它借阐发天地之德，论述君臣上下、进退存亡之理，以天道阐喻人道、治道。

② 《周易·系辞》。原文为：“子曰：‘夫《易》何为者也？夫《易》开物成务，冒天下之道，如斯而已者也。’是故，圣人以通天下之志，以定天下之业，以断天下之疑。”

③ 《周易·系辞》。

④ 《周易·系辞》。

⑤ 朱熹：《周易集注》[M]，上海：上海古籍出版社，1996 年版，第 158 页。

⑥ 《诗经·大雅·抑》。

⑦ 《诗经·秦风·无衣》。

⑧ 《诗经·王风·黍离》。

愤的情感，同时又唤起世人匡扶社稷的社会责任感。

（二）诸子百家躬行忧患意识传播

先秦时期的诸子百家纷纷著书立说，提醒统治者和世人关注国家安危。《尚书》提醒人们，“惟事事，乃其有备，有备无患”①。在《论语》中，孔子以与子路问对的方式，讲出了国防忧患催生抵抗意志的道理。② 在他看来，治乱之本在于治心，治心之方在于教育，“危者，安其位者也；亡者，保其存者也；乱者，有其治者也。是故君子安而不忘危，存而不忘亡，治而不忘乱。是以身安而国家可保也。”③ 孟子认为，国家的兴衰存亡，与是否具有安危理念密切联系，揭示了“生于忧患而死于安乐”的道理。墨家学派尤其强调和平安逸的条件下加强忧患意识教育的重要性，“国家憙音湛湎，则语之非乐非命”④，国家要随时做好反侵略战争的准备，加强国防建设。墨子训练弟子，发明先进武器，倡导以实力抑制实力，以战争制止战争，并身体力行，四处游说。至于兵家，则大都专注国防忧患，在兵书中从战略高度提醒人们重视国防和军队建设来保证国防安全。如孙武著有《孙子兵法》，提醒人们“亡国不可以复存，死者不可以复生”⑤，“兵者，国之大事，死生之地，存亡之道，不可不察也”⑥。

先秦时期，“社会生活共同体所要求的准则是首先在上层社会和贵族文化中发展起来的，是由这一上层文化中的知识人加以提炼和概念化的”⑦。以诸子百家为代表的精英阶层是先秦时期社会精神文化的主要创造者和表达者，他们对社会思潮和社会风尚发挥了核心引导作用。正是他们通过自上而下多种途径的教化，使忧患意识层层向下传递，最终得以在底层民众中传播开来。

（三）先秦史录警示注重国防忧患

先秦历史是一部征战攻伐和思想激荡的历史。当世和后世的史学家通过展示其历史特点和社会风貌，突出了国防忧患的存在，也为后世国防忧患意识教

---

① 《尚书·说命中》。
② 《论语·先进》。
③ 《周易·系辞》。
④ 《墨子·鲁问》。
⑤ 《孙子·卷下·火攻第十二》。
⑥ 《孙子·卷上·始计第一》。
⑦ 陈来：《古代宗教与伦理——儒家思想的根源》[M]，北京：三联书店，2009年版，第311页。

育留下了宝贵的精神财富。先秦时期，特别是春秋战国时期，为总结经验教训，各国均有史官记录本国国史，但到战国末年，多先后散佚。《左传》是我国第一部规模宏大、记事详尽的编年体史书，也是一部被后世公认具有深沉忧患意识的儒家经典。西汉刘向编订的《战国策》一书，其资料主要出于战国时代，包括策士著作和史臣记载，是研究战国历史的重要典籍。有人统计，在《战国策》中“忧”字出现52次，“患”字出现108次，“危”字出现88次，共出现248次，这些字词大都指向土地吞并、略城野战、亡国灭国之类重大的国防灾难等国防安全问题。也就是说，当时的人们已经将国家的安全，特别是国防安全作为一件非常重要的事情来对待。在《战国策》中，“危国”“亡国”“爱国”“国必亡”“国危”“国患”“赵危”“社稷必危”等词语频繁出现于外交辞令之中，合计约90余次。战国时期兼并战争的频繁发生，使国防忧患意识又集中在保持国土安全上。《战国策》记载：“赵取周之祭地，周君患之”① “韩魏南无楚忧，西无秦患，则地广而益重”②“地大者，固多忧乎?”③“秦得安邑，善齐以安之，亦必无患矣”“臣见商于之地不可得，而患必至也”④ “君之为主正乱、批患、折难、广地”⑤ “割河东，大费也；免于国患，大利也” “当是时，卫危于累卵，……齐太公闻之，举兵伐魏，壤地两分，国家大危”⑥“王献之秦，则上地无忧患”“然而赵之地不岁危，而民不岁死”⑦。“扶急持倾”“兵革救急”⑧，正是先秦史为后人留下国防忧患文化基因。

二、谏言形式的国防忧患意识教育

先秦时期，华夏民族延续着尚武的传统，积聚着重视国防忧患的社会意识。士大夫阶层在忧患意识创造和传播中发挥着关键作用，引领忧患意识逐渐成为一种社会风气。鉴于最高统治者在国防安全问题上起着决定性作用，士大夫阶

---

① 《战国策·卷一·东周策》。
② 《战国策·卷二·西周策》。
③ 《战国策·卷三·秦策一》。
④ 《战国策·卷四·秦策二》。
⑤ 《战国策·卷五·秦策三》。
⑥ 《战国策·卷六·秦策四》。
⑦ 《战国策·卷二十四·魏策三》。
⑧ 语出《战国策·序》，原文为“故其谋扶急持倾，为一切之权，虽不可以临教化，兵革救急之势也。”

层尤其重视对君王进行国防忧患意识教育。同时，在当时的社会结构条件下，即使是平民百姓，也有机会参与到国防忧患意识教育活动之中。

（一）以君王为对象的国防忧患意识教育

先秦时期，君王及各诸侯国统治者，尤其是国君、卿大夫，依靠天下或封国、封邑内百姓的劳动果实而生活。与普通百姓相比，他们有条件、有能力，也有机会尽情享受。当国家安全环境恶劣时，他们可能会有较强的国防忧患意识，但是，一旦安全环境好转或者自认为已经好转，往往这种意识会迅速衰退以至衰竭，而纵情于物质和精神享乐。更有甚者，一些统治者即使是在国家危如累卵之时，仍视若无睹，恣意妄行。在当时民风整体尚武、忧患文化盛行的情况下，多有有识之士及时意识到这种现象对于国防安全的危害，而诸侯的林立、贵族文化的存在及相对简单的国家组织形式，也使公卿士大夫、诸子百家甚至平民能够有较多的机会，以讲学、劝谏等形式参与到以统治者为主要对象的国防忧患意识教育活动之中。

据史书记载，公卿以劝谏方式对君王进行国防忧患意识教育始于夏末太史令利用天象警示桀。夏朝末年，桀暴戾贪婪，任用谀臣，残害贤良，内部矛盾日益激化。与此同时，新兴的商汤逼近夏桀之居，“韦顾既伐，昆吾夏桀”①，对夏的国防安全构成严重威胁。“夏太史令终古，出其图法，执而泣之。”② 商代末年，在强大富足的表面下隐藏着“如蜩如螗，如沸如羹”③ 的社会危机，特别是“西伯滋大”④，对商王朝的国防安全构成了致命威胁。“殷之三仁”屡次进谏，可惜帝辛拒不听谏言，“微子去之，箕子为之奴，比干谏而死”⑤，帝辛也落得个奔死鹿台的下场。

周初，统治阶级具有较强的国防忧患意识。周族最初是殷朝统治下的小国，时常受到北方部族的侵扰，后来通过励精图治，不仅打败对方，而且灭殷兴周，建立了自己的王朝，并成为天下共主。周初的统治者在胜利后不但没有安而忘危，反而“战战兢兢，如临深渊，如履薄冰”⑥。首次提出“忧患意识”这一概

① 《诗经·商颂·长发》。
② 《吕氏春秋·先识览·先识》。
③ 《诗经·大雅·荡》。
④ 司马迁：《史记·卷三·殷本纪第三》。
⑤ 《论语·微子》。
⑥ 《诗经·小雅·小旻》。

念的新儒家代表人物徐复观认为，忧患意识“当系来自周文王与殷纣间的微妙而困难的处境”①。但是，周代也有不少幽王、厉王那样一味享乐、不知忧患的君王，从而使“蛮夷猾夏”所酿成的“周祸”② 在当时成为很普遍的一种观念。周幽王时史伯曾对郑桓公说：“王室将卑，戎、狄必昌”“申、缯、西戎方强，王室方骚，将以纵欲，不亦难乎……凡周存亡，不三稔矣！”③ 《东周列国志》记载，周幽王为博褒姒一笑而“烽火戏诸侯”。当时，就有大臣劝阻说，烽火台是为战时救急之用，大王这样戏弄诸侯，失信于他们，等到真有急事的时候，诸侯可能就不派兵相救了。春秋以后，社会变乱，时局动荡，华夏诸国间在不断相互征伐的同时，也面临着周边民族入侵的威胁。在最高统治者忧患意识严重弱化的情况下，公卿士大夫阶层屡有针对周王的醍醐灌顶之言事。周灵王时，太子晋劝谏周灵王，备述内政不修给国防能力带来的危害，“自我先王厉、宣、幽、平而贪天祸，至于今未弭……《诗》云：‘殷鉴不远，在夏后之世’”④。王室大臣单穆公也曾对周景王铸造大钱和大钟可能给国防安全造成的危害表示担忧：“可先而不备，谓之怠；可后而先之，谓之召灾。”⑤

（二）以诸侯为对象的国防忧患意识教育

春秋时期，各诸侯国“事实上成为完全独立的国家”⑥，各诸侯国有识之士频繁告诫本国国君要居安思危，让国家在诸侯竞争、相互攻伐的恶劣环境中得以生存和发展。公元前 661 年，狄人大举侵掠邢国，管仲向齐侯进言：“戎狄豺狼，不可厌也。诸夏亲暱，不可弃也。宴安鸩毒，不可怀也。”⑦ 即：对侵略之敌不能退让，对兄弟之邦不可抛弃，对自己必须力戒苟且偷安。齐桓公采纳了管仲“请救邢”的建议，打退了毁邢都城的狄兵，并在夷仪为邢国建立新都。公元前 658 年，晋国准备攻打虢国，向虞国借道，即“假道伐虢”。虞公答应，且请求先去进攻虢国。虞国大夫宫之奇劝阻，“辅车相依，唇亡齿寒”，“将虢是

---

① 徐复观：《中国人性论史》[M]，上海：华东师范大学出版社，2005 年版，第 14 页。

② 鲁僖公二十一年（公元前 639 年），鲁僖公的母亲成风在请求鲁僖公帮助收复须句（成风的娘家）时说：“蛮夷猾夏，周祸也。”见《左传·僖公二十一年》。

③ 《国语·郑语》。当时郑桓公任司徒，史伯是想通过郑桓公使周王看到潜在的国防危机。

④ 《国语·周语下》。

⑤ 《国语·周语下》。

⑥ 赵光贤：《周代社会辨析》[M]，北京：人民出版社，1980 年版，第 114 页。

⑦ 《左传·闵公元年》。

灭，何爱于虞”，“虞不腊矣，在此行也”①，虞公不听，继虢国后被晋所灭。在晋国，当晋献公要纳骊姬时，晋大夫史苏为此忧心忡忡，“今晋寡德而安俘女，又增其宠……从政者不可以不戒，亡无日矣”②。晋室大臣师旷也曾哀叹：“公室其将卑乎！君（晋平公）之明兆于衰矣。”③ 公元前 517 年，鲁国乐祁曾谏，“政在季氏三世矣，鲁君丧政四公矣……《诗》曰‘人之云亡，心之忧矣’”④。春秋末年，衰弱的晋国被六卿把持朝政，国君越来越像个摆设。赵简子家臣董安于深谋远虑，料定六卿迟早内讧，于是劝赵简子早早为赵家规划一块根据地，赵简子遂决定建晋阳城，这一重任最后也落在董安于肩上。秦赵长平之战后，赵国实力大损，秦军乘势进逼赵国都城邯郸。赵孝成王准备按和约割六城予秦，大臣虞卿谏曰：“秦虽善攻，不能取六县；赵虽不能守，终不失六城。秦倦而归，兵必罢。我以六城收天下以攻罢秦，是我失之于天下而取偿于秦也。吾国尚利，孰与坐而割地，自弱以强秦哉?”“是使王岁以六城事秦也，即坐而城尽。来年秦复求割地，王将与之乎？弗与，是弃前功而挑秦祸也；与之，则无地而给之。”“今坐而听秦，秦兵不弊而多得地，是强秦而弱赵也。”“且王之地有尽而秦之求无已，以有尽之地而给无已之求，其势必无赵矣。”⑤ 后赵国军民一面坚守城池，一面联络援军，最后在魏军的帮助下大败秦军，完成了救亡图存的壮举。

（三）平民百姓参与的国防忧患意识教育

先秦时期，不仅公卿士大夫屡有谏言式国防忧患意识教育，平民百姓也有不少的担当参与。《新序·杂事二》记载，齐国丑女无盐女拜见齐宣王，当面直谏说：“今大王之君国也，西有衡秦之患，南有强楚之雠，外有二国之难。内聚奸臣，众人不附，春秋四十，壮男不立，不务众子而务众妇。尊所好，忽所恃。一旦山陵崩弛，社稷不定，此一殆也。渐台五重，黄金白玉，琅玕笼疏，翡翠珠玑，幕络连饰，万民罢极，此二殆也。贤者匿于山林，谄谀强于左右，邪伪立于本朝，谏者不得通入，此三殆也。饮酒沉湎，以夜续昼，女乐俳优，纵横

---

① 《左传·僖公五年》。
② 《国语·晋语一》。
③ 《国语·晋语八》。
④ 《左传·昭公二十五年》。
⑤ 司马迁：《史记·卷七十六·平原君虞卿列传第十六》。

大笑。外不修诸侯之礼，内不秉国家之治，此四殆也。故曰：殆哉！殆哉！”如果说无盐女还只是犯颜直谏，鲁国平民曹刿则更是在自荐、直谏的同时，凭借卓越的军事才能自觉承担起为国分忧的国防责任。鲁庄公十年（公元前684年），齐国进攻鲁国，庄公准备迎战。曹刿主动要求面见庄公建言献策。“其乡人曰：‘肉食者谋之，又何间焉？’刿曰：‘肉食者鄙，未能远谋。’乃入见。问：‘何以战？’公曰：‘衣食所安，弗敢专也，必以分人。’对曰：‘小惠未徧，民弗从也。’公曰：‘牺牲玉帛，弗敢加也，必以信。’对曰：‘小信未孚，神弗福也。’公曰：‘小大之狱，虽不能察，必以情。’对曰：‘忠之属也。可以一战。战则请从。”①

三、庠序军训与国防忧患意识教育

远古传说时代，华夏先民已开始通过祭祀等各种原始仪式对氏族成员进行有关血亲群体安全的危险警示教育。夏、商、周三代的祭祀典礼，既是国家政治生活的一项重要内容，也是国防忧患意识教育的重要形式。“法施于民则祀之，以死勤事则祀之，以劳定国则祀之，能御大灾则祀之，能捍大患则祀之。”② 通过祭祀，可以让人们回顾先人的英雄事迹，激励群体战胜危险困难的信心和决心。祭祀曾经是国防忧患意识传承的主要渠道，军队出征、操练、献俘等仪式也具有重要的国防忧患意识教育功能。学校出现以后，国防忧患意识教育又有了新的渠道，并且成为这一专门教育机构的重要功能。

（一）贵族学校的国防忧患意识教育

春秋以前国防忧患意识教育集中于贵族学校。夏、商、周三代均有学校这一专门的教育机构，主要对贵族子弟进行教育。孟子曰：“设为庠序学校以教之。庠者，养也；校者，教也；序者，射也。夏曰校，殷曰序，周曰庠，学则三代共之。”③ 至西周已有家庭教育和学校教育之分，贵族子弟先经过家庭教育的训练，再进行学校教育。学校教育又分为小学和大学，也吸收部分优秀的平民子弟入学。夏、商、周均实行文武合一而偏于武的文教政策。学校教育中的

① 《左传·庄公十年》。
② 《国语·鲁语上》。
③ 《孟子·滕文公上》。

射、御等教育属军事教育训练内容，也有提醒人们不忘保家卫国之意。周代大学还经常举行献俘、尚功等活动。献俘提醒学子不忘国家兵事，尚功是对射礼中成绩优秀者予以奖赏。“射礼是为了发扬‘尚功’和练武的传统，使全国上下都不忘武备。”① 周人以尚礼著称，在向“学士”教授各种礼仪的过程中，始终把“国之大事，在祀与戎”② 作为教学的指导方针。学生不仅可以在天子举行“秋合诸射”③、献俘庆功等礼仪时以“执事”身份观摩学习，而且可以在“习射上功”④ 活动中亲身参与。甚至在学生所学的乐舞中也编有“干舞”⑤，模拟战争动作，既寓军事训练于娱乐之中，又可提醒人们时时不忘保卫国防安全。夏、商、周三代重武的学校教育，具有实践性教学的特点，在潜移默化中养成尚武风气，塑造具有强烈国防忧患意识的学子。

（二）延向私学的国防忧患意识教育

春秋时期国防忧患意识教育向私学延伸。春秋战国时期，由于兼并和争霸战争频繁，统治者高度重视武力的作用，以保全领土获得生存，并在教育上推行尚武崇戎的政策。另外，要想在日趋纷繁复杂、规模急剧扩大的战争中获胜，不仅取决于将士的勇武，更取决于国家政治、经济、文化、将帅的智谋等各方面的因素。因此，统治者在重视武教的同时，也十分注意文教，实施文武并重的文教政策。这一时期，由于世袭制导致贵族不重视教育以及王权衰落和战争动乱的影响，官学逐渐衰废，私学开始兴起。私学兴起的一个重要原因是“士”这一阶层的出现。平民要成为“士”，首先要学习文化，从师受教，从而推动了私学的兴起，继而形成一批讲学的大师，出现了“百家争鸣”的局面。⑥ 诸子百家在讲学的过程中，其忧患意识得以浸润弟子并向社会传播。士阶层的崛起及其主张文武教育并重的思想推动了学校文武教育的同步发展。无论是在日渐颓废的官学还是兴旺发达的私学中，有两大因素支撑着国防忧患意识教育发展：一是与夏、商、周时期一样，通过军事教育训练培养学生军事才能和尚武精神。

---

① 中国军事通史编委会：《中国军事通史》（第一卷）[M]，北京：军事科学出版社，1998 年版，第 348 页。

② 《左传·成公十三年》。

③ 《礼记·燕义》。

④ 《礼记·王制》。

⑤ 《周礼·春官·乐师》。

⑥ 孙培青：《中国教育史》[M]，上海：华东师范大学出版社，2000 年版，第 26～27 页。

二是当时文教内容中充满了先秦时期积聚的国防忧患意识。

（三）国防忧患意识教育向全民普及

春秋时期已将军事训练的普及将国防忧患意识教育引向全民。春秋时期，由于王室衰微，诸侯相互征伐，加上戎狄入侵，各诸侯国非常重视国防建设，把“众其国之善射御之士”[①] 看成是发展国力的重要措施。春秋时期战争的频繁发生，使各国对兵员的需求大大增加，军事训练逐渐由以贵族为主向全民普及，“春蒐、夏苗、秋猕、冬狩，皆于农隙以讲事也”[②]，这不仅提高了平民的军事技能，也使他们在实战化军事训练的体验中提高了国防忧患意识。除了这些训练和演习外，军事舞蹈也成为重要的全民国防教育项目，不仅可以使舞者熟悉、掌握战斗动作要领，而且可以激励舞者及观众的战斗激情和尚武精神。

战国时期，各国军备进一步扩大，军事教育训练向专门化发展，国防忧患意识教育更加深入地渗透于军事训练之中，诸子百家也在不断提醒“备者，国之重也”[③]。一代又一代的人们在不同的国家接受不同的教育，积淀形成不同的民风。到战国末年，随着兼并战争接近尾声，现实的危亡威胁造成社会上浓烈的忧患氛围，各国国防忧患意识教育都在做最后的拼搏或挣扎，其效果也面临着残酷的战争以至国家存亡的检验，并呈现出明显的两极分化。在一部分国家，如秦国，由于长期受到戎狄和山东诸国的威胁，得益于丰沃的忧患土壤和得力的教育传播，加上在商鞅变法后实行奖励军功的制度和严酷的军事训练，秦人不仅国防忧患意识积聚深厚，而且普遍尚武成风，几乎人人都喜欢比武打仗，“民闻战而相贺也，起居、饮食所歌谣者，战也”[④]。而在楚国，虽有屈原的“独清”“独醒”，可是楚国“举世皆浊”“众人皆醉”[⑤]。在齐国，长期的歌舞升平销蚀了国防忧患意识，强秦逼近而不自危，当秦国大兵压境时，竟出现了“民莫敢格者”[⑥]，以至不战而降的局面。

整体来看，先秦时期是我国社会各阶层国防忧患意识较为浓烈的时期，春秋战国时期更是国防忧患意识集中爆发的时期。夏商周时期，无论是天子与诸

---

① 《墨子·尚贤》。
② 《左传·隐公五年》。
③ 《墨子·七患》。
④ 《商君书·赏刑》。
⑤ 屈原：《离骚·渔父》。原文为“举世皆浊我独清，众人皆醉我独醒”。
⑥ 司马迁：《史记·卷四十六·田敬仲完世家第十六》。

侯、公卿或平民，均不乏国防忧患意识强烈的表现和国防忧患意识教育的积极行为。战国时期兴起的士人阶层，包括说客游士、儒家、道家、墨家、法家等诸子百家的代表人物，更是具有强烈国防忧患意识的典型代表者和积极传播者。具有强烈国防忧患意识的个体或群体，往往想方设法用自己的国防忧患意识去感染别人；而国家和社会又重视利用学校等机构，以宗教教育、习俗教育、礼仪教育、军事训练等文武教育内容与形式进行国防忧患意识教育。

先秦时期国防忧患意识教育还有一个显著的特点，就是在教育内容上，无论是劝谏还是著书立说，无论是学校教育还是军事训练，教育者多将“内忧”与“外患”结合起来，而不是割裂开来。他们既要求统治者整修内政，防止内部的动荡，增强国家的实力，又要求统治者和国民警惕外部的威胁，以使国家在激烈的生存竞争和强敌环伺中保证安全并能够走向强盛。

需要指出的是，天子与诸侯中，除少数经历过磨难者能够自觉积聚并保持强烈的国防忧患意识外，大多数均在无忧无虑的环境中长大，根本不知道忧患、艰难为何物，如果没有良师贤臣加以劝谏教育，不少往往专注于享乐。统治者的奢靡享乐往往又使国人上行下效，进而形成奢靡享乐的社会风气，从而使国防忧患意识失去生存之地。

第五章　封建王朝时期的国防忧患意识教育

自公元前221年秦统一六国至1912年清帝退位，中国封建社会历时两千余年，其间经历了多次的王朝兴衰更替。在1840年以前，中国一直处于相对独立的东亚国家体系之中，并且长期作为这一体系的中心。在这一体系中，中华大地以统一为天道，以正统为追求，以文化为纽带，在融合与分立中上演着危机与兴盛、忧患与安乐的悲喜剧，传承和发展着国防忧患意识。封建帝国时期的国防忧患意识，其文化根源乃是先秦时期国防忧患意识沉淀而成的忧患文化。封建帝国时期的国防忧患意识教育，与帝国的周期兴衰一样，也具有明显的周期性，并且往往作为帝国兴与衰的先导或诱因。一般来说，帝国初创时期或者外患严重时期，最高统治者以至整个统治阶层，都具有较强的国防忧患意识，重视国防建设，重视国防忧患意识教育；而在所谓的盛世时期或者进入帝国的中期，其国防忧患意识则大大降低，同时也忽视并放松国防忧患意识教育。可贵的是，中华文化在诞生初期即奠定了深厚的忧患意识基础，加上这一文化有幸能够持续而未中断，从而使得国防忧患意识得以传承延续，所以才能够在历朝历代的任一时期，总有一批有识之士，包括经学家、史学家、政论家和文学家以及诸多为官、为将、为乡绅、为百姓者，始终怀有强烈的国防忧患意识，并且不惧孤独危险，努力克服重重困难阻力，坚持不懈地尽己之力对统治者和整个社会进行国防忧患意识教育。

一、封建帝王躬行的国防忧患意识教育

封建制度在中国的确立，使皇权成为国家权力的核心，并成为影响国防忧患意识教育的重要因素。在历朝历代，最高统治者是否具有国防忧患意识，不

仅极大地影响着这个王朝的兴盛程度和生命周期之长短，也决定着其个人对国防忧患意识教育的重视程度以及进行国防忧患意识教育的具体行为。

（一）封建帝王国防忧患意识教育的规律性变化

在中国延续两千多年的封建历史中，封建帝王的国防忧患意识及其国防忧患意识教育思想和行为具有两个明显的规律。一是周期律。自秦统一六国建立第一个大一统封建帝国以后，历代王朝初创时期的帝王以及帝国存续期间有所作为或希望有所作为的帝王，大都非常注意汲取前代覆亡的教训。他们对国家安全的关注点主要集中在两个方面：一是如何避免臣子和将领反叛、百姓造反等事件而导致政治和社会动荡，发生统治危机。二是如何实防固边防止并抵御外敌入侵直至彻底根除国防安全隐患。对后者的关注往往也就意味着对国防忧患意识教育的重视。但是在中国历史的大部分时期，特别是封建王朝的中后期，往往会连续出现昏庸无能、骄奢淫逸的帝王，他们头脑中根本没有什么国防忧患意识，更遑论重视和开展国防忧患意识教育。封建大一统王朝在进入鼎盛时期后大都急速衰落，与此有极大的关系。二是递减律。在皇权至上的封建时代，社会思想以及各种教育活动不可避免地深受帝王意志的影响。就对国防忧患意识教育的影响而言，两次“偃武修文”使封建帝王的国防忧患意识教育呈现为阶梯式递减的三个阶段。第一次是东汉开国皇帝刘秀倡导的“偃武修文”。刘秀“在兵间久，厌武事，且知天下疲耗，思乐息肩。自陇、蜀平后，非儆急，未尝复言军旅。皇太子尝问攻战之事，帝曰‘昔卫灵公问陈，孔子不对，此非尔所及’”①。在这种思想的指导下，东汉的军队战斗力远远不如西汉军队。东汉虽利用匈奴的衰落和分裂将其击败，却在讨伐并不强大的西羌战争中耗尽了元气。第二次是北宋太宗赵光义倡导的“偃武修文”。北宋开国即重文抑武，宋太宗更是教育大臣：“国家若无外忧，必有内患，外忧不过边事，皆可预防，惟奸邪无状，若为内患，深可惧也。”② 这种思想及其指导下的行为，是两宋积弱并最终亡于外患的一个重要原因。第一次“偃武修文”前为第一阶段，先秦遗风犹存，出现了封建时代可称得上最有忧患意识也最为重视国防忧患意识教育的有为帝王。两次“偃武修文”间为第二阶段，历史的惯性仍在发挥作用，但有为帝王

---

① 范晔：《后汉书·卷一下·光武帝纪下》。

② 李涛：《续资治通鉴长编·卷三十二·太宗·淳化二年》。

已开始重视文治下的内部稳定与建立武功间的平衡。第二次“偃武修文”后为第三阶段，中原政权中有为帝王的国防及国防忧患意识教育思想均出现了明显的内敛倾向，而边地民族政权入主中原后其有为帝王又带来了一定的短暂反弹。

（二）第一次“偃武修文”前有为帝王的国防忧患意识教育

秦与西汉时期的有为帝王大都围绕建立武功、根除边患、开疆拓土进行国防忧患意识教育。秦朝是一个短命的大一统王朝，其迅速灭亡的原因很多，但秦始皇绝不是一个没有国防忧患意识的皇帝。他巡视全国，“临察四方”①，树立了重视国防安全的榜样。秦始皇深察“亡秦者胡也”，“乃使将军蒙恬发兵三十万人北击胡，略取河南地”②。为了“人人自安乐，无战争之患”③，秦始皇一面下令“堕坏城郭，决通川防，夷去险阻”④，一面又连接原秦、赵、燕三国长城，加以修葺、重筑，以抵御匈奴。长城从此成为中原王朝教育国民重视北部边患的地标性建筑。汉初的皇帝有鉴于秦朝灭亡的历史教训，加上匈奴正处全盛之时，严重威胁着汉朝国防安全，大都具有强烈的忧患意识，经常以各种形式对文臣武将和普通百姓进行国防忧患意识教育。汉高祖刘邦平定英布之乱回长安时，途经故乡沛县，邀集父老乡亲饮酒，席间击筑高歌《大风歌》，表达维护天下统一的豪情壮志，也抒发了面对名将凋零、国步艰危，“安得猛士兮守四方”⑤ 的忧患情怀。自汉高祖至汉武帝，汉朝深受匈奴欺凌侵掠之患，一边和亲以求安宁自保，一边积极进行反击和扫灭匈奴的准备，没有强烈的国防忧患意识和扎实的国防忧患意识教育，这一准备的效果会大打折扣。汉武帝即位之初就“欲事灭胡”⑥，他曾对大将军卫青说：“汉家庶事草创，加四夷侵凌中国。朕不变更制度，后世无法。不出师征伐，天下不安。”⑦ 即使是在以罪己诏之名而著称的轮台诏令中，他在宣布“当今务在禁苛暴，止擅赋，力本农，修马复令，以补缺”的同时，仍然强调“毋乏武备”⑧。汉武帝以后，匈奴仍然时时寇

① 司马迁：《史记·卷六·秦始皇本纪第六》。
② 司马迁：《史记·卷六·秦始皇本纪第六》。《淮南子·人间训》也有类似记载。
③ 司马迁：《史记·卷六·秦始皇本纪第六》。
④ 司马迁：《史记·卷六·秦始皇本纪第六》。
⑤ 司马迁：《史记·卷八·高祖本纪第八》。
⑥ 司马迁：《史记·卷一百二十三·大宛列传第六十三》。
⑦ 司马光：《资治通鉴·卷第二十二·汉纪十四·武帝征和二年》。
⑧ 班固：《汉书·卷九十六下·西域传下》。

边，汉宣帝曾以汉武帝“选明将，讨不服，匈奴远遁”① 的事迹，教育大臣不忘国防边患。

（三）第一次“偃武修文”后有为帝王的国防忧患意识教育

东汉衰亡后，中国经历了400年的大分裂，由隋再次建立起大一统的王朝，至唐形成稳固的大一统帝国。唐朝有作为的帝王既有极强的进取精神，又受到东汉以来第一次“偃武修文”思想的影响，因而既重视建立武功，又有所节制内敛。唐初，突厥大军时时南下，侵掠中原，甚至直达长安城下，唐朝不得不与之订立“便桥之盟”。唐太宗教育诸将：“自古突厥与中国，更有盛衰……至汉、晋之君，逮于隋代，不使兵士素习干戈，突厥来侵，莫能抗御，致遗中国生民涂炭于寇手。我今不使汝等穿池筑苑，造诸淫费，农民恣令逸乐，兵士唯习弓马，庶使汝斗战，亦望汝前无横敌。”② 唐太宗非常重视吸取隋亡的教训，注重处理好国家建设与国防安全的关系，并经常与大臣问对交流，甚至亲自捉笔著文进行教育。他在《政本论》一文中指出：“为政之要，务全其本。若中国不静，远夷虽至，亦何所益？隋炀帝纂祚之初，天下强盛，弃德穷兵，以取颠覆”，“目睹此辈，何得不戒惧乎？”③ 因此，他在《帝范》中警示说：“土地虽广，好战则人彫；邦国虽安，亟战则人殆。彫非保全之术，殆非拟寇之方。”④ 唐玄宗即位之初，东突厥时时窥测，契丹图占辽西，突骑施蓄积力量妄图吞并西域，吐蕃也想染指河西、陇右和西域，唐朝边疆形势严峻。玄宗教导兵部尚书要“务收贤俊，用宁军国”⑤，积极做好保卫国防安全的准备。唐玄宗前期的忧患意识和内政、国防作为，成就了“开元盛世”时的极盛边功。至于后期安史之乱的形成，则与玄宗在“国内稳定”问题上的错误判断不无关系。

（四）第二次“偃武修文”后有为帝王的国防忧患意识教育

宋初的几任皇帝是第二次“偃武修文”的始作俑者，他们的思想意识和所作所为使国家的进取精神和国民的尚武精神急剧下降。两宋整体上是个外患频

---

① 班固：《汉书·卷八·宣帝纪第八》。

② 刘昫：《旧唐书·卷二·本纪第二·太宗上》。

③ 董诰：《全唐文·卷十》。

④ 李世民：《帝范·卷四·阅武第十一》。

⑤ 刘昫：《旧唐书·卷九·本纪第九·玄宗下》。

发的时代，也是中原政权表现最为懦弱的时代，除了太祖赵匡胤表现出比较强的国防忧患意识外，其他帝王则是在相反的道路上越走越远。开国之初，赵匡胤曾以问计的形式提醒大臣赵普：一榻之侧，尽是他人天下。但是，他“欲息天下之兵，为国家建长久计”① 的思想却与国防忧患意识教育背道而驰，导致两宋以文制武、冗兵弱卒、消极防御、议和苟安，这也是造成两宋在国防上总是被动挨打，长期屈辱生存，最终屈辱灭亡的重要原因。

大元帝国是从游牧民族政权发展起来的军事帝国，且依靠战争立国，因此受宋朝“偃武修文”影响较小。元朝统治者一直奉行“兵力富，而国势强，兵力耗，而国势衰”② 的统治思想，认为“兵制之得失，国势之盛衰系焉”。元朝政府以重兵镇戍要地，控扼边陲，采取宿卫诸军在内而镇戍诸军在外，“内外相维，以制轻重之势”的战略布局。忽必烈时期，封诸子为王，“将兵镇边徼襟喉之地”，分别控制和林、云南、回回、畏兀儿、河西、辽东等地，形成了一条从西南向东北屏障中原的防线，以遏止外敌。另外，忽必烈迁都北京，在国防上意义重大。以北京为据点，凭借太行、燕山山脉和黄河防线，既可控扼华北平原，雄视中原河山，通过一些天然峡谷形成的交通孔道联系经略东北大平原和蒙古高原，又可凭险据守，防范北方入侵，以此为基地，向南扩张疆土。③ 世祖之后，各代皇帝又根据周边藩国欲摆脱元朝统治和起义蜂起的形势，不断对镇戍兵马和驻防之地进行调整。然而，由于元朝有为皇帝的国防策略在多数时候不是稳固周边防卫，而是主动四面进攻，征服邻国，因而四处树敌，加上内部统治日趋腐败，“将骄卒惰，军政不修”，当初强国之防，终于虚弱不堪。元朝因军事过于强大而几无边患危机，既缺乏国防忧患意识教育的主观动力，又缺乏适宜的环境与土壤，加上统治阶层在各民族文化融合上出现重大政策失误，难以将中华忧患文化传承于身，因而在入主中原后很快患上了奢靡怠政与自废武功的通病，最终亡于内部忧患，可以说是中国国防忧患意识教育史上的一个特例。

明朝有作为的帝王受第二次“偃武修文”思潮影响，自开国始即强调“用武不黩”，形成了防御性、内敛式的国防忧患意识教育思想。明初，太祖朱元璋十分重视吸取元朝灭亡的教训，并时刻警惕残元势力及倭寇对国防安全的威胁。洪武年间，他以周公教成王“克诘戎兵”、召公教康王“张皇六师”的故事告诫

---

① 张光祖：《言行龟鉴·卷六·政事门》。

② 宋濂：《元史·兵志一》。

③ 任应来：《国防史话》[M]，北京：国防大学出版社，1989 年版，第 271 页。

群臣要“居安虑危，不忘武备”[①]。他认为国君不可因取得天下而忘记武备，“人孰不曰：天下平定之时，可以息兵偃武。殊不知治兵然后可言息兵，讲武而后可言偃武。若晋撤州郡之备，卒召五胡之扰；唐撤中国之备，终致安史之乱。此无备之验也。夫当天下无虞之时，正须常守不虞之戒。然则武备其可一日可忘哉!”[②] 他要求驻守边防的军队要提高警惕，“常存戒心，虽不见敌，常若临敌”[③]，他认为只有这样，边防安全才有保障。他告诫官兵在平时要加强训练，不可居安忘危，只有居安思危、处治思乱，国家才能长治久安。直到辞世前两个月，朱元璋仍然谆谆教导燕王朱棣等诸将：国家虽安，不可居安忘危，北边不可不防；应屯戍兼备，毋稍疏忽。[④] 朱元璋的国防忧患意识教育从军事上区分了不征之国和必须谨备之国，“有为患于中国者，不可不讨”“不为中国患者，不可辄自兴兵”[⑤]，从而避免了滥用武力和过度扩张。但是，朱元璋过于注重防止内部的反叛，他在明政权稳定后强集权、诛功臣等做法已经开始对国防建设和军队的战斗力带来消极的影响。明成祖朱棣夺位之后，国家政治上逐渐稳定，经济也有了雄厚的基础，但是朱棣却怀有强烈的国防忧患意识。他在永乐七年（1409 年）颁布的用于教育太子的《皇太子圣学心法》中，全面阐述了“讲武防患”思想，指出：“天下既平，不可不思患而预防之。”由于治国者常处平安之世，容易忘却戒备，忘却戒备就会产生祸乱。所以“乱生于所忽也。是故，天下虽有磐石之安，当常怀陧杌之惧。守满持盈，居高思危，谨其始，虑其终，则可以保其位而安其身也”，因此要“严关防，守要害，修封域，明斥堠，务农讲武，养威蓄锐”。对待周边各政权，不可“以其归顺也而弛边防”“以其衰微也而忘讲武”[⑥]。守边武臣必须“完城堡，修器械，勤训练，谨斥堠，慎哨备”[⑦]，以卫百姓。他要求沿海武将对前来袭扰的倭寇要积极反击，尽力剿捕，

---

① 张廷玉：《明史·卷一百一十五·列传第三》。原文为“昔周公教成王克诘戎兵，召公教康王张皇六师，此居安虑危，不忘武备。盖继世之君，生长富贵，昵于安逸，不谙军旅，一有缓急，罔知所措。二公之言，其并识之”。

② 《明太祖宝训·卷六·洪武三年正月甲辰》。

③ 《明太祖实录·卷一百零三·洪武九年正月癸未》。

④ 中国军事通史编委会：《中国军事通史》（第十五卷上册）［M］，北京：军事科学出版社，1998 年版，第 256 页。

⑤ 《明太祖实录·卷六十八·洪武四年九月辛未》。

⑥ 《明太宗实录·卷九十二·永乐七年五月庚寅》。

⑦ 《明太宗实录·卷三十八·永乐三年正月壬子》。

“无遗民患”①。朱棣认为：“自古国家盛衰存亡，未有不系于武备之张弛”②，安天下者不可一日忘武备，宋、元两代开国之君因武备张而天下晏然，亡国之君因武备弛而海内分裂。明宣宗朱瞻基指出：武备修则天下久安，是为国家长治之道；武备废则祸乱猝兴，国家不保。③ 朱棣和其精心培育的朱瞻基虽强调“武备不弛”，但又特别强调“用武不黩”。他们一再告诫臣下，整修武备是为了在敌人来犯时“有以御之”，不可贪功而先事起衅，更不可以穷兵黩武，否则，“不察国之虚实，不谋敌之强弱，而唯战是务”④，则会损害财力招致危败。

（五）清代前中期有为帝王的国防忧患意识教育

清朝是中国历史上边地民族政权入主中原后建立的第二个大一统帝国。清朝前期帝王的国防忧患意识教育虽然从总体上仍没有超越中国传统国防忧患意识教育思想，但面临着超出东亚朝贡体系的新型安全威胁，近代国防忧患意识教育思想已初现端倪。清朝在康乾时期形成稳定的大一统帝国，但是边患仍时有发生。与以往历代帝王不同的是，康熙皇帝已经初步具有了近代的主权和领土完整思想，这一思想主要是在与沙俄侵略者斗争的过程中形成的。⑤ 康乾时期及以后的国防忧患意识教育都是在这一基础上进行的。康熙帝提出并一再强调在边境地区驻兵永戍的思想。他认为，若不在边境地区驻军，虽然将侵略者驱逐出去，也难以保证边疆的安全，“我兵进则俄罗斯退，我兵还则俄罗斯又进，用兵无止息之日，而民生亦获不安”⑥。他教育前往戍守的大臣与将领，“尔等皆系选择差遣，往至彼处，殚心竭虑，务期为久远充裕之计”⑦。出于对国家承平日久武备废弛的担心，康熙帝特别强调“国家武备不可一日懈弛”“围猎以讲武事，必不可废”⑧，并谕令全国各省的驻防官兵都要行围习武。至乾隆盛世，社会安定，国力强盛，但国家武备却渐渐废弛。对此，乾隆帝保持着高

---

① 《明太宗实录·卷二百十一·永乐十七年四月丙戌》。

② 《明太宗宝训·卷四·武备·永乐十七年十二月丁丑》。

③ 《明宣宗实录·卷三十八·宣德三年二月》。

④ 《明太宗实录·卷九十二·永乐七年五月庚寅》。

⑤ 中国军事通史编委会：《中国军事通史》（第十六卷）［M］，北京：军事科学出版社，1998 年版，第 602 页。

⑥ 何秋涛：《朔方备乘·卷首一》。

⑦ 《清圣祖实录·卷一三一·康熙二十六年十月己巳》。

⑧ 《清圣祖实录·卷一〇二·康熙二十一年五月丙寅》。

度的清醒和警觉，他一再警示臣下，“承平之时不忘武备，乃经国要务。近年以来，各省营务整饬者少，废弛者多”①，并严令督抚提镇恪尽职守，训练营伍，如无改观，惟统领大员是问。乾隆帝具有以武力威慑防止国防忧患发生的思想。他在《御制十全记》中说：“守中国者，不可徒言偃武修文以自示弱也。彼偃武修文之不已，必致弃其故有而不能守，是亦不可不知耳。”② 乾隆认为，“武备一道，乃国家紧要之事”③，所以他经常用“兵可百年不用，不可一日无备”一类的话训饬臣下。乾隆帝是我国古代帝王中发现精神因素与国家兴衰关系的第一人。他不仅认为行围出猎、操练技艺、练习劳苦“尤足以奋发人之志气”，而且指出“若惟事偷安，不知愧耻，则积习相沿，实于国势之隆替，甚有关系”④。因此，他谕令八旗勤习骑射，严令武将不得乘轿，以阻止文官、武将和八旗子弟精神意志衰退，培养耐受劳苦、不尚浮华、勇往直前的优良精神品格，振奋士气，巩固国防。乾隆帝还继承了祖父的国家主权和领土完整思想，对西方国家各种形式的领土要求和侵犯都保持着高度的警惕。乾隆十年（1745 年），他谕令江南督抚轮阅海防，“我国家承平日久，海疆宁谧，中外习为固然。然从来防患在于未形，未雨绸缪，古人所云”⑤。他还尤其强调盛世不忘危，认为“方今国家全盛，诸属国震慑威棱，自不敢稍生异志。然思患豫防，不可不早杜其渐”⑥。乾隆二十八年（1763 年），当他得到俄罗斯在准噶尔旧游牧地造屋树栅的情报后，立即明确指出，“准噶尔地方，此时均已内附，与俄罗斯无干。伊等岂可擅自造屋树栅？观此，是见俄罗斯渐有侵占准部地方之意”，并谕令“将俄罗斯木栅屋宇尽行拆毁”⑦。

二、忧国士人开展的国防忧患意识教育

中国自秦灭六国后进入大一统的封建帝国时期，先秦时期形成的贵族体系虽然依然存在，但由于人才选拔制度的变化，越来越多的下层人士通过读书、

---

① 《清高宗实录·卷一四三·乾隆六年五月己丑》。
② 《清高宗实录·卷一四一四·乾隆五十七年十月戊辰》。
③ 《清高宗实录·卷一〇四·乾隆二十八年八月乙酉》。
④ 《清高宗实录·卷一五一·乾隆六年九月庚寅》。
⑤ 《清高宗实录·卷二三三·乾隆十年正月戊子》。
⑥ 《清高宗实录·卷一〇二一·乾隆四十一年十一月甲午》。
⑦ 《清高宗实录·卷六九二·乾隆二十八年八月乙酉》。

建立军功等方式进入国家的各级管理队伍。在封建社会，皇帝是至高无上的统治者，秦始皇统一六国后，废除了过去“子议父，臣议君”的“谥法”，大臣对皇帝的进谏相对于先秦时期臣子对国君的进谏已变得较不容易。唐太宗一类从谏如流的明君执政，尚能容纳魏徵这样毁言进谏的忠臣，而所谓的庸君特别是昏君，则很难听进大臣的忠言，以至大臣进谏往往要冒着杀头的风险。因此，中国封建社会虽然历时两千多年，大臣以进谏方式对帝王进行国防忧患意识教育并不比先秦时期活跃。不过，中国封建社会的官僚士大夫是一个对政权的运行起着关键作用的庞大阶层，他们管理着国家某一领域或某一地区的事务，并且普遍拥有知识上的优势，这就为他们思想中产生国防忧患意识提供了土壤，并使之有机会以进谏、训导、教化及立说、著文、作诗等形式对上至帝王下至普通百姓进行国防忧患意识教育。整体来看，一方面，由于先秦时期忧患意识已融入中国传统文化的血脉之中，一旦有适宜的土壤，封建士人的国防忧患意识便会迅速地复兴或勃发，形成忧国士人进行国防忧患意识教育的若干高潮期。另一方面，或由于王朝的极端短命，或由于社会的持续动荡，或由于社会风气的弥漫熏染，或由于当时政权的异常高压，中国封建社会也出现了士人国防忧患意识教育的若干断层。

（一）忧思与奔放的西汉士人国防忧患意识教育

西汉初期官僚士大夫的国防忧患意识主要体现在对匈奴威胁的担心和对抵御、反击匈奴的关切上。他们既通过进谏对最高统治者进行国防忧患意识教育，也以著书立说等方式对士大夫阶层和普通百姓进行国防忧患意识教育。汉初娄敬是一位头脑清醒、颇有远见但却被后人忽视的战略家。他以对匈奴实力的深刻了解，曾苦劝刘邦不要轻兵冒进，亦曾为刘邦提出在后人看来不那么光彩的“和亲”建议。但正是这个娄敬，始终在思考着如何对付匈奴，消除汉朝的北部边患。他曾深入匈奴，掌握了翔实的第一手情报资料，发现了河南地的重要战略价值，并建议刘邦移民关中。他说：关中“北近胡冠，东有六国强族，一日有变，陛下亦未得安枕而卧也”，实关中，“无事，可以备胡；诸侯有变，亦足率以东伐。此强本弱末之术也”①。文帝时期，许多人以为已经进入安定大治的时代，但贾谊眼中却是“匈奴强，侵边。天下初定，制度疏阔”。他以犀利而又

① 班固：《汉书·卷四十三·郦陆朱刘叔孙传第十三》。

饱含深情的语言上书汉文帝："臣窃惟事势，可为痛哭者一，可为流涕者二，可为长太息者六"，"进言者皆曰天下已安已治矣，臣独以为未也。曰安且治者，非愚则谀，皆非事实知治乱之体者也。夫抱火厝之积薪之下而寝其上，火未及燃，因谓之安，方今之势，何以异此！""陛下何忍以帝皇之号为戎人诸侯，势既卑辱，而祸不息，长此安穷！"① 晁错信奉法家思想，认为国家若欲富强，必须重农轻商，他的"'贵粟论'不仅具有经济意义，而且更具有国防目的"②。时"匈奴强，数寇边，上发兵以御之。错上言兵事"，以一文人令人惊诧地详细比较了汉匈双方各自的优劣，建议汉文帝抵御匈奴要择良将、造器械、移民实边、建立屯垦，并一再强调"守边备塞、劝农力本，当世急务二事"，以"狂夫之言"，供"明主择焉"，使汉文帝深受启发，并大量采纳了晁错的建议。③ 汉武帝是一个具有强烈国防忧患意识的皇帝，在他执政的前期，身边聚集了一批具有强烈国防忧患意识的文臣武将。皇帝本人自不必再由大臣进行国防忧患的教化，至于文臣武将间及对百姓、将士的国防忧患意识教育，史书虽记载不多，却也能从一些具体事件或只言片语中看出端倪。少年英雄霍去病的"匈奴未灭，无以家为也"，不仅有着冲天的豪气，同时也是富有感召力的国防忧患意识教育。大臣们虽然对如何对付匈奴存在争议④，但争议本身也是在相互提醒关注国家的外部威胁。至武帝后期，汉匈战争带来的巨大耗费和损失，使有些人开始认为这场战争得不偿失，汉武帝本人也在贰师将军李广利全军覆没后决定改弦更张，但仍有以桑弘羊为代表的一批有识之士能够客观看待武帝为消除国防威胁对匈奴发动的战争。昭帝时，桑弘羊在"盐铁会议"上的发言，不仅指出发动对匈战争实出被动的无奈，同时深刻指出了国防建设和经济建设的辩证关系，为当时的皇帝、公卿大臣以至普通百姓上了一堂生动的国防忧患意识教育课。桑弘羊指出："匈奴背叛不臣，数为寇暴于边鄙，备之则劳中国之士，不备则侵盗不止。先帝哀边人之久患，苦为虏所系获也，故修障塞，饬烽燧，屯戍以备之。边用度不足，故兴盐、铁，设酒榷，置均输，蕃货长财，以佐助边费。今议者欲罢之，内空府库之藏，外乏执备之用，使备塞乘城之士饥寒于边，将

---

① 班固：《汉书·卷四十八·贾谊传第十八》。

② 钮先钟：《中国古代战略思想概论》[M]，合肥：安徽教育出版社，2003 年版，第 182 页。

③ 班固：《汉书·卷四十九·爰盎晁错传第十九》。

④ 班固：《汉书·卷五十二·窦田灌韩传第二十二》。《韩安国传》记载了马邑之谋前大行令王恢与韩安国的一次激烈争论。

何以赡之？罢之，不便也。”① “匈奴桀黠，擅恣入塞，犯厉中国，杀伐郡、县、朔方都尉，甚悖逆不轨，宜诛讨之日久矣。陛下垂大惠，哀元元之未赡，不忍暴士大夫于原野；纵难被坚执锐，有北面复匈奴之志，又欲罢盐、铁、均输，扰边用，损武略，无忧边之心，于其义未便也。”②

（二）自信与理性的唐代士人国防忧患意识教育

唐初，突厥强盛，加上吐谷浑、吐蕃、高句丽等民族的兴起，外患接踵而至。好在唐太宗为一代明君，不仅本人具有极强的国防忧患意识，而且善于纳谏，从而带动了唐朝初期至中期国防忧患意识的积聚和国防忧患意识教育风气的兴盛。由于唐朝统一后很快走向强盛，唐太宗本人才华出众且国防忧患意识极强，身边的大臣主要是从国家安全之本的角度告诫他要防止因内部腐败和过度扩张而动摇国家安全的根基。房玄龄在太宗出师伐辽时“数上书劝帝，愿毋轻敌，久事外夷”，以征高丽的教训劝诫太宗“知足不辱，知止不殆”，避免因过度扩张而给国家安全带来危害。③ 魏徵认为，“思所以危则安矣，思所以乱则治矣，思所以亡则存矣”。他一方面劝阻太宗不要过度扩张，一方面更强调国家要做好在天下太平、休养生息中应做的事，否则，即使国家再强大，也必然走向灭亡。他提醒太宗：“以隋府藏况今之资储，以隋甲兵况今之士马，以隋户口况今之百姓，挈长度大，曾何等级焉！然隋以富强而丧，动之也；我以贫寡而安，静之也。静之则安，动之则乱，人皆知之，非隐而难见、微而难察也。不蹈平易之涂，而遵覆车之辙，何哉？在于安不思危、治不念乱、存不虑亡之所致也。”“存亡之所在，在节嗜欲，省游畋，息靡丽，罢不急，慎偏听，近忠厚，远便佞，而已。”④ 唐朝初期至中期国防忧患意识的兴盛，还影响了当时的文人雅士，涌现出了以高适、岑参、王昌龄、李颀、王之焕、王翰、李益等为代表的一大批杰出的边塞诗人。“唐代边塞诗人们无论是歌颂边战还是反对边战，心中的忧虑和诉求是：一方面要敢于勇于用战争来制止边衅、平定侵扰，一方面又要坚持安民怀柔的边疆民族和解政策，以战求和，因和化战。”⑤ 边塞诗作为

---

① 桓宽：《盐铁论·卷一·本议第一》。
② 桓宽：《盐铁论·卷一·本议第一》。
③ 欧阳修、宋祁：《新唐书·卷九十六·列传第二十一·房杜》。
④ 欧阳修、宋祁：《新唐书·卷九十七·列传第二十二·魏徵》。
⑤ 董恩林：《以战求和：唐代边塞诗的主旋律》[J]，《新疆师范大学学报（哲学社会科学版）》2005年第1期，第88页。

当时文人雅士国防情感的宣泄，大都起到了积极的国防忧患意识教育作用。

（三）无奈与错位的两宋士人国防忧患意识教育

北宋时期，国家的长期积弱和对外战争的屡屡失败，使士大夫中的有识之士十分重视国防忧患意识教育。《续资治通鉴长编》的作者李焘认为："自契丹侵取燕蓟以北，拓跋自得灵夏以西，其间所生豪英，皆为其用。得中国土地，役中国人力，称中国位号，仿中国官属，任中国贤才，读中国书籍，用中国车服，行中国法令，是二敌所为，皆与中国等。而又劲兵骁将长于中国，中国所有，彼尽得之，彼之所长，中国不及。"① 所以他提醒人们"当以中国劲敌待之，庶几可御，岂可以上古之夷狄待二敌也"②。外敌的存在和强大、中原的焦虑和紧张，使得北宋春秋之学与攘夷尊王之学十分兴盛，也使得庆历以后的几十年里形成了倡言改革之风。庆历二年（1402年），欧阳修著《本论》，其中写道："南夷敢杀天子之命吏，西夷敢有崛彊之王，北夷敢有抗礼之帝者，何也？生齿之数日益众，土地之产日益广，公家之用日益急，四夷不服，中国不尊，天下不实者何也？"③ 字里行间充满了四方为患的危机感和唤醒世人的激情。张耒在《送李端叔赴定州序》中说："为今中国之患者，西北二虏也。"④ 李觏在《上范待制书》中也忧心忡忡地说，"异方之法乱中国，夷狄之君抗天子"⑤。富弼曾精辟地指出："朝廷西有羌人之患……今契丹尽吞诸蕃，事力雄盛，独与中原为敌国，又常有凭陵之心。"⑥ 但富弼与韩琦等人又被契丹吓破了胆，竟认为契丹的挑衅都是因为北宋的防御所致，所以王安石斥之为"启宠纳侮"，算又是对他们进行了一次真正的国防忧患意识教育。在对待北部和西部边患问题上，北宋士大夫普遍轻视西夏的威胁。对于西夏屡败宋军，陈执中认为："边兵小屈，皮肤之伤也。"⑦ 范仲淹认为："国家御戎之计在北为大。"⑧ 欧阳修认为：

---

① 李焘：《续资治通鉴长编·卷一百五十·庆历四年六月戊午》。

② 李焘：《续资治通鉴长编·卷一百五十·庆历四年六月戊午》。

③ 欧阳修：《欧阳修全集·卷六十·本论上》。

④ 吕祖谦：《宋文鉴·卷九十一·送李端叔赴定州序》。

⑤ 李觏：《李觏集·卷二十七·上范待制书》。

⑥ 李焘：《续资治通鉴长编·卷一百五十·庆历四年六月戊午》。

⑦ 陈执中：《上仁宗论西边事宜》，见赵汝愚：《宋朝诸臣奏议·第一百三十二卷》[M]，上海：上海古籍出版社，1999年版，第1456页。

⑧ 范仲淹：《上仁宗论和守攻备四策》，见赵汝愚：《宋朝诸臣奏议·第一百三十四卷》[M]，上海：上海古籍出版社，1999年版，第1495页。

"天下之患，不在西戎，而在北虏。"[①] 苏轼认为："西边患小，北边之患大，此天下所明知也。"[②] 张耒说："西小而轻，故为变易，北大而重，故为变迟。小者疥癣，大者痈疽也。"[③] 受最高统治者"内忧强于外患"和"守内虚外"政策的影响，北宋时期的士大夫普遍认为外患是由内忧引起。韩琦认为："且四夷内窥中国，必观衅而后动。故外忧之起，必始内患。"[④] 司马光认为："古圣王之治天下，必先内而后外，安近以服远。"[⑤] 即使是士大夫中独具慧眼之士，在进行国防忧患意识教育的时候也强调奸邪之凶甚于夷狄。欧阳修在宋仁宗时指出："夷狄者，皮肤之患，尚可治；盗贼者，腹心之疾，深可忧。"[⑥] 范仲淹认为："自古王者外防夷狄，内防奸邪。夷狄侵国，奸邪败德。国侵则害加黎庶，德败则祸起萧墙。乃知奸邪之凶甚于夷狄之患。伏惟圣明，常好正直以杜奸邪，此至理之本也。"[⑦]

强烈且鲜明的忧患意识，是北宋社会一种极具普遍意义的情绪，也是士大夫阶层普遍的认识和心态，其根源在于北宋突出的内忧外患和了无保障的国防安全局面。面对险恶的周边环境，北宋虽拥重兵而西边、北边战事败多胜少，"外则不能无惧于夷狄"[⑧]，最后只能一味妥协投降、委曲求全、纳贡称臣、苟活平安，软弱无比，进一步加深了这种忧患意识，也激励士大夫中的有识之士或上书，或著文，或作诗，奔走呼号，进行国防忧患意识教育。但北宋的忧患意识教育，整体上看是一种错位的忧患意识教育。北宋重"内忧"甚于"外患"，却恰恰在国防上持续面临重大威胁，不断出现大的问题。北宋理学家程颐将"百年无内乱"列为本朝有超越古今者"五事"之首，元朝官修《宋史》也认为"宋三百余年，外无汉王氏之患，内无唐武、韦之祸，岂不卓然而可尚

---

① 欧阳修：《上仁宗论西鄙议和先防北虏》，见赵汝愚：《宋朝诸臣奏议·第一百三十四卷》[M]，上海：上海古籍出版社，1999年版，第1490页。

② 苏轼：《东坡全集·卷四十八·策断中》。

③ 张耒：《柯山集·卷四十·送李端叔赴定州序》。

④ 韩琦：《上仁宗论外忧始于内患》，见赵汝愚：《宋朝诸臣奏议·第一百三十四卷》[M]，上海：上海古籍出版社，1999年版，第1446页。

⑤ 司马光：《温国文正司马公文集·卷五十七·遗表》。

⑥ 李焘：《续资治通鉴长编·卷一百四十一·庆历三年六月癸亥》。

⑦ 范仲淹：《上仁宗论时务十一事》，见赵汝愚：《宋朝诸臣奏议·第一百四十六卷》[M]，上海：上海古籍出版社，1999年版，第1660页。

⑧ 王安石：《临川先生文集·卷三十九·上仁宗皇帝言事书》。

哉"[①]，却又在国防建设上出现了更大的"积弱"内忧。北宋士大夫在国防忧患意识教育上的另一重大错误是轻视西夏的威胁，它不仅使国家在国防建设上出现了重大失误，而且因"空国事夏"消耗了大量国力。

北宋末年，面对危如累卵的国防安全形势，李纲深感忧虑，认为金人之所以能长驱南下，是因为宋朝几十年来不修军政，军队的战斗力很低，"贾谊谓厝火积薪之下，而坐其上，火未及燃，因谓之安，以今日观之，何止于火未及燃，殆处于烈焰之旁，而言笑自若也"[②]。南宋在国破逃亡中立国，时人哀叹"天下之弱势，历数古人之为国，无甚于本朝者"[③]。虽然最高统治者"忘外患，恃江淮为险，无经济远谋"[④]，但仍有有识之士不懈地进行国防忧患意识教育。张浚曾提醒分任左、右相的黄潜善、汪伯彦，"金人必来攻，而庙堂晏然，殊不为备"[⑤]，是十分危险的。绍兴五年（1135 年），李纲上长篇奏章陈述中兴大计，指出宋朝的衰弱是因为上下偷安，不为长久计，退避之策"可暂而不可常，可一而不可再，退一步则失一步，退一尺则失一尺"，他告诫高宗"勿以敌退为可喜，而以仇敌未报为可愤；勿以东南为可安，而以中原未复、赤县神州陷于敌国为可耻；勿以诸将屡捷为可贺，而以军政未修、士气未振而强敌犹得以潜逃为可虞"[⑥]。宋金订立"海上之盟"时，老将宗泽就警告"天下自是多事矣"[⑦]。抗金名将岳飞更是以一首《满江红》感召无数人为国家献身。他洞察金人归还河南地的阴谋，指出："金人不可信，和好不可恃。"[⑧] 史学家吕祖谦关心朝中大事，极力主张抗金，对南渡之后 50 年"文治可观而武绩未振"[⑨] 的情况极为担忧，希望能从根本上予以改变。爱国词人陆游，以抗金恢复中原高于一切，他不仅这样要求自己，也希望别人以国事为重，团结一致对外。即使在缠绵病榻之时，仍然"僵卧孤村不自哀，尚思为国戍轮台。夜阑卧听风吹雨，铁马冰河入梦来"[⑩]。甚至在临终时仍以《示儿》教育后代："死去元知万事空，但悲

---

① 脱脱：《宋史・卷二・英宗宣仁圣烈高皇后》。
② 李纲：《靖康传信录・卷三》。
③ 叶适：《叶适集・卷五・纪纲一》。
④ 徐梦莘：《三朝北盟会编・卷一百十九・炎兴下帙十九》。
⑤ 脱脱：《宋史・卷三百六十一・列传第一百二十》。
⑥ 脱脱：《宋史・卷三百五十九・列传第一百一十八》。
⑦ 脱脱：《宋史・卷三百六十・列传第一百一十九》。
⑧ 脱脱：《宋史・卷三百六十五・列传第一百二十四》。
⑨ 脱脱：《宋史・卷四百三十四・列传第一百九十三・儒林四》。
⑩ 陆游：《剑南诗稿・卷二十六・十一月四日风雨大作》。

不见九州同。王师北定中原日，家祭无忘告乃翁。”辛弃疾曾向宋孝宗上《美芹十论》（又称《御戎十论》），客观地分析了宋金双方的形势，提出了周密详细的恢复大计和克敌制胜的战略战术。以后，他又向右丞相虞允文上《九议》，希望以此唤起宋廷君臣的抗金热情，坚定他们抗金必胜的信念。

三、学校与军事教育中的国防忧患意识教育

中国两千年的封建帝国时期，各封建王朝有组织的国防忧患意识教育沿用了先秦时期学校教育和军事教育两种形式。自东汉开始，偃武修文政策与自西汉始又历经各朝改造后逐渐完全剥离武备教育的儒学相结合，形成了积淀颇深的底蕴，长期销蚀着中国人的尚武精神和国防忧患意识。衰退的尚武精神和国防忧患意识，通过学校教育、军事教育以及社会教育和家庭教育，给历代国防忧患意识的培养带来了极为不利的影响。

（一）秦汉时期学校与军事教育中的国防忧患意识教育

中国自秦汉开始，学校教育与军事教育逐渐分离，学校的国防与军事教育功能衰退，造成国防忧患意识教育的“水土流失”。在“偃武修文”逐渐成为正统观念的情况下，学校教育的“不知兵”“不习武”，不断强化着“重文轻武”的观念，从而使士大夫阶层的国防忧患意识整体弱化，并进而使无缘正规学校教育的普通百姓接受国防忧患意识教育的链条出现了结构性断裂。

秦朝禁私学，禁锢人们的思想，官学“学室”除了教习文化常识就是“明习法令”。“秦王朝时期的统治者，采取以法律代替教育，以官吏代替教师，对学校教育采取否定态度，实际上是否定了教育对国家对社会的维护作用，这是不符合客观实际、违反客观规律的，也是加速秦王朝灭亡的原因之一。”① 由于这一原因，统一后的秦国尽管国力依然强大，但民众没有对国家的认同意识。由于缺乏国家认同意识，在民众看来，始皇帝推行的一切巩固统一的措施都是暴政。虽然秦人仍然尚武，秦国仍然拥有庞大的有战斗力的军队，但秦人毕竟只是统一国家中人口的一小部分，他们对六国遗民的反抗防不胜防。所以，从根本上说，秦朝在国力强大时迅速因内部叛乱而灭亡，是因为连国防忧患意识

---

① 郭齐家：《中国古代学校》[M]，北京：商务印书馆，1998年版，第79页。

存在的基础——国家认同意识的教育都没有搞好。

汉初，陆贾告诫刘邦“居马上得之，宁可以马上治之乎”①，提出实施文武并用而偏于文的政策。其后黄老政治盛行，汉武帝又实施“罢黜百家，表彰六经”的政策，确立了儒家经学占统治地位的官方意识形态，并使之与教育和选士制度紧密结合。自汉始注重从读书人中选拔官吏。汉代官学发达，分为中央官学和地方官学，以传授儒家经典为主。汉代官学提倡今文经学，以“新六艺”教育取代以往的“六艺”② 教育，已完全不同于孔子所提倡的“六书”和“六艺”，而是略去了其中的军事教育与训练成分。汉代学校的重文轻武，导致文人学子纷纷弃武从文，风气从“公卿皆武力有功之臣”向“公卿、大夫、士吏斌斌多文学之士”转变。③

但是，这种观念、风气和潮流的变化对西汉人国防忧患意识的影响似乎并不明显，主要原因是在学校教育之外，另有一套完备且行之有效的国防与军事教育制度可以依托。一是设置郎中府，兼修经世之学和用兵韬略。郎中府是皇帝的近卫机关，其属官有的是皇帝的顾问参议，有的是皇帝的宿卫侍从，自侍中、尚书、博士、郎，皆常设“仆射”教射，教他们学习韬略和练习武艺，从而保证了皇帝主要的决策参谋和政策执行者均熟悉武事。西汉著名的文臣武将如贾谊、晁错、董仲舒、主父偃、卫青、霍去病、李广等，年轻时均出自郎中府④，他们中的多数均有强烈的国防忧患意识。二是建立讲武校阅制度和校猎习武演练制度。讲武校阅制度在秦代已经形成，汉承秦制，但不在“四时”，而仅在每年秋季进行。汉代的讲武校阅分为京师讲武校阅和郡国讲武校阅。京师讲武校阅由皇帝亲自参加，分为“貙刘”的祭祀礼仪和“乘之”的实兵演练。其中“貙刘”礼仪中，由皇帝“亲执弓以射禽”，目的在于“教兆民载战事”“所以强兵保民，安不忘危也”⑤。校猎习武演练制度类似现代的实兵演习，“乃时以有年出兵，整舆竦戎，振师五莋，习马长杨，简力狡兽，校武票禽”，目的

① 陆贾：《新语》[M]，上海：上海古籍出版社，1990年版，第1页。

② “六艺”是指礼、乐、射、御、书、数六种学问和技能；“新六艺”是指诗、书、礼、乐、易、春秋。

③ 司马迁：《史记·卷一百二十一·儒林列传第六十一》。

④ 贾若瑜：《中国军事教育通史》[M]，沈阳：辽宁教育出版社，1997年版，第133页。

⑤ 范晔：《后汉书·志第五·礼仪中》。该部分注释引用蔡邕《月令章句》：“亲执弓以射禽，所以教兆民（载）战事也。四时闲习，以救无辜，以伐有罪，所以强兵保民，安不忘危也。”

在于“平不肆险，安不忘危”[①]。三是注重通过军事训练活动教育百姓。汉代中央政府的讲武校阅演练多在上林苑这一专门的军事训练场所进行，但为增强普通百姓的国防忧患意识，也经常在上林苑以外的地方举行，并吸引百姓参观，其中尤以武帝最为重视。建元三年（公元前138年），武帝南猎长扬（今陕西周至东南)。元鼎五年（公元前112年），武帝“北出萧关，从数万骑，猎新秦中(亦称河南，今内蒙古河套一带)，以勒边兵而归”[②]。元封三年（公元前108年)，武帝举行大规模的军事校阅，京师三百里内的百姓都来参观。元封三年、六年（公元前111年)，武学均举办大规模的角抵比赛，并开放百姓参加欣赏。至西汉终，上述制度都能得到很好的坚持，也说明中国仍处于全民尚武和国防忧患意识强烈的时代。

自东汉光武帝始，统治者开始倡导“偃武修文”。虽然刘秀只是“非警急，未尝复言军旅”，但是国民的国防忧患意识却不是仅凭警急条件下的临时抱佛脚能够建立起来的。在皇帝的影响下，许多尚武的战将开始“并剽甲兵，敦儒学”[③]，西汉建立的以军事教育训练为基础，带有全民国防忧患意识教育性质的制度也逐渐废弛。东汉时虽曾设有鸿都门学、宫邸学等特殊学校，但也主要教授诗、赋、书、画等内容。

三国两晋南北朝时期，东汉开始的“偃武修文”已经沿袭为普遍的社会风气，并在南朝走向了极端。三国时期，战争频繁，“金革未偃，士民素习”[④]，战争本是最好的国防忧患意识教育手段，但此时国家处于分裂状态，中原周边政权的威胁不大，且割据的群雄大都怀有统一国家的雄心壮志，因此以忠君和统一为内容的教育远比国防忧患意识教育显得重要。

在长期的变乱动荡中，官学兴废无常，太学生多为避难或免役而来，不能安心学习。“九品中正法”实施后，士族的选拔多出于地主、官僚世家，由门阀而不由太学，门第世族风气养成，学校等于赘瘤。即使兴设学校也不过是装点门面，徒有虚名。这一时期，私学有了很大的发展，且不像汉代仅进行初等教育，而是成为教育的台柱，家庭教育也受到重视，但教学内容多不重军国之事。南朝皇帝虽多数仍能坚持对中央军的校阅制度，但往往是追求形式，并无进行

---

① 班固：《汉书·卷八十七下·扬雄传第五十七下》。
② 司马迁：《史记·卷三十·平准书第八》。
③ 范晔：《后汉书·卷十七·冯岑贾列传第七》。
④ 陈寿：《三国志·卷一·魏书一·武帝纪第一》。

国防忧患意识教育的主观目的，自然也难达效果。士大夫阶层远不像汉时的文武兼修，而是鄙夷武人，习武之风日衰。关于骑射，“冠冕儒生，多不习此”①，以至畏马如虎②。不过，此时南朝民间尚有习武射猎的风俗，一些地方官也能因势利导，推行乡射礼③，尤其是在国家整体混乱和颓废的年代，个别有为的士大夫巧妙地把忠君爱国教育和国防忧患意识教育结合起来。与南朝形成鲜明对比的是，北朝各民族政权建立的国家十分重视武备教育。北魏“因岁除大傩之礼，遂耀兵示武”④，模仿《周礼》，行四时搜礼，行猎、校阅、讲武之风盛行。校阅由军队进行，地方官吏和丁壮也要前往观摩。他们一改汉族政权在学校教育中废置军事教育的做法，重新设置习武的内容，通过习武来培养国防忧患意识。前燕慕容皝下令：“学生不任训教者，亦除员录。”“赐其大臣子弟为官学生者号高门生，立东庠于旧宫，以行乡射之礼，每月临观，考试优劣。”⑤ 北魏后期设立太学时与宗武馆同时设立，以习武为主要课程之一。北朝政权还重视民间的国防忧患意识教育。慕容皝令国人“一时务农，三时用武”，使“敌人日畏，我境日广”⑥。在强烈的国防忧患意识作用下，北朝少年甚至儿童普遍好习武骑射，盛行任侠之风，“少年便习战，十四已从戎”⑦。北朝最后能重新统一中国，当与此有很大关系。

（二）隋唐时期学校与军事教育中的国防忧患意识教育

隋唐时期，文教政策虽多变，但总体上是以儒学为主干，以佛道为两翼。隋文帝即位后，由于防备突厥、统一全国的需要，积极整军备战，多次讲武、射猎。文帝本人虽不悦《诗》《书》，却提倡儒家的礼乐文化。全国统一后，即倡导“偃武修文”，下令“武力之子，俱可学文，人间甲仗，悉皆除毁”，“京邑庠序，爰及州县，生徒受业，升进于朝”⑧，国家教育重点由学武转为修文。炀

---

① 颜之推：《颜氏家训·卷第七·杂艺第十九》。

② 梁朝建康令王复看见马嘶鸣跳跃，说：“正是虎，何故名为马乎？”参见颜之推：《颜氏家训·卷第四·涉务第十一》。

③ 陈高华、钱海皓：《中国军事制度史·军事教育训练制度卷》[M]，郑州：大象出版社，1997年版，第75页。

④ 魏收：《魏书·卷一百八之四·礼志第十三·礼四之四》。

⑤ 房玄龄、褚遂良、许敬宗等：《晋书·卷一百九·载记第九·慕容皝》。

⑥ 房玄龄、褚遂良、许敬宗等：《晋书·卷一百九·载记第九·慕容皝》。

⑦ 王训：《度关山》，见郭茂倩：《乐府诗集·卷二十七·相和歌辞二》。

⑧ 令狐德棻、长孙无忌、魏徵：《隋书·卷二·帝纪第二·高祖下》。

帝时外夷不断侵叛，虽然其本人好大喜功，不断对外征战，却仍然倡导“偃武修文”；虽然喜动辄进行大规模的“冬狩之礼”，但主要目的是炫耀武力，已失去了讲武教战和进行国防忧患意识教育的作用。隋代严格禁止民间拥有兵器，不仅降低了兵员的军事素质，也大大压缩了民众国防忧患意识存在的空间。隋代学校与军事教育的这些变化，最终导致“天下承平日久，人不习战”①，是对外战争连遭惨败的重要原因之一。

唐初有极强的进取精神，但受到东汉以来第一次“偃武修文”思想的影响，开国时即确定了战时重武、平时重文的国策。唐太宗李世民于贞观元年（627年）曾说：“朕虽以武功定天下，终当以文德绥海内。文武之道，各随其时。”②唐玄宗李隆基也曾说：“先王务本，君子知教；化人成俗，理国齐家；必由于学矣。”③ 唐初科举兴盛，但秀才科早衰（考方略，其内容有利于培养国防忧患意识，因报考人数少，高宗永徽二年（651 年）取消），明经科只注重考核儒家经义，进士科注重考核诗赋，其余各科也均不涉及国防忧患意识的内容。唐末至宋，学校荒废，书院兴盛，但所授课程却以九经为主，旁及史书诗文。

唐代学校教育虽然延续了自秦汉以来不言兵事与武备的趋势，但与西汉时期相似的是，自唐初便建立了一套独立的自兵至民、兵民结合的军事教育训练体制，并将国防忧患意识教育渗透到军事教育训练之中。一是在中央禁军的讲武教育训练中进行国防忧患意识教育。唐太宗即位之初，每每朝政之余，引诸卫将率士数百人习射于东宫显德殿，并教育将士：“戎狄侵盗，自古有之，患在边境少安，则人主逸游忘战，是以寇来莫之能御。今朕不使汝曹穿池筑苑，专习弓矢，居闲无事，则为汝师，突厥入寇，则为汝将，庶几中国之民可以少安乎！”④ 唐朝禁军的讲武每年均定期举行，皇帝也可在认为需要时择机安排。显庆年间，高宗即曾在并州城北进行讲武，大臣们都要参加。高宗对群臣说：“讲阅者，安不忘危之道也。”⑤ 禁军的狩猎训练也与讲武一样在仲冬举行，皇帝亲自参加，且王公、百姓都要参加射猎，实际上成了一种全民性的军事训练和国防忧患意识教育活动。二是府兵的分散习武、冬季教战和番上定期训练。府兵

① 司马光：《资治通鉴·卷一百八十二·隋纪六·炀皇帝中·大业九年》。
② 上海书店：《二十五史》[M]，上海：上海古籍出版社，1986 年版，第 3611 页。
③ 宋敏求：《唐大诏令集·卷一百五》[M]，上海：学林出版社，1992 年版，第 491 页。
④ 司马光：《资治通鉴·卷一百九十二·唐纪八·高祖神尧大圣光孝皇帝下之下·武德九年》。
⑤ 杜佑：《通典·卷七十六·礼三十六·沿革三十六·军礼一》。

耕战结合，农闲时严格训练，并轮流到京师担负宿卫任务，不仅增强了战斗力和保卫国家的责任意识，而且使这种责任意识感染到民间。唐朝前期虽然战争频繁，但百姓参军热情极高，甚至出现了类似战国后期秦国百姓踊跃报名参加远征的盛况。三是设立武举。唐朝武举是在隋朝科举选将的基础上发展起来的，并形成一种制度。除科举选将外，还有乡贡武举，是全国性的常选。设立武举的目的是“恐人之忘战”① “教人习武艺”②，明显具有国防忧患意识教育的意图和功能。武举制的创立和推行，使民间普遍且经常地坚持习武，既有利于兵员战斗素质的提高，又培育了百姓保卫国家安全的责任感。但唐自武则天当政后，各项有利于培养国防忧患意识的教育训练制度，特别是府兵的征集和训练制度逐渐废弛。唐玄宗天宝年间，“以中原太平，修文教，废武备，销锋镝，以弱天下豪杰。于是挟军器者有辟，蓄图谶者有诛，习弓矢者有罪。不肖子弟为武官者，父兄摈之不齿。惟边州置重兵，中原乃包其戈甲，示不复用，人至老不闻战声。六军诸卫之士，皆市人白徒，富者贩缯彩，食粱肉，壮者角抵拔河，翘木扛铁，日以寝斗。有事乃股栗不能授甲”③。唐朝士大夫、军队和百姓的国防忧患意识从此走上了下坡路。

（三）两宋时期学校与军事教育中的国防忧患意识教育

从军事文化的角度来看，三国两晋南北朝是秦汉的延续，五代十国则是两宋的开端。五代十国时期，中国再次陷入分裂混战状态，频繁的战争本应是催生国防忧患意识的肥沃土壤，却由于同宗同族的厮杀和各王朝的短命而使国防忧患意识失去了成长的空间。加之百姓厌恶战争，军士多被迫从军，被刺字、屠杀并株连家属，军人地位大大降低。因兵变夺权事件多次发生，最高统治者普遍产生了对将领忠诚的怀疑并加强了对他们的防范和压制。这些都对当时及中原重新统一后的国防忧患意识教育产生了极大的负面影响。尽管各分裂王朝仍十分重视军事教育训练，也未能阻止中原大地尚武精神的急剧流失和国防忧患意识教育的迅速衰退。

宋太祖对五代以来频发的兵变记忆深刻，因此兴文教，使各阶层醉心于读书科举，以避免其产生兴兵企图。继承者们也谨记家法，形成北宋的“重文”

---

① 杜佑：《通典·卷十八·选举六·杂议论下》。

② 杜佑：《通典·卷十五·选举三·历代制下·大唐》。

③ 王溥：《唐会要·卷七十二·军杂录》。

政策。宋仁宗时蔡襄曾言：“今世用人，大率以文词进。大臣，文士也；近侍之臣，文士也；钱谷之司，文士也；边防大帅，文士也；天下转运使，文士也；知州，文士也。”① 为了进一步体现对文人的重视，宋太祖立誓不杀士大夫，优待文士，“恩逮于百官，唯恐其不足”②。宋代重文政策实行日久，使社会上形成一种共识：进身、参政、获取权力依靠的就是读书和科举成功，从而使重文渗入社会各个层面。宋代“重文”并同时“抑武”，解除高级将领的兵权，加强禁军，设立枢密院和三衙互相牵制，使“枢府有发兵之权而无握兵之重，三衙有握兵之重而无发兵之权”③，并使兵将分离，派遣宦官监军，以限制将领调兵、用兵的权力。

宋代统治者虽然表面上“抑武”不轻武，但骨子里却厌恶兵事和轻视外患。宋代的“偃武修文”直接导致了国防能力的下降和对外战争的接连失败，“兵也收了，财也收了，赏罚行政一切收了，州郡遂日就困弱。靖康之祸，虏骑所过，莫不溃散”④，严重挫伤了民族自信心和军民士气。“抑武”造成的直接后果是武将的声望明显低于文官，社会上轻视武事。田况《儒林公议》称“状元登第，虽将兵十万，恢复幽蓟，凯歌劳还，献捷太庙，其荣亦不及也。”寇准曾对武将出身的枢密副使曹利用说：“君一介武夫尔，岂解此国家大体耶?”⑤ 这使宋民的尚武精神大大弱化，轻武、厌武成为普遍的社会心态，使文化失去锐意向上的生气，对外卑躬屈膝，以维持苟安局面。在一个重文轻武的社会环境里，人们若重武习武，思虑国防忧患，既得不到统治者的赏识，也得不到社会的认可，还可能由此而丧失走上仕途和升迁的机会，显然是违背其意愿和利益的，这种环境自然对当时的国防忧患意识教育产生了严重的消极影响。

宋代官学教育体系完备，书院发达。太学以传授儒家经典为主，南宋孝宗时，虽曾“命诸生暇日习射，以斗力为等差”⑥，以对付当时迫在眉睫的外患，甚至首开武学专科学校，但重文抑武和“兴文教”、尊孔崇儒的教育政策，使其效果大打折扣。宋代程朱理学兴盛，重视内心修养的功夫，其方法便是“穷理”和“主敬”。“穷理”就是读书，“主敬”便是反省，即重读书轻实践，重静坐轻

---

① 蔡襄：《蔡忠惠集·卷十八》。
② 赵翼：《廿二史札记·卷二十五》。
③ 李心传：《建炎以来系年要录·卷五》。
④ 黎德清：《朱子语类·卷一百二十八》。
⑤ 徐自明：《宋宰辅编年录·卷三》。
⑥ 脱脱：《宋史·卷一百五十七·志第一百十·选举三》。

活动，这就导致了文人闭门读书，成为肩不能挑、手不能提的文弱书生，不爱习武也不能习武，在思想和能力上均无法承担国防忧患之重。

如果仅从形式上看，宋代国防忧患意识教育所依托的制度几乎比以往历代都要完备，除设武举、办武学外，亦有讲武、田猎等多种制度，多代帝王也曾表现出重视武备防患教育，但总体上难以称得上是真正的国防忧患意识教育，至少是不成功的。终北、南宋两代，统治者重文轻武甚至重文抑武，不仅不能引领国防忧患意识的成长，甚至使国人自发的国防忧患意识也被压制到窒息。这一时期，国家先后面临辽、西夏、金与蒙古的侵略威胁，但为提高国民国防忧患意识而举办的各种仪式和各类军事训练活动大都流于形式。一是由统治者举办的国防忧患意识教育活动均看不到百姓的参加，这与汉、唐两代相比是一个巨大的退步。二是讲武射猎追求排场甚至形同儿戏。宋代禁军讲武，主要内容是宣誓、刀盾手表演和阵法表演。刀盾手“第一、第二挑战迭为勇怯之状，第三挑战敌均之势，第四、第五挑战胜败之形”①。阵法表演，步军演毕由骑军演练，“五阵毕，俱待击鼓而前，盘马相拟而罢，遂振旅徒还”②。宋太祖因田猎时失足坠马而不再田猎。宋太宗不喜欢田猎。宋仁宗虽喜田猎，却是让军民把蓄养的狐兔凫雉赶入围场，射猎当然会收获颇丰。真宗、孝宗等皇帝在讲武后举办的音乐宴会甚至比讲武本身还要隆重热闹。三是设立武举本具有进行国防忧患意识教育的作用，并推动民间开展习武活动，但武举选士的地位远不如文科进士，且常受排挤，因而实际并未达到设定的目的。四是兴办武学，“教授纂次历代用兵成败、前世忠义之节足以训者，讲释之”③，应该具有国防忧患意识教育的目的，但是武学兴废、设课考试都非常随意，甚至成为官将亲属进身武官的台阶。这些作秀式的国防忧患意识教育所带来的危害甚至比没有此类举措更为可怕。

这一时期，类似的情形同样发生在入主中原的各民族政权身上。辽与金自不必说，即使强大如元朝，也出现了后人慨叹的下述情况：“自平南宋之后，太平日久，民不知兵。将家之子，累世承袭，骄奢淫佚，自奉而已。至于武事，略不讲之。但以飞觞为飞炮，酒令为军令，肉阵为军阵，讴歌为凯歌，兵政于

---

① 曾公亮、丁度：《武经总要·前集·卷二·讲武第一》。

② 曾公亮、丁度：《武经总要·前集·卷二·讲武第一》。

③ 脱脱：《宋史·卷一百五十七·志第一百十·选举三》。

是不修也久矣。及乎天下之变，孰能为国爪牙哉?”①

（四）明朝时期学校与军事教育中的国防忧患意识教育

明朝总体上是一个边患不断的朝代，中央政府也始终致力于靖边抑患。《明史》记载：“明以武功定天下，革元旧制，自京师达于郡县，皆立卫所。外统之都司，内统于五军都督府，而上十二卫为天子亲军者不与焉。征伐则命将充总兵官，调卫所军领之，既旋则将上所佩印，官军各回卫所。盖得唐府兵遗意。文皇北迁，一遵太祖之制，然内臣观兵，履霜伊始。洪、宣以后，狃于治平，故未久而遂有土木之难。于谦创立团营，简精锐，一号令，兵将相习，其法颇善。宪、孝、武、世四朝，营制屡更，而威益不振。卫所之兵疲于番上，京师之旅困于占役。驯至末造，尺籍久虚，行伍衰耗，流盗蜂起，海内土崩。宦竖降于关门，禁军溃于城下，而国遂以亡矣。”②

明代在文教上加强思想控制，实行文化专制，特别是屡兴文字狱，禁止学生议政，“一切军民利病，农工商贾皆可言之，唯生员不可建言”。但终明一代，颇有唐代遗风，始终重视通过武学和军事教育训练进行国防忧患意识教育。明代有组织的国防忧患意识教育活动主要表现在以下几个方面：一是兴办武学。“明代办武学之盛，为历代所不及。”③ 明代办武学有一个发展过程。明太祖朱元璋开始并不赞成设立武学，而是主张学校教育要文武兼备。洪武二年（1369年）六月，太祖召国子生，询知诸生未熟骑射，遂宣谕“文足以经邦，武足以戡乱”，强调文武并重，才能“出将入相，安定社稷”④，这实际上是对先秦尚武时代学校教育的回归，反映了其深沉且理性的国防忧患意识教育思想。他一方面“虑武臣子弟但习武事，鲜知问学，命大都督府选入国学”⑤，一方面又反复告诫武职官员要认真教儿学习弓马，“令应袭子弟送都督府比试，骑射闲习，始许袭替”⑥，就是最好的证明。建文四年（1402年），设京卫武学，永乐中废除。正统年间，朱鉴又提出“乞开武学，以典武科”⑦。以后，武学屡次兴废。

---

① 叶子齐：《草木子·卷三上·克谨篇》。
② 张廷玉：《明史·卷八十九·志第六十五·兵一》。
③ 贾若瑜：《中国军事教育通史》（上）[M]，沈阳：辽宁教育出版社，1997年版，第405页。
④ 《明太祖实录·卷五六·洪武三年冬十月丙辰》。
⑤ 张廷玉：《明史·卷六十九·志第四十五·选举一》。
⑥ 申时行：《明会典·卷一百二十·兵部三》。
⑦ 查继佐：《罪惟录·列传·卷十三·朱鉴传》。

设立武学的目的是教育大臣特别是武官子弟不忘武事、勤习武艺，以应国防安全之需，所以当统治者感到青年子弟安而忘危、疏于习武时，就会有紧迫的武学教育意识。明成祖曾批评武臣子弟："安于豢养，武艺不习，礼义不谙，古今不通。"① 宣宗也曾谕兵部："军官子弟安于豢养，浮荡成风，试其武艺，百无一能用之。"② 二是开设武举。明代开设武举的目的是吸引军事人才，保卫国防安全，也希望通过武举的开设，使国人不忘武备。武举开设的直接诱因是京卫武学生"皆膏粱纨绮之裔，玩愒岁月，糜费廪者多，潜心韬略思图补报者少"③。因北部边患最大，所以武举选取比例一直以北部边境为高。虽然武举的开设为明朝军队选拔了一些人才，但由于军制的破坏，武举逐渐成为一种纯粹的形式，也就难以达到国防忧患意识教育的效果。三是举行京操、大阅和大射。明初，各卫所军轮番赴京师进行校试，叫京操，既是对卫所军的考核，又能起到国防忧患意识教育的作用。大阅、大射均是沿袭古制，由皇帝亲自主持的习武仪礼。明朝的这些仪礼虽然较宋时更加注重实战意义，但远未达到先秦和汉唐时期的实战化水平，且仅限于军队和官员参加，其国防忧患意识教育效果大打折扣。四是开展大练兵运动。明代的大练兵虽不是一种制度，但却先后有著名的洪武练兵、永乐练兵、戚继光练兵和孙承宗练兵。这些练兵的主持人或是明初武功极高的皇帝，或是中期和晚期国防安全的中流砥柱，他们本人都具有极强的国防忧患意识，也通过大练兵活动提高了军人的军事技能和国人的国防忧患意识。不过，运动式的练兵总是不能持久，一旦运动结束，练兵日渐懈怠，上述效果也就很快消失得无影无踪。

（五）清代前期学校与军事教育中的国防忧患意识教育

清初十分重视利用学校进行国防忧患意识教育，但主要是面向满族青年。对于汉人，则提倡程朱理学，严订学规，软硬兼施，加强控制，大兴文字狱，唯恐学校教育培养汉人的反抗意识。

清代前期对八旗兵丁、旗人、满洲子弟的国防忧患意识教育从多个方面体现出来。一是通过学校教育中的习武训练保持和提高国防忧患意识。清朝以武功得天下，又鉴于明朝武备废弛而造成自坏之势的教训，开国之初举办教育即

---

① 《明太宗实录·卷一百二十三·永乐九年十二月癸亥》。
② 范景文：《南枢志·卷一〇九·学政部·武学考》。
③ 徐学聚：《国朝典汇·卷一百四十九·兵部十三·武学武举》。

文武并重。为确保江山稳固，又饬令八旗子弟尤以习武为重。在培养皇族、宗室及觉罗氏族子弟的宗学、觉罗学即国家最高学府国子监中，八旗子弟武功不合格者不得考文场。风气所及，民间竞相效仿。特别是清初著名教育家颜元，本人文武全能，更以“文武兼备”的要求来办学。在他主持的“漳南书院”中，将办课程分为“文事”与“武备”等若干类，学校辟有习射运动场。二是在八旗中推行“国语骑射”教育。满洲兴起时即非常重视骑射教育，及至定都北京，更将“国语骑射”作为一项基本国策，不断教育八旗兵丁、子弟，“骑射国语乃满洲之根本，旗人之要务”①。顺治七年（1650 年），清世祖福临谕：“天下一统，勿以太平而忘武备，尚其益习弓马，务造精良。”② 康熙不仅要求八旗官兵勤习骑射，而且多次西狩南巡，检查督促。雍正不仅有关于勤习骑射的训导，而且要求八旗官兵要将其作为语录熟读记诵。乾隆十七年（1752 年），清高宗为了对八旗子弟加强“骑射国语”教育，特命将清太宗皇太极“恐日后子孙忘旧制，废骑射以效汉俗”的教导语录刻碑推广，“俾我后世子孙臣庶，咸知满洲旧制，敬谨遵谨循，学习骑射，娴熟国语，敦崇淳朴，屏去浮华，毋或稍有怠惰。克钦承彝训，冀亿万世子孙，共享无疆之庥焉”③。但是，嘉庆、道光之后，八旗日趋腐败，训练废弛，“骑射国语”政策也逐渐破产。三是坚持大阅与秋狝行围制度。清王朝为维护满洲少数族群对中原的控制，开国伊始即由皇帝亲自抓军队的管理、训练和考核，大阅即是其中的一种形式。大阅初无定制，顺治十六年（1659 年）定为三年一次。围猎是满洲的传统，至康熙时，认为满洲后裔必须保持骑射传统才能维持和巩固政权，定制每年秋季组织围猎。秋狝不仅是军事大检阅和大演习，也是使满洲后裔不耽于安乐、不忘武功的一种重要的国防忧患意识教育形式。

封建时代的国防忧患意识教育，未能改变王朝周期内国防忧患意识衰减的趋势，也未能改变中国进入大一统帝国时代后国防忧患意识衰减的总趋势。在学校教育文武分离后文教忽视军事内容的情况下，国防忧患意识教育越来越不能融入学校教育的主流。而时兴时废、时张时弛的军事教育训练也未能改变社会风气的导向。中国文化的传承，主要依靠一代代学校教育培养出来的人才。他们如果不具有强烈的国防忧患意识，整个社会就很难有这种意识的积淀。国

---

① 《清高宗实录·卷一四三·乾隆六年五月丁亥》。
② 《清会典事例·卷一千一百二十四·八旗都统·兵制》。
③ 《清会典事例·卷一千一百二十四·八旗都统·兵制》。

防忧患意识的衰退以至丧失，是历代封建王朝走向衰落、覆亡的重要原因，也是封建社会失去前进动力的影响因素。它和其他因素一起导致了中国在近代的落后和衰败，进而造成国家、民族危亡的局面。

第六章　近现代国防忧患意识教育

清朝前期的文治武功成就了康乾盛世，但是，也就是在所谓的盛世时期，整个封建统治阶级变得空前腐败，各项政务、防务日渐废弛。清朝社会的这一变化，恰逢西方资本主义迅速崛起和对外强力扩张时期，帝国主义向东方的侵略扩张，给清朝的国防安全带来了巨大威胁。我们不能说清朝统治者不重视国防建设，但是，这一时期的国防建设带有很大的被动性，缺乏总体规划，往往顾此失彼。造成这一现象的原因，除了统治者的无知、短视之外，从思想意识的角度来看，就是他们的极端自私自利。他们企图用与世隔绝的办法维持“天朝大国”的统治；面对人民的反抗，始终认为安内重于攘外；不仅自己夜郎自大，也要在民众中普及这种意识以维持虚幻的盛世感。“天朝物产丰盈，无所不有，原不籍外夷货物以通有无”① “患不在外而在内”② 等让今人感到极其可笑的言论，即是这种思想意识的真实写照。但是，事与愿违，清朝统治阶级的故步自封进一步拉大了与帝国主义国家的差距，给自己也给整个中国带来了极大的后患。清政府为了对付国内人民而对迫在眉睫的外敌入侵没有给予应有的重视，最终陷入内外交困而又无法解脱的窘境。更有甚者，他们为了维护一己之私而宁与外寇、不与家奴，彻底丧失了统治国家的合法性。在面临国家、民族危亡的关头，中国社会内部逐渐成长起一股新兴力量，他们因政府无力抵抗外敌入侵而产生强烈的国防忧患意识，因强烈的国防忧患意识而推动变革图强。他们的国防忧患意识和变革图强思想需要通过教育活动进行传播，以获得社会的广泛认可和支持。在这方面，洋务派、维新派和资产阶级革命派先后进行了

---

① 梁廷枏：《粤海关志·卷二十三》（第四册）[M]，台北：成文出版社，1968年版，第1679页。

② 文庆：《筹办夷务始末·道光朝·卷二十七》。

积极且有益的尝试。中华民国建立后，中国陷入军阀混战的局面，国力持续衰落，民族危亡进一步加剧，促使中国社会的进步力量进一步探索，国防忧患意识也日益与社会变革意识紧密地结合起来。这两种意识的教育在整个新民主主义革命时期因严重的外患所导致的生存危机而普及，并逐渐唤醒了中国社会整体的国防忧患意识和社会变革意识，推动了近代中国的进步、发展和自强。1945年抗战胜利，中国国际地位和国防安全状态结束了持续下滑的趋势。1949年中华人民共和国建立，奠定了中国重新崛起和国防安全日益巩固的基础，中国的国防忧患意识教育也进入一个崭新的历史时代。

一、晚清扶危重臣的国防忧患意识教育

晚清时期，长期陶醉于骄奢淫逸的统治者已经昏昏欲睡，人民经历200年的愚民统治已经变得极其麻木。在突然来临的西方威胁面前，这艘“破烂不堪的头等战舰”勉强在狂风暴雨中飘摇。在整体故步自封、愚昧自大之中，“三千年未有之变局”也催生了一批能够睁眼看世界的有识之士，这些有识之士大多成为晚清的扶危重臣。他们由主张知危到主张知夷、“师夷”，其忧患意识具有了由传统到近代转型的鲜明特点，并以多种形式向全社会迅速传播。鸦片战争前后，国防忧患意识教育的主要目的是使统治阶级和广大国人摆脱虚幻的“盛世”错觉和自恋情节，认清中国面临的新型国防危机。这一阶段过后，开始探索产生危机的原因和解决危机的办法。

（一）千古变局前觉醒士人的国防忧患意识教育

鸦片战争前后，中国社会整体上处于愚昧、麻木状态。官场、民间既有莫名的自大，又充满沉沉的暮气。乾隆时期出使中国的英国人马戛尔尼认为，整个大清帝国就像一艘破败不堪的旧船，一旦由无能之辈掌舵，船上的纪律和安全就都完了。甚至军队的训练都已经习惯于流于形式、摆花架子，以至嘉庆御批“力挽积习，不得养尊处优”①，道光严饬“实力练习，不得多立章程”②，但已积重难返。此时，本该作为国家、民族与社会脊梁的士人在经历了200多年

① 赵尔巽、柯劭忞、缪荃孙等：《清史稿·卷一三九·志一百十四·兵十》。
② 赵尔巽、柯劭忞、缪荃孙等：《清史稿·卷一三九·志一百十四·兵十》。

的高压和笼络之后，也大都泯灭了忧患意识。这时的教育，已呈病态发展的景象：官学教育有名无实，很少从事教育活动；教育内容不切实用，热衷于义理、辞章和考据；科举考试弊病丛生，统治者对其已失去信心。[①] 这种畸形发展适应了清朝统治者的需要，但却不能满足社会的需要，也不能藉以应对日益严重的内外危机；不仅无法承载国防忧患意识教育之重，其自身的生存也面临着危机。正所谓物极必反，社会危机的空前加深、忧患意识的空前衰落以及中国千古未遇的国防安全威胁，又集中促成了中国社会特别是士大夫阶层忧患意识的复苏和一种全新的，以近代民族意识、国家意识和改革开放意识为基础的国防忧患意识的形成，从而赋予近代中国国防忧患意识教育以新的内涵。他们的国防忧患意识教育既面向清朝的最高统治者和士人官僚，也面向普通知识分子以至全国民众。

早在嘉庆年间，翰林院编修洪亮吉就一针见血地指出：朝廷大小官员无不“以模棱为晓事，以软弱为良图，以钻营为进取之阶，以苟且为服官之计”，“夫此模棱、软弱、钻营、苟且之人，国家无事，以之备班列可也；适有缓急，而欲望其奋身为国，不顾利害，不计夷险，不瞻徇情面，不顾惜身家，不可得也”[②]。道光十五年（1835 年），常大淳上言：“新疆、湖南、广东、四川各营伍，日久生玩，满营则奢靡自逸，汉营则粮额多虚。由于拨补之徇私，操演之不实，以国家养兵之资，为众人雇役之用。请饬将军、督、抚，力除积习。”[③] 黄爵滋上疏“整戎政以收实用”，指出“兵可百年不用，不可一日不备。然备之正所以为用之也”[④]。黄爵滋已经认识到英国人对清朝的威胁，并指出：“夷人性情，本能恩感，当以威制，我示之弱则彼强，我示之强则彼弱，我畏其生事则彼益好事，我不畏其生事则彼且贴然无事。且如英吉利夷远隔重洋四万余里，多寡之势，主客之形，彼何恃而不恐，我何为而不奋？然所以威制之道，不在临时之张皇，要在平日之振作。”[⑤] 鸦片战争前十几年，包世臣洞察到英国对华的侵略企图，指出中国将面临严重的外部危机，其患之烈，不会在明朝倭祸之

① 孙培青：《中国教育史》[M]，上海：华东师范大学出版社，2000 年版，第 283～284 页。

② 赵尔巽、柯劭忞、缪荃孙等：《清史稿·卷三百五十六·列传一百四十三》。

③ 赵尔巽、柯劭忞、缪荃孙等：《清史稿·卷一三九·志一百十四·兵十》。

④ 黄爵滋：《鸿胪寺卿黄爵滋敬陈六事疏》，见张晓生：《中国近代战策辑要》[M]，北京：军事科学出版社，1993 年版，第 2 页。

⑤ 黄爵滋：《鸿胪寺卿黄爵滋敬陈六事疏》，见张晓生：《中国近代战策辑要》[M]，北京：军事科学出版社，1993 年版，第 3～4 页。

下。他呼吁应及早采取防御措施，虽然“目前无事，正可苟安，一官如传舍”，可是，一旦英国对中国进行侵略，“轻犯祸始，是则非世臣所敢知也”，“十数年后，虽求目前之苟安，而不可能，必以忧患贻君父”①。鸦片战争后，清朝统治者不以战败为耻，反以签订卖国条约为荣，他们宣称签订中英《南京条约》是“抚远”“羁縻”政策的胜利，该条约签订后可以“永杜后患”，使英人不再“有所借口挟制”，因而是“万年和约”②，天朝上国又可以平安无事。于是，统治者在一阵惊骇之后，又继续酣睡如梦。不过，清醒的士人忧患意识更加强烈，凭着敏锐的政治直觉和对危机的思考，他们感到鸦片战争是中国数千年来一大变局。他们痛斥投降派官僚的卖国，反对签订和约。如董宗远痛心疾首地奏称：投降派“视居官如传舍，但求目前苟安，绝不为国家久远计。不知以现在夷情度之，即苟安亦未必能也”，《南京条约》签订，“则国威自此损矣，国脉自此伤矣”，“边境自此多事矣”③。广东士人也在《全粤义士义民公檄》中痛陈危机：“疆臣大帅，惜命如山，文吏武臣，畏犬如虎，不顾国愁民怨，遽行割地输金，有更甚于南宋奸佞之所为者”，“直是开门揖盗，启户迎狼”，使侵略者“逼近榻前，益增心患，窃恐非常事变，诚有不可言语尽者。若他国群起效尤，将何以策应？是则英夷不平，诚为百姓之大害，国家之大忧”④。

龚自珍、林则徐和魏源是这一时期觉醒士人的杰出代表。龚自珍不仅对当时中国社会内部的危机有着深刻的认识⑤，而且在鸦片战争爆发前十余年就洞察到英国殖民者的侵华野心和阴谋，指出英人经商的目的就是为了侵略掠夺中国，一旦要求不能满足就可能发动军事侵略，因此国人应早做准备。他坚决支

① 包世臣：《安吴四种·卷三十五》。

② 黄恩彤：《抚远纪略》，见齐思和、林树惠、寿纪瑜：《鸦片战争》第五册（中国近代史资料丛刊第一种）[M]，上海：上海人民出版社，1962年版，第418页。

③ 梁廷枏：《夷氛闻记》[M]，北京：中华书局，1959年版，第126～127页。

④ 广东省文史研究馆：《三元里人民抗英斗争史料·广东夷务事宜》[M]，北京：中华书局，1959年版，第115页。

⑤ 龚自珍认为：“自乾隆末年以来，官吏士民狼艰狈蹶，不士、不农、不工、不商之人，十将五六”，“六十载太平之盛，人心惯于泰侈，风俗习于游荡，京师其尤甚者。自京师始，概乎四方，大抵富户变贫户，贫户变饿者，四民之首，奔走下贱。各省大局，岌岌乎皆不可以支月日，奚暇问年岁”。参见《定庵文集·卷中·西域置行省议》（四部备要本）。他指出，当时的中国社会已处于日之将夕、悲风骤至的衰世，清王朝无论在政治或经济、军事或文化思想等方面都已无法维持统治，但又拒绝变法改革，犹如一个患满腐败疥癣的垂死之人。在专制之下，人们唯有醉生梦死才能自保。大小官吏庸碌无能，贪婪卑劣，只知车马服饰、升官发财，置国家民族安危于不顾；士人也只知读时文、习八股，趋福避祸，寡廉鲜耻，人才被摧毁，用人论资格。

持林则徐赴广东禁烟，并提醒“火器宜讲求”“多带巧匠”“修整军器”①。龚自珍对鸦片战争的发展态势很有预见。直隶总督上奏请裁撤天津水师，“谓无所用，岁计费且数十万，上可其奏”。龚自珍闻知，急上书万言，“言不可撤状”，但不为所用。两年后，英国军舰果然北上攻打天津，“人始服其先识”②。龚自珍也注意到沙俄对我国北方领土的蚕食，及时予以揭露，并提出移民塞北、巩固塞防的建议。同龚自珍一样，魏源也注意到西方国家经商背后往往伴之以武力掠夺，认为“概四海之内，其帆樯无所不到，凡有土有人之处，无不睥睨相度，思睃削其精华”③。因此，提醒统治者对英国及其他西方国家要保持高度警惕。魏源深刻地认识到，鸦片战争失败的一个重要原因是清朝统治者昏庸腐败，对世界形势懵懂无知，虚妄自大而又畏敌如虎，指出“承平恬嬉，不知修攘为何事，破一岛一省震，骚一省各省震，抱头鼠窜者胆裂之不暇，冯河暴虎者虚骄而不实”④。他希望统治者励精图治，整军备武，以求长治久安。为了振奋人心，鼓舞抗击强敌的士气，魏源根据自己任内阁中书舍人以来积累的大量资料，发奋撰写了《圣武记》十四卷，于道光二十二年（1842 年）中英《南京条约》签订之时完成。书中历述清初以来的武功方略，讨论了兵制、战术等具体问题。魏源在林则徐的嘱托和帮助下，结合历代史志及明代以来的岛志和当时所得夷图、夷语等大量资料，于道光二十二年编成《海国图志》，后又补充葡萄牙人玛吉士《新释地理备考》、美国人高理文《合省国志》等予以重刊。在《海国图志》中，魏源提出了学习西方先进技术以抵御外侮的思想，“是书何以作？曰为以夷攻夷而作，为以夷款夷而作，为师夷长技以制夷而作”⑤。“师夷长技以制夷”思想的提出，不仅把中国近代地主阶级改革派思想推向了有更广泛代表性的抵御外侮、学习西方的新高度，而且打破了长期的思想封闭状态，使魏源成为近代中国最早睁眼看世界的呼号者和改革维新思想的先驱者。《海国图志》对国内有识之士开阔眼界、了解世界起到重要的促进作用。咸丰八年（1858 年），兵部侍郎王茂荫曾奏请将此书广为刊印，使亲王大臣每家置一编，并令宗室八

---

① 龚自珍：《送钦差大臣侯官林公序》，见《龚自珍全集》（上册）[M]，北京：中华书局，1963 年版，第 170 页。

② 孙文光、王世芸：《龚自珍研究资料集》[M]，合肥：黄山书社，1984 年版，第 342 页。

③ 魏源：《海国图志・卷五十二・大西洋・英吉利国》。

④ 魏源：《道光洋艘征抚记》[A]，《魏源集》（上册）[C]，北京：中华书局，1983 年版，第 187 页。

⑤ 魏源：《海国图志・原叙》。

旗作为教材学习。然而，酣嬉悠游和麻木僵化的王公大臣、贵胄子弟们已经失去了接受任何新鲜事物的能力。《海国图志》倒成了日本进行国防忧患意识教育的及时教材。第一部《海国图志》于道光三十年（1850 年）传入日本，至明治维新前已达十数部，被日本学人摘译翻刻 22 种版本以上。① 半个世纪后，梁启超在回顾明治维新时期这段历史时曾评价说，日本维新派前辈"皆为此书所刺激"②，最终完成了改革图新大业。林则徐在禁烟前上书：鸦片"流毒于天下，则为害甚巨，法当从严。若犹泄泄视之，是使数十年后，中原几无可以御敌之兵，且无可以充饷之银，兴思及此，能无股栗"③。林则徐在禁烟的同时主张鼓励正常对外贸易，可惜这一对策却被自大而又顽固的道光帝给否定了。林则徐的过人之处在于，他注重研究了解西方，并利用自己的影响教育了当时的一批人。他在广州任内搜集有关资料，编译辑成《澳门新闻纸》《四洲志》《华事夷言》《各国律例》等书。通过这些翻译成汉文的西方著述和资料，林则徐了解到不少"夷情"，并据此制订了对敌的"控制之方"。他还请人翻译西方关于大炮瞄准法等武器制造、使用方面的书籍，以学习西方的先进军事技术，改进和提高清朝军队的武器和作战能力。即使在被革职查办后，仍建议奕山重视对外国的了解，提醒他关注从外国报刊书籍翻译过来的资料，"其中所得夷情实为不少，制驭准备之方，多由此出"④。林则徐如此致力于了解"夷情"和进行夷情教育，目的很明确，是为了"尽得西人之长技，为中国之长技"，以抵抗外来侵略。林则徐还十分重视进行反侵略备战教育，重视通过反侵略教育调动人民群众保家卫国的热情。他号召"由民间自行团练以保村庄，或由府县雇觅壮丁以资捍卫"⑤。他多次发出告示悬赏，奖励人民群众勇敢杀敌，号召沿海居民"群相集议，购买器械，聚合丁壮，以便自卫。如见夷人上岸滋事，一切人民各准开枪阻止"⑥。在遣赴伊犁途中，林则徐始终深切关注着东南沿海抗英战争的进展情况。败讯不断传来，林则徐在致友人信中表露出痛苦的心情，"自念一身休

---

① 黄丽镛：《魏源年谱》[M]，长沙：湖南人民出版社，1985 年版，第 228 页。

② 梁启超：《论中国学术思想变迁之大势》[M]，上海：上海古籍出版社，2001 年版，第 127 页。

③ 林则徐：《钱票无甚关碍宜重禁吃烟以杜弊源片》，见齐思和、林树惠、寿纪瑜：《鸦片战争》第二册（中国近代史资料丛刊第一种）[M]，上海：上海人民出版社，1962 年版，第 142 页。

④ 梁廷枏：《夷氛闻记》[M]，北京：中华书局，1959 年版，第 68～69 页。

⑤ 林则徐：《林则徐集·奏稿》（中册）[M]，北京：中华书局，1965 年版，第 881～882 页。

⑥ 马士：《中华帝国对外关系史》（第一卷）[M]，张汇文译，上海：上海三联书店，1957 年版，第 72 页。

咎死生，皆可置之度外，惟中原顿遭蹂躏，如火燎原”，“侧身回望，寝馈皆不能安”①。林则徐的忧国情怀感动了许多人，这也可以理解为一种特殊形式的国防忧患意识教育。在新疆的三年，林则徐通过调查，对西北边境安全形势有了真切的了解，对沙俄侵华野心有了感性的认识。他提醒时人：“予视俄国势力强大，所规划布置，志实不小……将来必为大患，是则重可忧也。”②

（二）扶危困局中洋务派的国防忧患意识教育

自鸦片战争以后中国面临亘古未有之变局，西方列强时时威胁着清朝的国家安全，夷务成了最高统治者和大臣、士人不得不面对的一个重大问题。很多人不断提醒国家安全面临的危机，绞尽脑汁思考如何对付夷人，力图让自己的想法被别人特别是最高统治者所接受。但在鸦片战争胜负已见分晓的情况下，如果仅仅停留在这一层次，比那些因循守旧的官僚士人也强不了多少。虽然感情上不愿意接受，但必须承认失败、承认落后，并勇于向西方学习，沿着这一方向选择的结果是，在中国官僚士大夫阶层中逐渐形成一个洋务派。洋务派在思想传播过程中进行的教育活动，把中国近代的国防忧患意识教育引导到一个相对务实的方向。

鸦片战争的惨败及此后在与西方列强对抗中的屡屡失利，使一部分中国人逐渐认识到西方的技术优势，他们在“师夷长技以制夷”思想的基础上，产生了将西方的经济技术变革成果移植到中国的冲动。相对于那些因循守旧、食古不化的顽固派，这些人被称为洋务派。洋务派的思想基础乃是忠君和忧国的结合。不幸的是，这两者在近代中国已不可共生，而洋务派总是试图把两者捆绑到一起，从而导致他们在国防思想的困境中徒劳地拼命挣扎，也使得他们在挣扎中走上了不同的道路：一部分人偏重于苟安妥协而落下骂名，一部分人偏重于抵抗而不得志。历史已经证明，洋务派对中国复兴道路的探索是难言成功的，留下的教训多于经验，但他们在争取思想认同过程中进行的国防忧患意识教育，仍为近代中国的国防觉醒做出了一定贡献。

以奕䜣、曾国藩、李鸿章为代表的一派是洋务派的主流派，他们兼具对外妥协与御侮的双重心态，因而他们所进行的国防忧患意识教育也充满着矛盾。

① 林则徐：《致姚春、王柏心》[A]，见黄泽德：《林则徐信稿》[M]，福州：福建人民出版社，1985年版，第5页。

② 欧阳昱：《见闻琐录后集·卷四》（同治四年刊本）。

咸丰十年（1860 年），奕䜣在奏请练兵“自强”的奏折中说：“抚议虽成，而国威未振，亟宜力图振兴，使该夷顺则可以相安，逆则可以有备，以期经久无患。”① 后来，在谈到为什么要购造轮船以求“自强”时又说：“伏思外忧内患，至今已极……而为国家谋久安之策，则防患正不可不深。”② 天京（今南京）被攻陷后，太平军余部转战福建、广东，福建巡抚徐宗幹慌乱中又奏请借师助剿。奕䜣极为恼火，上奏“请旨饬下福建、广东两省将军督抚，毋再仓皇议调洋兵，致滋流弊，贻患疆圉”③。他在屈从列强、妥协退让的同时，又认为“夷情猖獗，凡有血气者无不同声忿恨”④，刻下列强凭强凌弱，“洋人之向背，莫不以中国之强弱为衡”，倘若我能自强，器利兵精，则中外可以相安无事，否则，“我无可恃，恐难保无轻我之心”⑤，应乘镇压太平天国之机，“托名学制以剿贼，亦可不露痕迹”，“以期尽窥其中之秘”，“有事可以御侮，无事可以示威”⑥。曾国藩崛起于镇压太平天国，在与外国侵略者打交道的过程中，由主张坚决抵抗，转变为怀柔学习西方。他曾上书清廷，认为“中国目前之力断难遽启兵端，惟有委曲求全一法”⑦，教育李鸿章“驭夷之法，以羁縻为上，诚为至理名言。自宋以来，君子好痛诋和局，而轻言战争，至今清议未改此态”⑧。但他同时也认为，“驭夷之道，贵识夷情”，“款议虽成，中国岂可一日忘备”⑨。李鸿章是“求强”“求富”的洋务派重要首领，深感“内忧”“外患”交加，指出外国侵略者“阳托和好之名，阴怀吞噬之计，一国生事，诸国构煽，实为数千年来未有之变局。轮船电报之速，瞬息千里；军器机事之精，工力百倍。炮

---

① 张晓生：《中国近代战策辑要》[M]，北京：军事科学出版社，1993 年版，第 281 页。该奏折为《恭亲王奕䜣等又奏请八旗禁军训练枪炮片》，收录于贾桢等：《筹办夷务始末·咸丰朝·卷七十二》。

② 张晓生：《中国近代战策辑要》[M]，北京：军事科学出版社，1993 年版，第 291 页。该奏折为《钦命总理各国事务恭亲王奕䜣、大学士桂良、户部左侍郎文祥奏请购外国船炮以期早平内患折》，收录于贾桢等：《筹办夷务始末·咸丰朝·卷七十九》。

③ 复旦大学历史系中国近代史教研室：《中国近代对外关系史资料选辑》（上卷第一分册）[M]，上海：上海人民出版社，1977 年版，第 204 页。

④ 奕䜣、桂良、文祥：《请设总理衙门等事酌拟章程六条折》，收录于贾桢等：《筹办夷务始末·咸丰朝·卷七十一》。

⑤ 宝鋆等：《筹办夷务始末·同治朝·卷二十五》。

⑥ 中国史学会：《中国近代史资料丛刊：洋务运动》（第三册）[M] -，上海：上海人民出版社，1961 年版，第 467 页。

⑦ 李翰章编，李鸿章校，曾国藩著：《曾文正公全集·奏稿·卷二十九》。

⑧ 吴汝纶编，李鸿章著：《李文忠公全集·朋僚函稿·卷十》。

⑨ 张晓生：《中国近代战策辑要》[M]，北京：军事科学出版社，1993 年版，第 280 页。出自曾国藩：《覆俄法助战及代运南漕折》，收录于贾桢等：《筹办夷务始末·咸丰朝·卷七十一》。

弹所到，无坚不摧；水陆关隘，不足限制，又为数千年来未有之强敌!”① 李鸿章深以中国军器远逊外洋为耻，开始推动洋务运动。他指出：“中国欲自强，则莫如学习外国利器，欲学习外国利器，则莫如觅制器之器。”② 同治末、光绪初，中国出现了边疆危机，李鸿章在《筹议海防折》中分析了这一危险形势，并向清廷提出建设新式海军的建议，指出“非有铁甲船数只，认真操练，不足以控制重洋”③。李鸿章认为，“求富”才能促进“求强”，提倡大力兴办近代民用、军用工业。但是，李鸿章一方面宣扬军火生产“为今日御侮之资”，筹办海军“大半为制驭日本起见”④，一方面又宣称“制中土则有余，御外侮则不足”⑤，“以剿内寇尚属可用，以御外患实未可信”⑥；一方面准备与来犯之敌交战，一方面又散布不能“自我开衅”，要等到对方“万分无礼相加时”，才不得已与之一战。这种自相矛盾的心理和宣传教育，不仅使他本人在和战问题上总是进退失据，也扰乱了决策者、军队和普通民众的国防心理，这是当时几乎每战必败的一个重要原因，也使他声称的“御侮”成了空谈和笑话。

以左宗棠为代表的另一批洋务派人士，在对内忧外患的认识上与李鸿章等人并没有太大差别，他们之间的主要差异在于，左宗棠等人具有更为强烈的变革意识和抗争意识，提升国人国防忧患意识的愿望也远为强烈且紧迫。左宗棠对林则徐这样的民族英雄“心神依倚，惘惘相随”⑦，主张必须对琦善这样“以奸谋误国，贻祸边疆”的罪魁祸首“驰使封剑，斩首军前”，“以壮三军之气，而寒彼族之胆”⑧。左宗棠深受魏源《海国图志》影响，极力主张仿造西洋轮船，并形象地把当时的海上情形比喻为“人操舟而我结筏”“人跨骏而我骑驴”。他主持创办福州船政局，特别强调“御侮”“自造”。他上书清廷，指出：“自海上用兵以来，泰西各国火轮兵船直达天津，藩篱竟成虚设”⑨，自造轮船，正是为了改变这种状况。此后，他又反复重申，英、法、俄、德等国“各以船炮互

---

① 吴汝纶编，李鸿章著：《李文忠公全集·奏稿·卷二十四·筹议海防折》。

② 吴汝纶编，李鸿章著：《李文忠公全集·朋僚函稿·卷一》。

③ 吴汝纶编，李鸿章著：《李文忠公全集·奏稿·卷三十一》。

④ 中国史学会：《中国近代史料丛刊：洋务运动》（第二册）[M]，上海：上海人民出版社，1961年版，第49页。

⑤ 吴汝纶编，李鸿章著：《李文忠公全集·朋僚函稿·卷十二·复李雨亭制军》。

⑥ 吴汝纶编，李鸿章著：《李文忠公全集·奏稿·卷二十四·筹议海防折》。

⑦ 杨书霖编，左宗棠著：《左文襄公全集·书牍·卷一·致贺蔗农先生》。

⑧ 杨书霖编，左宗棠著：《左文襄公全集·年谱·卷一》。

⑨ 杨书霖编，左宗棠著：《左文襄公全集·书牍·卷八》。

相矜耀，日竞鲸吞蚕食之谋，乘虚蹈瑕，无所不至”，因此，“非师远人之长还以治之不可”①，且中国自己造船，是“欲得其造船之法，为中国永远之利，并可兴别项之利”，“非如雇买轮船之徒取济一时可比”②。左宗棠晚年，清廷出现新疆危机，他虽年逾花甲，仍坚定地表示：“今既有此变，西顾正殷，断难遽萌退志，当与此虏周旋!”③ 此时，东南沿海同时告急，李鸿章等人提出放弃新疆，移西征之饷作为东南海防之用，一时间引起了“海防”“塞防”之争。左宗棠慷慨陈词，坚决反对放弃新疆，指出“若此时而拟停兵节饷，自撤藩篱，则我退寸而寇进尺，不独陇右堪虞，即北路科布多、乌里雅苏台等处恐亦未能晏然”④，并提出“东则海防，西则塞防，二者并重”。左宗棠的观点影响了当时相当一部分人的立场，也使清廷坚定了收复新疆的决心。特别是他抬棺西行，在中俄交涉中提出，“武事不竞之秋，有割地求和者矣。兹一矢未加，遽捐要地，此界务之不可许者也”，“臣维俄人包藏祸心，妄忖吾国或厌用兵，遂以全权之使臣牵制疆臣。为今之计，当先之以议论，委婉而用机，次决之以战阵，坚忍而求胜”⑤，极大地影响了一向软弱的清廷在外交谈判中的立场。

晚清时期，清朝统治者在外国侵略者面前表现得越来越无能，日益失去对国家的控制力，并且越来越只注重维护皇室和皇亲贵族的利益，已经无法主持有组织的国防忧患意识教育。洋务派在向西方学习的过程中，开设了一系列的外国语学堂、技术学堂和军事学堂，派遣大批留学生赴西方学习军事，并且开始编练新军。但是，新式学堂和新军一开始即具有私人性质，最终形成各个派系，互不服气，互相倾轧，且各以不同国家洋人为师，与不同的帝国主义国家形成主从关系，从而促成由各帝国主义国家支持的军阀混战的局面，根本无从开展统一的国防忧患意识教育。在清王朝越来越不能维护和代表中国国防利益的情况下，中国社会的先进分子在忠君和爱国的矛盾中挣扎前行，从维新走向革命。许多资产阶级民主主义革命者出自留学归国人员，辛亥革命由新军首义，也算是洋务派为近代中国做出的有违其初衷的贡献。

---

① 杨书霖编，左宗棠著：《左文襄公全集·奏稿·卷十八》。

② 高时良：《中国近代教育史资料汇编：洋务运动》[M]，上海：上海教育出版社，1992 年版，第 285 页。

③ 杨书霖编，左宗棠著：《左文襄公全集·书牍·卷十一》。

④ 杨书霖编，左宗棠著：《左文襄公全集·奏稿·卷四十六》。

⑤ 赵尔巽、柯劭忞、缪荃孙等：《清史稿·卷四百十二·列传一百九十九·左宗棠》。

二、政治变革主张下的国防忧患意识教育

洋务运动未能拯救奄奄一息的大清王朝，甲午战争的惨败标志着洋务运动的彻底失败，也促使中国的有识之士进一步对鸦片战争以来的中国历史以至整个中国历史进行反思。随之而来的帝国主义瓜分中国的狂潮，又进一步加重了中国有识之士的危机意识，从而使扶危转变为救亡。救亡运动的两大主力——维新派和革命派都具有强烈的政治变革意识，并且分别提出了改良和革命的政治变革思想。而无论是改良还是革命，要想让当时愚昧落后且麻木不仁的中国社会接受，其逻辑起点都是中国面临的帝国主义鲸吞或瓜分的危机。所以，维新派和革命派不约而同地以外患的警急和瓜分的危机作为立论的根据和行动的出发点，非常重视国防忧患意识教育。

（一）服务变法图强的维新派国防忧患意识教育

早在中法战争时期，维新派的代表人物康有为便"感国难，哀民生"①，俯读仰思，"日日以救世为心，刻刻以救世为事"②。甲午战争后，变法图强的主张迅速发展为一个有相当声势的政治运动——维新运动。同洋务派一样，维新派属于那个时代积极关注国防忧患的一批人，他们的思想产生于西方列强侵略带给中国的全面危机，并且已经从主张技术变革发展到主张政治变革。维新派深知，要使自己的主张获得支持，必须唤起大众的国防忧患意识。因此，维新派组织社会政治团体，用各种方式制造舆论。

早在"百日维新"以前，维新运动的领军人物康有为多次上书光绪帝，其书文当时都刊印流行，事实上也成了他向公众的宣言。1895 年，康有为在北京组织强学会，大声疾呼："俄北瞰，英西睒，法南瞵，日东眈，处四强邻之中而为中国，岌岌哉"，"海水沸腾，耳中梦中，炮声隆隆，凡百君子，岂能无沦胥非类之悲乎"。③ 1898 年 4 月，康有为在保国会成立大会上发表演讲，指出：

---

① 康有为：《大同书》[M]，上海：中华书局，1935 年版，第 1 页。

② 康有为：《康南海自编年谱》，见中国史学会：《中国近代史资料丛刊：戊戌变法》（第四册）[M]，上海：神州国光社，1953 年版，第 118 页。

③ 中国史学会：《中国近代史资料丛刊：戊戌变法》（第四册）[M]，上海：神州国光社，1953 年版，第 384、385 页。

“吾中国四万万人，无贵无贱，当今日在覆屋之下，漏舟之中，薪火之上，如笼中之鸟，釜底之鱼，牢中之囚，为奴隶，为牛马，为犬羊，听人驱使，听人宰割，此四千年中二十朝未有之奇变。加以圣教式微，种族沦亡，奇惨大痛，真有不能言者也。”① 他以奋起救亡号召会众：“故今日之会，欲救亡无他法，但激励其心力，增长其心力……果能合四万万人，人人热愤，则无不可为者，奚患于不能救!”② 当时，帝国主义瓜分中国的阴谋道路相传，亡国的大祸使人忧心如焚，维新派打出救亡的旗帜，唤起了民众的爱国热情，因而使他们发动的政治改良运动获得了比较广泛的支持。

与洋务派不同的是，维新派十分重视创办报纸宣传自己的主张，诉诸社会、诉诸媒体传播他们的思想，以广泛地影响群众，左右舆论。梁启超认为：“觇国之强弱，则于其通塞而已……去塞求通，厥道非一，而报馆其导端也。”③ 严复为《国闻报》作缘起说：“阅兹报者，观于一国之事，则足以通上下之情；观于各国之事，则足以通中外之情……积一人之智力以为一群之智力，而吾之群强……取各国之政教以为一国之政教，而吾之国强。”④ 他们先后创办了《中外纪闻》《强学报》《时务报》《知新报》等舆论机关，大声疾呼，痛切申述国家已处于危亡的状况。

维新派的核心政治主张虽然是变法，但为最大限度争取各层各界的支持，在策略上一直将救亡作为宣传教育的主题。保国会成立时，康有为在大会上的演说以及保国会的章程，主要是以救亡相号召，虽然提到变法，也并没有作为重点。康有为的上皇帝书中，救亡几乎成了变法的全部目的。参加和响应保国会的一些人并不完全赞同维新派的变法主张，却被维新派提出的救亡口号所打动。但维新派在救亡问题上陷入了“忠君”与“爱国”不能两全，保国与祸国无法分明的困境⑤。他们一方面说亡国也没有关系，一方面又提出保国的口号。他们要保国，却又对侵略中国的帝国主义国家抱有幻想，甚至提出了“内外蒙

---

① 中国史学会：《中国近代史资料丛刊：戊戌变法》（第四册）[M]，上海：神州国光社，1953 年版，第 407 页。

② 汤志钧：《康有为政论集》[M]，北京：中华书局，2000 年版，第 241 页。

③ 梁启超：《论报馆有益于国事》，见中国史学会：《中国近代史资料丛刊：戊戌变法》（第四册）[M]，上海：神州国光社，1953 年版，第 521 页。

④ 严复：《严畿道诗文钞》（卷之四）[M]，上海：国华书局，1922 年（民国十一年）版，第 17 页。

⑤ 御史文悌上书弹劾他们“保中国不保大清”，张之洞也以“皮之不存，毛将安附”相斥。

古、新疆、西藏、青海，大而寒瘠，毫无利于中国”，不如拿来“分卖”给英、俄二国，卖地得款，除偿还对日本的战争赔款外，“所余尚多，可供变法之用矣”① 这样的谬论。

维新派在兴办新式学堂时已经改变了洋务派让学生单纯学习技术的做法，开始注重思想意识的培养。这些新式学堂在传播改良思想的同时，也对国防忧患意识的传播做出了贡献，其中影响最大的是“万木草堂”和“时务学堂”。

（二）聚力缔造共和的革命派国防忧患意识教育

革命党人选择了与维新派不同的救国道路，主张推翻满清帝制，建立资产阶级民主共和国。资产阶级革命派一直主张革命与教育并行，倡行革命教育，用革命的教育来动员群众同情和支持革命活动。同维新派一样，革命党人不仅认识到中国面临空前的生存危机，而且认识到必须以教育激起国人的危机感，促使国人接受革命派的政治主张。孙中山在起草兴中会章程时指出：“中国积弱，非一日矣！上则因循苟且，粉饰虚张；下则蒙昧无知，鲜能远虑。近之辱国丧师，翦藩压境，堂堂华夏不齿于邻邦，文物冠裳被轻于异族……夫以四百兆苍生之众，数万里土地之饶，固可发奋为雄，无敌于天下。乃以庸奴误国，涂（荼）毒苍生，一蹶不兴，如斯之极。方今强邻环列，虎视鹰瞵，久垂涎于中华五金之富、物产之饶。蚕食鲸吞，已效尤于接踵；瓜分豆剖，实堪虑于目前。”② 1904 年，孙中山又提出：“天下列强高倡帝国主义，莫不以开疆辟土为心，五洲土地已尽为白种所并吞。今所存者，仅亚东之日本与清国耳。而清国世人已目之为病夫矣，其国势积弱，疆宇日蹙。”③ 辛亥革命后，孙中山仍然提醒国人，虽然“共和告成”，但“外侮环伺”“国势濒危”，日人、俄人、英人和法人，都“思为瓜分”中国，“危险之状，纷至沓来”“瓜分之祸危在眉睫”④。其他资产阶级革命家如黄兴、秋瑾等也都在从事革命活动特别是宣传革命主张过程中十分注重进行国防忧患意识教育。与此同时，在中国知识界和青年学生

---

① 谭嗣同：《报贝元征》，见《谭嗣同全集》[M]，北京：三联书店，1954 年版，第 406 页。

② 广东省社会科学院历史研究室，中国社科院近代史研究所中华民国研究室，中山大学历史系孙中山研究室：《孙中山全集》（第一卷）[M]，北京：中华书局，1981 年版，第 19 页。

③ 广东省社会科学院历史研究室，中国社科院近代史研究所中华民国研究室，中山大学历史系孙中山研究室：《孙中山全集》（第一卷）[M]，北京：中华书局，1981 年版，第 260 页。

④ 广东省社会科学院历史研究室，中国社科院近代史研究所中华民国研究室，中山大学历史系孙中山研究室：《孙中山全集》（第二卷）[M]，北京：中华书局，1982 年版，第 428、470 页。

特别是海外留学生中，也涌现出一批具有资产阶级民主主义思想、拥护革命主张的著名人物。他们或通过兴办教育，或通过出版报纸、书籍宣传革命主张，进行国防忧患意识教育，其中影响最大的当属邹容和陈天华。邹容所著《革命军》风行国内和海外华侨中，销售达 110 万册，对鼓动清末革命高潮产生了难以估量的作用。在《革命军》中，邹容历数清朝统治者对内暴戾恣肆、荼毒人民，对外卖国求荣、引狼入室的苛政罪行，阐明中国已处于"内受满洲之压制，外受列强之驱迫"的危险境地，将要落入"十年灭国，百年灭种"的万劫不复深渊，当务之急在于"欲御外侮，先清内患"①。日俄战争时，留日学生陈天华表示，要让国人都了解国家面临的空前惨剧，从沉睡中醒来，共赴国难，决不能让可爱的祖国任人宰割，并书写《敬告湖南人》血书，分别寄给湖南的各个学校。他用老百姓都能接受的大众化语言，用群众喜闻乐见的民间弹唱形式写下《猛回头》《警世钟》，引起了很大的反响。少年毛泽东正是在读了《警世钟》后，才"开始意识到国家兴亡，匹夫有责"的。《警世钟》一连被刊印了十几次，湖南一些进步学校还把《猛回头》当作学生课本，有人甚至把它排成节目，谱上曲子，到处演唱。

为了"拯斯民于水火""扶大厦于将倾""拯救祖国于危亡"，革命党人致力于教育改革，兴办新式学堂，以宣传革命思想为目的，在新式学堂中进行国防忧患意识教育。② 革命党人希望通过各类新式学堂对国民进行基础教育、普及教育、社会教育和军事教育，以达到建立共和、重振国家的目的。孙中山认为："根本救国，端在唤醒国民"③，而要唤醒国民，就要努力开发教育宣传革命、组织群众的社会功能④，"以学堂为鼓吹之地"⑤。

革命党人也很注意通过社会教育进行救亡和革命宣传。革命党人认为，"中

---

① 张枬、王忍之：《辛亥革命前十年时论选集》（第一卷）[M]，北京：三联书店，1960 年版，第 58～60 页。

② 孙中山在回顾自己早期革命活动时曾指出："国势危急，岌岌不可终日。有志之士，多起救国之思，而革命风潮自此萌芽矣。时适各省派留学生至日本之初，而赴东求学之士，类多头脑新洁，志气不凡，对于革命理想感受极速，转瞬成为风气。故其时东京留学界之思想言论，皆集中于革命问题。"见《孙中山选集》（第二卷）[M]，北京：人民出版社，1956 年版，第 174 页。

③ 孙文：《复黄玉田函》（1919 年 9 月 21 日），见《孙中山全集》（第五卷）[M]，北京：中华书局，1985 年版，第 116 页。

④ 孙中山认为："此次革命成功，多赖学界之力。"孙文：《在北京湖广会馆学界欢迎会的演说》，见《孙中山全集》（第二卷）[M]，北京：中华书局，1985 年版，第 422～424 页。

⑤ 中国史学会：《中国近代史资料丛刊：辛亥革命》（第一册）[M]，上海：上海人民出版社，1957 年版，第 3114 页。

等社会”是革命事业的“前列”，“下等社会”是革命事业的“中坚”。要通过演讲和文字宣传等方式，实施对下等社会的教育；与秘密社会为伍，转移其旧思想而注以新思想，转移其旧手段而给以新手段；与劳动社会为伍，改革其旧智识而注以新智识，变易其旧习惯而注以新习惯；与军人社会为伍，破坏其旧势力而耸动以新势力，排斥其旧事功而歆羡之以新事功。为此，革命党人组织了一系列革命团体，如兴中会、华兴会、光复会、同盟会等，进行革命宣传活动；联络秘密会社和新军，以壮大自己，瓦解敌人；印行革命书刊报纸，传播救亡和革命思想。

三、困厄的民国时期国防忧患意识教育

民国建立初期，中国很快陷入军阀割据混战的局面。面对积弱、混乱的中国，日本帝国主义侵略野心日益膨胀，对中国国防安全构成严重威胁，直至从蚕食变鲸吞，发动全面侵华战争，欲将中华民族推入亡国灭种万劫不复的深渊。所以，从民国初期一直到抗战胜利，救亡图存始终是中国人民最迫切最重大的任务之一。这一时期，西方教育思想与中国当时的危亡局势相结合，产生了教育救国、军国民教育、国家主义等对国防忧患意识教育有着重大影响的教育思潮。受巴黎和会和日本对中国蚕食鲸吞的刺激，产生了两次国防忧患意识教育高潮。随着近代化教育体系的完善，国民政府开始在学校中推行国防教育。面对国防安全的危局，在爱国党派和各阶层人民的推动下，国防忧患意识一度成为国防教育的重要内容。

（一）各种教育思想的国防忧患意识教育主张

鸦片战争以后，中国社会始终处于一种剧烈变动的历史过程中。1911 年爆发的辛亥革命，使在中国延续了两千多年的封建专制政体轰然倒塌。1919 年前后，新文化运动及五四运动带来的思想解放潮流激浪排空，以前所未有的深度和广度冲刷着旧制度、旧思想的污泥浊水，一批先进的中国知识分子怀着强烈的民族危机感和爱国热情，主动向西方学习，引入大量的社会新思潮，期望能够挽狂澜于既倒，扶大厦之将倾。

教育救国论作为当时一种重要的社会思潮，在中国近代史上产生过广泛且深远的影响。教育救国思潮萌芽于洋务运动时期，至 20 世纪二三十年代才趋于

衰落。教育救国论是民族危机和忧患意识的共同产物，认为近代中国之所以贫弱落后不能发达，之所以饱受外国侵略欺凌，根本原因是人才不足，也就是教育不发达、不普及，不注重培养人才。因此，要想挽救民族的危亡，实现国家的独立富强，就必须将改革和发展教育作为国家强弱的指针、救亡图存的要律，而教育救国得以贯彻的前提则是进行国防忧患意识教育，使国人"深知国势日绌，国难严重，欲振兴中国非从兴学与储才两方面着手不可"①。

军国民教育思潮发端于清末，到 1919 年前后走向衰落。在此期间，清政府、北洋系民国政府及社会各界都曾大力提倡，并通过报刊、社团进行宣传鼓动，在学校教育中具体落实。孙中山、梁启超、蔡锷、蒋方震、蔡元培等近代著名政治家、军事家、思想家和教育家均曾是军国民教育的积极倡导者。军国民教育思潮批判传统柔性文化，提倡尚武精神，强调增强国民体质，认为"二千年之腐习败气，深入于国民之脑，遂使群国之人，奄奄如病夫，冉冉如弱女，温温如菩萨，戢戢如驯羊"②，"中国既无青年之人，乌复有青年之国家哉？……以腐坏不堪之奴隶，战彼勇悍不羁之国民，乌见其不败耶"③，"立国者苟无尚武之国民、铁血之主义，则虽有文明，虽有智识，虽有众民，虽有广土，必无自立于竞争剧烈之舞台"④。军国民教育思潮主张在学校中实施军事教育，教授军事知识，在社会上加强军事教育和军事训练，使学生和普通民众具有军人品德和能力，以寓兵于民。军国民教育在一定程度上强化了国民的国防忧患意识，改变了国民重文轻武、以当兵习武为耻的观念。军国民教育促使近代体育走向中国社会，唤起了人们的国家意识，增强了民众的爱国情感，使近代国防观念进一步深入人心，促进了国防近代化。

国家主义教育思潮兴起于 20 世纪，其目的是"对内在于保持国家安宁和谋求国家进步，对外在于抵抗侵略，延存国脉"⑤。国家主义教育思潮的基本观点是：围绕国家这一中心，按照国家的需要并符合国家的共同利益和要求实施教育；通过教育培养国民共同的民族意识、民族精神，内除国贼，外御侵略，从而稳定社会秩序，维护国家统一，绵延民族生命，进而振兴国家。国家主义教

---

① 朱有瓛：《中国近代学制史料：第一辑》（下册）[M]，上海：华东师范大学出版社，1983 年版，第 259 页。

② 梁启超：《饮冰室文集》（第四集）[M]，昆明：云南教育出版社，2001 年版，第 618 页。

③ 曾业英：《蔡松坡集》[M]，上海：上海人民出版社，1984 年版，第 19 页。

④ 梁启超：《饮冰室文集》（第一集）[M]，昆明：云南教育出版社，2001 年版，第 615 页。

⑤ 孙培青：《中国教育史》[M]，上海：华东师范大学出版社，2000 年版，第 391 页。

育思潮的主要代表人物多为从欧美归来的留学生，如曾琦、左舜生、李璜、余家菊等。当时，中国虽为第一次世界大战的战胜国，但帝国主义特别是日本帝国主义却进逼更甚，国势危殆。曾琦提出要“研究倭寇对我的野心，以便唤醒国人，早为之备”①。余家菊认为，虽然倡导世界大同是中华民族和平天性和胸襟大度的表现，然而中国今日为列强侵占，处积弱之余独立尚难保存，而一个不能自立之民族，实无讲大同主义之余地。总之，先使中国独立、强大了，再来讲世界主义的教育也不迟，否则，再不振作民气以培养爱国精神，恐怕几千年文化血脉的延续就要从此断绝了。

（二）五四运动至全面抗战前夕的国防忧患意识教育

五四运动是20世纪初期在中国大地发生的一场轰轰烈烈的反帝爱国运动，也是在中国历史上首次由具有先进思想的知识分子特别是爱国学生发起的国防忧患意识教育运动。五四运动爆发前，新文化运动的倡导者怀着强烈的民族危机意识，对日本侵华的步步加深和国内政治的黑暗忧心忡忡，竭力对国民进行主权意识、独立意识和国防忧患意识教育，以图唤醒国民，实现救亡图存。在国家深处内忧外患的不堪背景下，爱国知识分子和青年学生救国激情逐渐高涨，俄国十月革命的胜利进一步坚定了他们寻找民族独立道路的决心和勇气，从而使这场运动充满忧患与悲情，充满信心与活力，使这场教育运动充满了近代的政治意识和昂扬的民族精神。他们认为：“只要人人心中有爱国之思想，人人目中有爱国之观念，然后扑者起，废者兴，死者生，亡者存。”② 当山东问题成为中日外交的主要争端时，当中国的正义要求在巴黎和会上得不到实现时，爱国知识分子和青年学生们振臂云集，高呼“外争国权，内惩国贼”“取消二十一条”“还我青岛”等口号，指出“夫日本，虎狼也”“山东亡，是中国亡矣”，表示“岂能目睹此强暴之欺凌我、压迫我、奴隶我、牛马我，而不作万死一生之呼救乎”“不得之，毋宁死”。这些饱含民族感情的宣传教育，冲破了北洋政府的极力压制和残酷镇压，搭建起了先进知识分子和普通民众沟通联合的桥梁，使五四运动迅速发展成为一场全国性的群众爱国运动，国防忧患意识也进一步传导到下层民众，为中国的新民主主义革命注入了强大的精神动力。

---

① 实藤惠秀：《中国人留学日本史》[M]，谭汝谦、林启彦译，上海：上海三联书店，1983年版，第425页。

② 陶绪：《晚清民族主义思潮》[M]，北京：人民教育出版社，1995年版，第12页。

20世纪30年代初，日本帝国主义加快了侵略中国的步伐，从九一八事变到华北事变，国土被侵占，资源被掠夺，主权被侵犯，人民被屠杀，中华民族面临着亡国灭种的危机，中国社会各阶层人民掀起了轰轰烈烈的抗日救亡运动，推动国防忧患意识教育进入一个新的高潮，促进了全民国防忧患意识和抗战意识的进一步觉醒，也促使国民政府逐渐改变了对日妥协政策。九一八事变后，东北人民首先高举抗日旗帜，自发组织抗日武装，反抗日本的野蛮侵略和武装占领。流亡到北平（今北京）的东北爱国人士和东北籍学生纷纷组织民众抗日救国会、东北学生抗日会，在关内奔走呼号，组织收复东北的抗日斗争。相当一部分爱国的东北军官兵，拒不执行国民政府和东北当局的不抵抗命令，奋起抵抗，浴血奋战，沉重打击了日本侵略者的嚣张气焰。中共中央和中华苏维埃共和国临时政府多次发表宣言，公开主张抗日救国。全国各地、各阶层也积极行动起来，群众性的抗日救亡运动很快在许多城市和乡村兴起。工农商学兵各界民众团体和知名人士纷纷发表通电，抗议日军暴行，要求国民政府抗日。一时间，上海、南京、天津、北平、青岛、重庆等全国许多城市的知识分子、工商业者、工人和其他各界群众纷纷举办各种集会，开展抵制日货活动。许多地方的学生由分别向当地政府请愿发展到派出代表或自行结队汇集到南京向国民党中央请愿。由青年学生发起的“一二·九”运动更是标志着抗日救亡已成为当时中国政治发展的主流。中国工商界、文化界在积极投身抗日救亡运动的过程中，结成了许多新的爱国民主政治团体。全国上下的爱国热潮和积极行动，感染和教育了更多民众，也争取了国民党阵营中的爱国分子和军队中的爱国官兵，一些官兵冲破蒋介石的不抵抗主义，奋起抗战。

（三）国民政府抗战动员中的国防忧患意识教育

面对日本侵略者的步步紧逼，中国不得不进行与之决一死战的准备，开始着手全面抗战的动员工作。国民政府的抗战动员在全面抗战爆发前主要是进行全面抗战的必要准备，包括精神准备即抗战教育，国防忧患意识教育是抗战教育的一项重要内容。全面抗战爆发后，国防忧患意识教育在抗战教育及中国社会形成的抗战文化中所占的分量空前提高。

全面抗战爆发前，国民政府的对日战略和外交政策，既出于国家、民族情感，又掺杂着政党私利，在奋起反抗和妥协退让的纠结中，国防忧患意识教育在思想和行动上严重脱节，一方面希望通过抗战精神动员和新生活运动振奋民族的精神，鼓起抗战的勇气，一方面又极力压制各界的抗战诉求和群众性抗战运动。九一八事变后，蒋介石等国民党要员认为，客观现实决定了中国要抵抗日本，进行长期抗战，必须在政治、经济、国防、思想文化和国民精神等方面进行充分的准备。鉴于中日两国国力和军力的巨大差距，将来的对日作战，只有拿卓越的精神来补助物质的不足，精神就是战胜敌人最重要的条件。国民政府强调，教育是国民精神建设的主要方法。为了掩饰对日外交的不力，并为不抵抗政策寻找借口，蒋介石甚至将国民精神教育的作用推向极端，宣扬在一个国家被人侵略，贫弱到不能用武力，或武力已经用完的时候，要复兴国家和民族，唯一的方法就是要以教育代替武力，以教育的力量来复兴民族。在新生活运动中，国民政府也强调利用社会教育的方式进行国民精神建设。1931 年的《改进党义教育之实施方法案》提出，“历史、地理之书籍，应渗入以民族独立运动之精神；如日本为我国不共戴天之深仇，应卧薪尝胆以雪耻”。1932 年 3 月 5 日，国民党“四届二中全会”通过的《国难期间临时党务工作纲要案》提出，“对内利用原有一切宣传工具，扩大其宣传。对于民众以唤起民族意识，复兴民族精神，御侮自卫，共赴国难为主旨”。国民党“四届三中全会”还通过了关于教育的决议案，要求发扬民族精神，灌输民族思想，以恢复中国人民的民族自信力，从而达到中华民族独立自由平等之目的。

全面抗战爆发后，从 1937 年 7 月卢沟桥事变到 1938 年 10 月广州、武汉失守前的一年多时间里，面对日寇的侵略，国民政府在抗战和发动群众方面还是比较积极的，国防忧患意识教育得以借势受到空前重视。1937 年 7 月 17 日，蒋介石发表了著名的“庐山谈话”，首次明确表示：“我们知道全国应战以后之局势，就只有牺牲到底，无丝毫侥幸求免之理。如果战端一开，那就是地无分南北，年无分老幼，无论何人，皆有守土抗战之责任，皆应抱定牺牲一切之决心。”① 8 月 13 日，日寇大举进攻上海。次日，国民政府发表抗战声明，宣布“中国决不放弃领土之任何部分，遇有侵略，唯有实行天赋之自卫权以应之”②。国民政府还大张旗鼓地开展了“国民精神总动员运动”，成立国民精神总动员委员会。国民党中央颁布了《国民精神总动员纲领》《国民公约誓词》，发表了《为实施国民精神总动员告全国同胞书》，对国民精神总动员的宗旨、方法和推

① 龚古今、唐培吉：《中国抗日战争史稿》（上册）[M]，武汉：湖北人民出版社，1983 年版，第 76 页。

② 王维礼：《中国现代史》[M]，沈阳：辽宁人民出版社，1984 年版，第 410 页。

行步骤做了具体规定，并通令全国前方后方及游击区全体官兵和民众一律实行。《国民精神总动员纲领》提出了国民精神动员的三大目标，即“国家至上，民族至上；军事第一，胜利第一；意志集中，力量集中”，认为实现上述三大目标，国民必须具有共同的心理取向，即要有统一的“救国之道德”“树立建国之信仰”和“进行精神之改造”①。虽然国民党在“国民精神总动员”中掺杂了不少私利私货，但这一运动在客观上起到了一定的振奋民族精神和鼓舞抗战士气、坚定抗战信心的作用。随着抗日战争进入相持阶段，国民党的抗战政策和动员政策发生了重大变化，其国防忧患意识教育的色彩迅速淡化。

（四）国民政府时期的学校国防忧患意识教育

南京国民政府建立后，在形式上结束了军阀割据、四分五裂的局面，学校教育有了一个相对稳定的环境。面对危难的国势，特别是日本帝国主义的虎视眈眈和步步蚕食，学校国防教育特别是国防忧患意识教育得以引起教育部门的重视。

1928年济南惨案发生时，适逢第一次全国教育会议在南京召开。5月10日，缪序宾等电告国民政府：“此次日本出兵济南，惨杀同胞，悍然不顾公理，甘冒天下之大不韪，不惜破坏东亚和平之大局，以逞其军阀蛮横之野心，实行帝国主义侵略之政策，盖其处心积虑由来已久，非一朝一夕矣”，“惜我国人昧于识见，犹做其和平之梦，一方讥日本为騃夫，一方又毫无预备”，“今者国难已至，正我国民卧薪尝胆之日，亡羊补牢，未可云晚。拟恳钧委员会议交大学院通令全国所属各中等以上学校于最短期间一律增加兵操及军事训练一科”。②时任大学院院长蔡元培复函：“查敝院前以外侮日亟、非尚武不足以救国，经饬令全国专门以上学校加授军事教育，中等以下学校特别注重体育在案。此次全国教育会议，亦经议定实施军事训练具体方案，至详细办法一俟妥订后，即可通令实行。”③ 后会议一致通过《学校应实施军事训练案》，国民政府据此拟订了《中等以上学校军事教育方案》《军事教育程度表》和《教授训练要目表》，

① 《国民精神总动员纲领》[N]，《新华日报》，1939年3月12日。

② 中国第二历史档案馆：《中华民国史档案资料汇编》（第五辑）[M]，南京：江苏古籍出版社，1991年版，第1239页。

③ 中国第二历史档案馆：《中华民国史档案资料汇编》（第五辑）[M]，南京：江苏古籍出版社，1991年版，第1239～1240页。

提交大学院讨论修正后颁布全国。1929 年，教育部与训练总监部会定《修正高中以上学校军事教育方案》，明确规定："军事教育之目的在锻炼学生心身涵养……提高国民献身殉国之精神，以增进国防之能力。"1931 年，教育部下发《要求各校每周课外讲演日本侵略中国史令》，规定"各级学校应加授日本帝国主义侵略中国史，或停课一周，改讲国耻之起因现状及国人应有之对策，日本帝国主义者对我横加侵略，欲雪奇耻，自非从教育入手不为功，惟各级学校课程及授课时间均有规定，若中途增加课程实有不便。为应目前需要起见，于课外另加临时讲演，专讲日本帝国主义侵略中国史"①。九一八事变后，教育部颁布了《学生义勇军教育纲领》，指出："日本在数十年来肆行横暴……夺我台湾，占我澎湖，更逞野心侵我东土……出兵辽宁，略城数十，占地千里，残酷暴虐亘古罕闻，此不仅为国家之奇辱，实为民族生死存亡之关键，我国民当此危局，务须人人奋发，一心同体，坚救国之志气，下雪耻之决心，而国家基础、民族生命所寄之青年，其责任尤为重大，必有强固之团结，切实之训练，继续不断之努力，而后能达雪耻救国之目的。兹特制定义勇军教育纲领九条，颁行全国，所望全体教员学生，痛自淬厉，立卧薪尝胆之决心，作举国同仇团结，切实努力，继续奋斗，国脉民命所托在此矣。"② 国民党中央训练部也认为，学生训练应了解世界大势及我国家民族在国际上所处之地位，也应明白其本身将来对于国家民族所负的责任。

在全面抗战准备阶段和抗战初期，国民政府认为教育应兼顾眼前的需要和长远的发展，仅仅考虑到战时的需要而完全打破原有教育的系统，甚至让所有的教师和学生都去当兵打仗，是得不偿失的，并未打算从青年学生中大规模抽调兵员。但是，随着正面战场的节节失利，兵员严重缺乏，国民政府不得不将学校的军训学生作为战时兵员的重要来源之一，学校国防教育也就更加强调国防忧患意识教育，以激励学生的民族自尊心、爱国思想和从军热情。国民政府主张通过学校开设的具体课程，特别是通过历史和地理课程教学，来达到这一目的。蒋介石还亲自出面，强调开设历史和地理课程的意义，要求学生加强对历史和地理知识的学习。

---

① 中国第二历史档案馆：《中华民国史档案资料汇编》（第五辑）[M]，南京：江苏古籍出版社，1991 年版，第 1267 页。

② 中国第二历史档案馆：《中华民国史档案资料汇编》（第五辑）[M]，南京：江苏古籍出版社，1991 年版，第 1267 页。

在民族危亡时刻，国民政府在学校中推行的国防忧患意识教育，不管是出于何种目的，主动也好，被动也罢，在客观上对提升青年学生的民族危机意识和爱国热情还是起到了积极的作用。全面抗战中，国统区有许多青年学生积极投身于抗战的洪流，为抗战奔走呼号，参军入伍或以各种方式参加反对日本侵略的斗争。但是，由于国民党军政当局借国防教育控制学生的意图非常明显，尤其是试图把精神教育变成党化教育，因而引起学生的怀疑和反感，很多受训的学生逐渐失去了军训的兴趣，“畏忌厌恶之象处处都不可掩”①。对此，中共中央机关杂志《解放》一针见血地指出：主办军训的当局“并不是为着抗日战争的准备而来办理军事训练，而是抱着纠正青年‘偏激思想’的目的而进行的，这种结果，把抗日军事教育的集中军训变成为变相的纳粹式的‘短期集中营’”。“以这样的目的办理集中军训怎能满足热情准备全力报国的青年同学们呢?”②

四、中国共产党领导的国防忧患意识教育

中国共产党是中国工人阶级的先锋队，是中国社会先进生产力的代表。自成立之日起，中国共产党就深刻认识到，实现中华民族伟大复兴，必须推翻压在中国人民头上的帝国主义、封建主义、官僚资本主义三座大山，实现民族独立、人民解放、国家统一和社会稳定，始终把反抗外来侵略、捍卫国家主权独立和领土完整作为自己的一项伟大历史使命。近百年来，无论是弱小还是强大，无论是顺境还是逆境，中国共产党都初心不改、矢志不渝，团结带领人民历经千难万险，付出巨大牺牲，敢于面对曲折，勇于修正错误，攻克了一个又一个看似不可攻克的难关，创造了一个又一个彪炳史册的人间奇迹。在反侵略战争中，中国共产党放手发动群众，实行人民战争，成为民族独立解放的中流砥柱，在国家建设发展的征程中，中国共产党坚持全民国防，加强国防教育，为实现中国梦强军梦凝聚了强大力量，国防忧患意识教育在这一过程中受到了空前重视，发挥了重要作用。

---

① 《教育杂志》第25卷1号，1936年1月10日，第35页。

② 《解放》第1卷第4期，1937年5月24日，第2页。

（一）争取民族独立和人民解放中的国防忧患意识教育

鸦片战争以后，中国人民经历了战乱频仍、山河破碎、民不聊生的深重苦难。为了民族复兴，中国共产党毅然高举起反帝爱国的大旗。第一次国共合作时期，中国共产党主要是通过参与国民政府，利用社会宣传和学校教育开展国防忧患意识教育。土地革命战争时期，各根据地在极端困难的条件下仍然大力开展革命的宣传教育，其中的反帝教育和国情教育具有国防忧患意识教育的性质。随着日本帝国主义的步步进逼，中国共产党敏锐地觉察到中日矛盾已经上升为中国社会的主要矛盾，日本帝国主义是对中华民族生存的最大威胁，及时开展了以抗日为中心的国防忧患意识教育。

全面抗战爆发前，中国共产党开展国防忧患意识教育的重点是警惕日本帝国主义灭亡中国的野心，唤醒国人认识到中国面临亡国灭种的威胁。教育活动面向全体国民，形式上主要是向全国发布自己的抗日政治主张和在党内、根据地内进行相应的政治教育，也通过在国统区的秘密工作进行反对国民党对日妥协退让，停止内战、一致对外的教育，并组织领导了国统区各界各阶层人民的抗日救亡运动。1935 年 8 月 1 日，中国共产党发表《为抗日救国告全国同胞书》。年底，毛泽东同志在《论反对日本帝国主义的策略》中指出："目前形势的基本特点，就是日本帝国主义要变中国为它的殖民地。"① 1936 年 6 月，中国共产党在《抗日救国初步政治纲领》中提出了国难教育的主张，指出："我们应该以战时国民总动员为中心，推行国难教育的范围，不专限于学生，而要普及工农兵学商；国难教育的方式，不应该是形式化、机械化、千篇一律的军事训练，而必须能够多方面适应每一个人的社会本质和职业任务。国难教育的作用，积极的在提高民众抗敌情绪，训练民众抗敌技术；消极的须消灭种种一切的汉奸理论，如唯武器论、物质对比论等。"② 1937 年 5 月 3 日，在延安召开的中国共产党全国代表会议上，毛泽东同志做了《中国共产党在抗日战争时期的任务》的报告，指出："对于中国本部的侵略，日本帝国主义正在加紧准备着"，在此形势下，"中国正迫近着判定自己存亡的关头，中国的救亡抗战，必须用跑步的速度去准备"，"政治上、军事上、经济上、教育上的国防准备，都是救亡抗战

---

① 毛泽东：《毛泽东选集》（第一卷）[M]，北京：人民出版社，1991 年版，第 142 页。

② 中国人民解放军政治学院党史教研室：《中共党史参考资料》（第 7 册）[A]，1979 年版，第 410 页。

的必需条件，都是不可一刻延缓的”，“反对文恬武嬉饱食终日的亡国现象”。①5月8日，毛泽东同志又做了《为争取千百万群众进入抗日民族统一战线而斗争》的报告，指出：“我们的正确的政治方针和坚固的团结，是为着争取千百万群众进入抗日民族统一战线这个目的。无产阶级、农民、城市小资产阶级的广大群众，有待于我们宣传、鼓动和组织的工作。资产阶级抗日派和我们建立同盟，也还待我们的进一步工作。”② 1937年7月8日，中国共产党中央委员会发出《中国共产党为日军进攻卢沟桥通电》，向全国人民呼吁：“平津危急！华北危急！中华民族危急！只有全民族实行抗战，才是我们的出路”，“全国上下应立刻放弃任何与日寇和平苟安的希望与估计”。

全面抗战爆发后，中国共产党获得了合法地位，得以在根据地全面推行抗战国防教育，并把提高民族自尊心和自信心的国防忧患意识教育作为抗战国防教育的重要内容。在中共中央的领导下，各抗日根据地特别重视“气节教育”，坚持“建立正确的抗战理论，提高民族意识；粉碎敌人奴化教育政策，肃清汉奸倾向的言论；提高民众抗战胜利的信心与民众觉悟程度，使自动地参加抗战”③。毛泽东同志在抗战初期特别强调自信心教育的重要性，在《论持久战》中对“亡国论”和民族失败主义情绪进行了深刻的揭露和批判，以提高民族自信心，鼓舞中国人民的抗日斗志。抗战进入相持阶段后，大片国土的沦丧和抗战面临的艰难凶险局面，使部分国民再次对抗战前途产生悲观失望情绪，一些“亲日派”和“恐日症”患者大肆散布妥协投降言论，动摇中国军民的抗战决心。针对这种情况，中国共产党及时进行了清除悲观主义的教育部署。1938年10月，毛泽东同志在中国共产党六届六中全会上做了《论新阶段》的报告，特别指出：高度发扬民族自尊心与自信心，坚持抗战到底，克服悲观情绪，反对妥协企图，比过去任何时期都显得重要。为此目的，必须动员报纸、刊物、学校、宣传团体、文化艺术团体、军队政治机关、民众团体，及其他一切可能力量，向前线官兵、后方留守部队、沦陷区人民、全国民众，作广大之宣传鼓动，坚定地有计划地执行这一方针，主张抗战到底，反对妥协投降，清洗悲观情绪，反复地指明最后胜利的可能性与必然性，指明妥协就是灭亡，抗战才有出路，

---

① 毛泽东：《毛泽东选集》(第一卷)[M]，北京：人民出版社，1991年版，第256页。

② 毛泽东：《毛泽东选集》(第一卷)[M]，北京：人民出版社，1991年版，第278～279页。

③ 中央教育科学研究所：《老解放区教育资料·抗日战争时期》(上册)[M]，北京：教育科学出版社，1986年版，第154页。

号召全民族团结起来，不怕困难，不怕牺牲，我们一定要自由，我们一定要胜利，用以达到继续抗战之目的。“为此目的，一切宣传鼓动应顾到下述各方面。一方面利用已经产生并正在继续产生的民族革命典型（英勇抗战、为国捐躯、平型关、台儿庄、“八百壮士”……慷慨捐输、华侨爱国等等）向前线后方国内国外，广为传播。又一方面，揭发、清洗、淘汰民族阵线中存在着与增长着的消极性（妥协倾向、悲观情绪、腐败现象等等）。再一方面，将敌人一切残暴兽行的具体实例，向全国公布，向全世界控诉，用以达到提高民族觉悟，发扬民族自尊心与自信心之目的。”①

（二）巩固新生政权与反帝反霸中的国防忧患意识教育

中华人民共和国成立后，中国在近代以来第一次获得了完全的民族独立，但是，新生的共和国仍未能实现国家的完全统一，仍然面临着帝国主义、霸权主义的严重威胁。在这种情况下，整个国家一直立足于“要准备打仗”，国防忧患意识教育的重点内容是警惕和反对帝国主义、霸权主义的反侵略意识、准备打仗的战争意识；教育途径主要是社会教育和学校教育相结合；教育方法主要是以国防重大活动为牵引，通过各种宣传教育活动营造国防忧患意识氛围，促进全民国防忧患意识的形成和提高。

1949 年 9 月 21 日，毛泽东同志在中国人民政治协商会议第一届全体会议开幕词中明确指出：“帝国主义者和国内反动派决不甘心于他们的失败，他们还要作最后的挣扎。在全国平定之后，他们也还会以各种方式从事破坏和捣乱，他们将每日每时企图在中国复辟。这是必然的，毫无疑义的。我们务必不要松懈自己的警惕性。”② 1950 年 6 月 25 日，朝鲜内战爆发，美帝国主义出于反共的政治目的，公然武装干涉朝鲜内政，同时派遣第七舰队进入台湾海峡，阻挠中国人民解放台湾。9 月 15 日，以美国为首的“联合国军”在韩国仁川登陆，并无视中国政府的一再警告，越过“三八线”，将战火延烧到鸭绿江边，进而派飞机轰炸我东北边境，严重威胁我领土主权和安全。为保卫革命胜利果实和国家安全，中共中央和毛泽东同志在极其艰难的条件下毅然做出了抗美援朝的伟

① 中国人民解放军政治学院党史教研室：《中共党史参考资料》（第 8 册）［A］，1979 年版，第 196 页。

② 中共中央文献研究室：《毛泽东文集》（第五卷）［M］，北京：人民出版社，1996 年版，第 344 页。

大决定。党和政府以及社会各界以历史上“唇亡齿寒”的经验教训，把朝鲜的存亡与中国的安危密切联系在一起，一个以“抗美援朝，保家卫国”为中心内容的群众性教育运动迅速展开。全国普遍开展了制定《爱国公约》、参加《和平宣言》的签名运动，各大城市举行了声势浩大的示威游行，在广大热血青年聚集地的普通高校，更是如火如荼。仅 11 月 19 日（星期日）这一天，北京数十所学校纷纷出动，在内城、外城广泛开展活动。通过一系列的宣传，激发了全国人民的爱国热情，使人民懂得了救邻即自救的道理，懂得了为抗美援朝而当兵就是保卫祖国与世界和平的道理。

抗美援朝战争胜利结束后，国家全面转入经济建设，党和政府仍十分重视对广大人民群众进行国防忧患意识教育。1955 年 1 月 4 日，《人民日报》以“向人民群众经常进行国防教育”为题发表社论指出：我们必须对广大人民群众加强国防教育，使全国人民了解没有坚强的国防力量就没有和平建设，没有各种治安保卫工作，也很难安全顺利地进行建设。我们决不要丝毫忘记去保卫我们辛勤劳动的果实。社论强调，履行好这个职责，就要提高广大人民群众的警惕性，时时刻刻注意帝国主义和他的走狗破坏我国的阴谋活动和罪恶行为，教育广大人民群众处处热爱解放军和支援国防建设，培养广大人民群众特别是培养青年具有英勇不屈的坚强意志、舍己为公的忘我精神和健康强壮的体魄，准备随时响应祖国的号召，参加抵抗帝国主义武装侵略的斗争。

1958 年台湾海峡危机期间，美国调集大批军舰、飞机为国民党军队护航，一再侵犯我国领海、领空。蒋介石集团也不断叫嚣“反攻大陆”。在这种情况下，中央军事委员会召开扩大会议，提出在加强人民解放军战备建设的同时，要进一步加强民兵建设，实行“全民皆兵”的方针。1958 年 9 月 29 日，毛泽东同志向新华社记者发表谈话指出：“帝国主义如此欺负我们，这是需要认真对付的。我们不但要有强大的正规军，我们还要大办民兵师。这样，在帝国主义侵略我国的时候，就会使他们寸步难行。”① 在实行“全民皆兵”和大办民兵师过程中，全国普遍开展了以形势、战备和人民战争为主题的思想教育，各地群众纷纷集会、示威游行，采取各种形式控诉声讨美帝国主义。

20 世纪 60 年代至 70 年代，党和政府立足于“早打、大打、打核战争”，

---

① 中共中央文献研究室、中国人民解放军军事科学院：《建国以来毛泽东军事文稿》（中卷）[M]，北京：军事科学出版社，2010 年版，第 430 页。

进行了应付大规模侵略战争的战备教育，结合几次边境反击作战，开展了保卫祖国边防和维护领土完整的教育。根据中共中央和毛泽东同志关于民兵工作“三落实”（组织落实、政治落实、军事落实）的指示，各地先后建立了民兵政治教育和军事训练制度。1962年6月，针对蒋介石集团窜犯大陆的图谋，解放军总政治部发出批示，在全军开展控诉美蒋罪行的思想教育，许多部队在教育中同驻地群众一起学习，一起控诉，形成一次全民性的战备教育。1966年8月12日，中共中央八届十一中全会公报传达毛泽东同志关于“备战、备荒、为人民”的指示。1967年毛泽东同志在视察中南、华东等地的指示中，强调要“抓革命、促生产、促工作、促战备”。1970年5月20日，毛泽东同志发表《全世界人民团结起来，打败美国侵略者及其一切走狗!》的“520”声明，强调“新的世界大战的危险依然存在，各国人民必须有所准备。”1973年党的第十次全国代表大会，进一步传达了毛泽东同志“深挖洞、广积粮、不称霸”的指示，强调帝国主义可能发动侵略战争，应保持高度警惕，做好一切准备。在此期间，结合中印边境自卫反击战、珍宝岛自卫反击战、援越抗美、西沙保卫战和中越边境自卫还击战，战备教育工作都有所加强。这种随时准备打仗的思想，一直宣传到粉碎“四人帮”之后、党的十一届三中全会之前。

（三）实行改革开放与和平发展中的国防忧患意识教育

党的十一届三中全会以后，随着世界局势的缓和，世界大战在较长一个时期内打不起来，我国面临的强敌入侵威胁也大大降低，党和国家的工作重点转移到社会主义现代化建设上来，国防建设的指导思想也转到了和平时期的轨道上。但是，由于长期的和平环境，加之对国防建设指导思想实行战略性转变缺乏全面理解，一些人的和平麻痹思想有所滋长，随之出现了征兵难、优抚难、民兵预备役工作不落实、当兵不习武等问题。针对国防建设指导思想实行战略性转变后出现的这些新情况、新问题，党中央、国务院和中央军委把国防教育作为一项保证国家长治久安的战略性措施。一些领导同志也纷纷发表谈话，指出“国防教育是关系国家兴衰的战略性问题”①，“坚强的国防观念，是一个国家长治久安的首要条件。一个国家，一个民族，倘若没有强烈的国家安全意识、

① 徐向前：《全社会都来关心国防教育》[N]，《解放军报》1990年1月5日。

国防意识，轻则处于非常危险的境地，重则要丧权辱国”①，“现在国际局势并不太平，我们必须巩固国防”②。基于这些认识，党中央、国务院将加强国防教育、提高人民的国防观念，作为全党全军和全国人民的一项战略性任务，并写进了党的十三大报告和七届人大一次会议报告，强调要加强对公民的国防教育。由于已经没有迫在眉睫的战争危险，国家转入正常建设的轨道，以战备工作牵引国防忧患意识教育遇到了牵引动力不足的新问题。面对这一新的挑战，国防忧患意识教育开始更多地依靠法制来推动，全民化、社会化、制度化的特征日益明显，课程化和学科化的趋势也使学校国防忧患意识教育渐渐显示出独特的优势，政治、历史、地理、体育以及学生军训遂成为学校国防忧患意识教育的主渠道。学校国防忧患意识教育从义务教育阶段开始，教育重点包括爱祖国、爱人民、爱军队、热爱中国共产党、热爱社会主义以及维护国家团结的意识等。这些教育内容与政治、历史、地理、体育等课程的教学紧密结合，使学校教学活动与国防和军训教育融为一体。高中教育阶段，主要结合政治、历史、地理等课程教学，课外活动和社会实践活动，以及军事训练和思想政治教育，来提高学生居安思危的国防忧患意识。大学教育阶段，主要通过开设思想品德课程，对学生进行军事训练，并结合有关国家安全的重大事件，增强学生的国防忧患意识。如当时的《思想道德修养与法律基础》教材设有《继承爱国传统，弘扬民族精神》一章，强调增强国防观念是新时期爱国主义的重要内容，增强国防观念不仅是保障国家安全的需要，也是增强民族凝聚力和向心力的黏合剂。国家也明确要求，要通过高等学校军事训练中的军事课程教学，使学生“了解我国古代、近代国防的得失，牢记历史的教训”，“了解当前世界军事形势及发展趋势，树立居安思危的国防观念”③，“增强国防观念和国家安全意识，强化爱国主义、集体主义观念，加强组织纪律性，促进大学生综合素质的提高”④。2001年，《中华人民共和国国防教育法》的制定，使包括国防忧患意识教育在内的国防教育内容及国防教育活动有了法律的规范和保障。

---

① 迟浩田：《在人大分组会上的发言》[N]，《解放军报》1991年3月28日。

② 邓小平：《邓小平文选》(第三卷)[M]，北京：人民出版社，1993年版，第70页。

③ 国家教育委员会、总参谋部、总政治部：《关于印发新修订的〈高等学校学生军事训练大纲〉的通知》[A]，1994年5月6日。

④ 教育部、总参谋部、总政治部：《关于印发〈普通高等学校军事课教学大纲〉的通知》[A]，2002年6月19日。

（四）新时代实现中华民族伟大复兴中的国防忧患意识教育

党的十九大报告指出："经过长期努力，中国特色社会主义进入了新时代。"① 进入新时代，国内外形势发生深刻复杂变化，国家发展确立新的历史方位，国防和军队建设站在新的历史起点，国防忧患意识教育也承担着新的历史使命。经历了长期的和平发展，加上受到经济社会转型的影响、多元文化的冲击，社会各界及广大公民对国防安全威胁的关注逐渐弱化，对国防建设的热情有所冷却，出现了军人地位及荣誉感降低、忧患历史和民族英雄被遗忘、"阴柔文化""娘炮文化"流行等诸多问题。在党的国防教育方针政策指引下，国防忧患意识教育借助全民国防教育深入普及的大势，直面社会上国防忧患意识存在的现实问题，紧紧跟上时代的步伐，发展到一个崭新的阶段。

进入新时代，忧患历史已经成为国防忧患意识教育突出的特色内容。党的十八大以来，以习近平同志为核心的党中央高度重视通过忧患历史教育增强全民忧患意识。习近平同志曾沉痛地说："我经常看中国近代的一些史料，一看到落后挨打的悲惨场景就痛彻肺腑！"② 对待抗日战争史，习近平同志指出："坚持正确历史观、加强规划和力量整合、加强史料收集和整理、加强舆论宣传工作，让历史说话，用史实发言。"③ 面对国际国内安全的严峻形势，以习近平同志为核心的党中央带头倡导、推动、参加抗日战争胜利纪念日、国家公祭日和烈士纪念日等重大活动，体现了对忧患历史教育的高度重视。

进入新时代，我国国家安全内涵外延、时空领域、内外因素都发生了深刻变化。外部安全与内部安全并存，传统安全与非传统安全交织，自身安全与共同安全交映，国家安全形势表现出前所未有的紧迫与严峻。早在 2014 年 4 月，在中央国家安全委员会第一次会议上，习近平同志就指出："要准确把握国家安

---

① 习近平：《决胜全面建设小康社会 夺取新时代中国特色社会主义伟大胜利——在中国共产党第十九次全国代表大会上的报告》，见《中国共产党第十九次全国代表大会文件汇编》[M]，北京：人民出版社，2017 年版，第 8 页。

② 曾伟：《习近平"治军"关键词：从严实战转型》[EB/OL]，人民网，2014 年 06 月 19 日，http://cpc.people.com.cn/n/2014/0619/c64094-25170727.html.

③ 习近平：《让历史说话用史实发言 深入开展中国人民抗日战争研究》[EB/OL]，新华网，2015 年 7 月 31 日，http://news.xinhuanet.com/politics/2015-07/31/c_1116107416.htm.

全形势变化新特点新趋势，坚持总体国家安全观，走出一条中国特色国家安全道路。”① 新时代的国防忧患意识教育已经并将继续置于国家总体安全的视域下，与国家安全教育密切配合，共同增强全国人民的国防安全意识，推动全社会形成维护国防安全的强大合力。

进入新时代，长期和平淡化了人们的英雄意识，在复杂多变的国内外形势下，敌对势力虚化英雄、恶搞英雄、丑化英雄，对铸魂励志带来了巨大杀伤，也使崇尚英雄教育面临严峻挑战。一个有希望的民族不能没有英雄，一个有前途的国家不能没有先锋。近年来，崇尚英雄教育在全国上下得到前所未有的重视，烈士陵园得到更多保护，教育界弱化英雄教育之风逐渐拨乱反正，全社会崇尚英雄的风气日益兴盛。2014 年 8 月 31 日，第十二届全国人民代表大会常务委员会第十次会议通过决定，以法律形式将 9 月 30 日设立为烈士纪念日，并规定每年 9 月 30 日国家举行纪念烈士活动。在缅怀先烈、崇尚英雄、捍卫英雄、学习英雄、关爱英雄的社会氛围中，全民国防忧患意识以及责任意识、担当意识得以强化，为实现中国梦强军梦注入了勃勃生机和强大动力。

---

① 习近平：《坚持总体国家安全观，走中国特色国家安全道路》[EB/OL]，人民网，2014 年 4 月 15 日，http://cpc.people.com.cn/xuexi/n/2015/0720/c397563-27331861.html.

调查篇

进入新时代，继承我国国防教育的优良传统，深入务实地推进国防忧患意识教育，必须加强国防忧患意识教育的针对性和实效性。如前所述，现代意义上的国防忧患意识，既包括对外来军事入侵威胁的关注和忧虑，又包括对境外重大利益面临军事威胁的关注和忧虑；不仅关注和忧虑外部的军事威胁，而且关注和忧虑本国应对这种威胁的国防能力，即关注和忧虑本国的国防建设；不仅关注和忧虑军事斗争的具体操作，而且关注和忧虑国家的战略能力和潜力，及其与主要对手或敌人的对比。尤其是在综合国力竞争日趋激烈的情况下，国防忧患意识关注和忧虑的内容，不仅涵盖了综合国力中的军事能力，还覆盖了政治、经济、外交、科技、文化等领域的竞争对军事能力的需求。综合来看，新时代的国防忧患意识更加指向对外部军事威胁、本国军事斗争能力以及综合国力竞争中军事力量支撑作用的关注、忧虑和提高国防安全度的愿望。那么，在新的历史条件下，我国公民国防忧患意识处于一种什么状况，又具有什么样的特点呢？

第七章　2019年国防忧患意识调查

2009年，作者完成了全国教学科学“十一五”规划教育部青年专项课题——“青年学生国防忧患意识教育研究”。2016年，作为专家组成员，参加了国家国防教育办公室组织的全民国防教育调查工作。2018年初，国家国防教育办公室发出通知，要求各地各部队要全面贯彻党的十九大精神，以习近平新时代中国特色社会主义思想和习近平强军思想为指导，创新方式方法，推动实现教育对象、时间、地域、内容、手段“五个全覆盖”，不断强化广大干部群众全民国防观念和爱军拥军意识，为实现中国梦强军梦凝聚强大力量。根据新时代推进全民国防教育深入普及的要求，结合新时代全民国防教育面临的形势任务，遂萌生在前期研究的基础上，着手展开全民性国防忧患意识教育研究的想法。2019年1月至11月，以“国防教育调查”名义，作者进行了有关公民国防忧患意识状况的调查。2019年5月，编制出调查问卷。2019年6月，委托河北、辽宁等10省区有关部门协助组织调查。至2019年9月，共收回纸质问卷1439份。调查对象的基本情况：男性997人，女性438人，有4人未填写性别；最大年龄57岁，最小年龄11岁，17人未填写年龄；调查对象覆盖军人、公务员（参公）、教师、学生、企业职工、私营企业主、无固定职业市民及农村居民，以公务员（参公）、学生和企业职工为主，分别为221人、519人和322人。

调查内容除涉及调查对象的性别、年龄、居住地、职业外，设置了29道考察公民国防忧患意识的问题，内容包括：对国防灾难的历史记忆和态度、对战争与和平问题的认识和态度、对新时代我国国防安全状况的认识和态度、对我国未来国防安全的认识和态度、对我国国防安全面临威胁的认识和态度、对中华民族伟大复兴事业的认识和态度、对我国周边主要国家军事能力的认识和态度、对我国军事能力的认识和态度、对我国国防建设的认识和态度、对本人国防责任的认识和态度。为便于回答，29 道题中有 27 道采用单项选择的形式，只有 2 道为开放题型。

对回收的问卷，单项选择题利用 SPSS（统计分析）软件辅助进行统计分析，开放式题目采用人工统计分析方法。对每一有效答案进行统计分析，排除未填写、不标准或无法统计（如单项选择题用文字叙述方式回答）等无效答案，最后统计结果，27 道单项选择题答案的有效率都在 97.8%以上，2 道开放式题目中，关于领土及海洋权益争端的答案有效率较高，而关于对中国军事威胁最大的国家这一问题的答案有效率不太理想。由于存在一定数量的无效答案，因此，统计结果与问卷总数间存在一定的差距。此外，由于四舍五入，数据百分比可能存在一定误差。

截至调查时为止，国内对公民国防忧患意识的专门调查研究极少，相关的调查内容多侧重考察国防意识或国家安全意识。在现有国防教育领域的研究中，存在一个值得关注的现象——用演绎和简单归纳法得出的结论往往比较悲观，而少数通过调查法得到的结果则较为令人满意，也往往能发现一些令人意想不到的问题。以下，根据调查结果，将 10 个方面的调查内容归纳为历史记忆、现实威胁感受和情感与责任三个方面，对公民国防忧患意识现状进行分析。

一、对国防灾难的历史记忆和态度

中国历史上饱经外患，近代以来屡受西方列强的侵略欺凌，晚清和民国时期都有不少丧师失地、丧权辱国的历史记录，20 世纪 30 年代日本发动的全面侵华战争，更是把中国推向了亡国灭种的危险境地。当代中国公民以什么样的态度对待这些屈辱的历史，对以往发生的国防灾难还有没有清晰的历史记忆，又怎样认识和评价呢?

对历史知识的兴趣。历史承载着一个国家、一个民族的辉煌和屈辱，历史记忆在不断重复学习和探究中得以传承，并在一代代人的头脑中留下深刻印象。对本国历史知识的兴趣反映着一个人寻求本国、本民族历史记忆的主观能动性。当代中国公民除了通过接受宣传教育强化国防历史记忆外，个人是否对中国历史体裁感兴趣，了解中国历史的渠道主要有哪些呢？当被问及“你对中国历史体裁是否感兴趣”时，回收的 1439 份问卷对这一问题都做了回答，统计结果如表 7-1 所示。

表 7-1 对中国历史体裁的兴趣

选项	人数/人	百分比
非常感兴趣	272	18.90%
兴趣一般	907	63.03%
不感兴趣	260	18.07%

从这一结果看，对中国历史体裁“非常感兴趣”和“不感兴趣”的人数相差不多，各占 18%多一点儿，约 63%的调查对象选择“兴趣一般”，这对于非特定群体指向的调查来说，可以说是一个积极的数字。这一结果表明，大多数公民主观上有了解祖国历史的愿望，并且能够积极地学习中国历史知识，从而有利于他们不断强化历史记忆。但是，考虑到选择“非常感兴趣”的比例并不高，又不能不令人对公民历史记忆的强化表示担忧。调查对象了解中国历史的最主要渠道中，“历史书籍（含电子出版物）”占比为 13.01%，“随机阅读网文”为 28.17%，“影视剧”为 35.20%，“微信、微博、抖音”为 21.46%。可以看出，以官方“正史”为主的传统出版物影响力在减弱，网络、影视作品已经成为公民获取历史知识的主要渠道，自媒体在公民获取中国历史知识中发挥着重要作用。

对历史上对外战争的关注。长期以来，我们的历史教育和主流媒体宣传比较强调中华文化的和合特性，史书和各种作品中呈现的中国历史上的对外战争大都是反击外敌侵略的战争，因此，对中国历史上对外战争特别是近代以来反侵略战争的关注更利于培育公民的国防忧患意识。当被问及“你对中国历史体裁中哪些内容最感兴趣”时，1439 份问卷全部给出了选择，统计结果如表 7-2 所示。

表 7-2 最为关注的中国历史体裁内容

选项	人数/人	百分比	选项	人数/人	百分比
对外战争	376	26.13%	政治斗争	254	17.65%
豪杰争雄	283	19.67%	科学技术	165	11.47%
治国理政	231	16.05%	文学艺术	130	9.03%

选择“对外战争”的人数最多，超过了四分之一，这一比例是6个选项中最高的，如果排除军人、公务员（参公）、教师、学生，其他调查对象选择这一项的比例虽有所降低，但仍高达24.5%。这一结果说明，我国公民对抗击外敌入侵的历史有着比较高的关注度，并不像公共舆论和一些学术研究成果描述的那么悲观。调查结果还显示，选择“对外战争”的比例，学生（34.00%）高于其他群体，男性公民高于女性公民（34.65%；21.22%）。

对近代屡受列强欺凌原因的认识。中国近代落后挨打的原因很多，问卷给出了3个选项，1436人对这一问题做了回答，统计结果如表7-3所示。

表7-3　中国近代屡受列强欺凌的原因

选项	人数/人	百分比
军队士气低落，武器差	156	10.86%
国人思想愚昧，不团结	467	32.52%
经济落后，政治腐败	813	56.62%

结果显示，56.62%的调查对象认为中国近代屡受列强欺凌是由“经济落后，政治腐败”造成的，这与主流观点是一致的。10.86%的调查对象选择了“军队士气低落，武器差”。2009年，作者曾使用同样的问题以青年学生为对象做过一次调查，调查结果如表7-4所示。本次调查同10年前的调查相比较，在各选项的选择结果分布及所占比例上有着高度的相似。

表7-4　中国近代屡受列强欺凌的原因（2009年）

选项	人数/人	百分比
军队士气低落，武器差	31	6.55%
国人思想愚昧，不团结	126	26.64%
经济落后，政治腐败	316	66.81%

对日本侵华的历史记忆及现实影响。从多年来对我国社会舆论的跟踪调查来看，我国公民对日本侵华历史的认知，容易受到当时的中日官方关系和两国

间一些重大事件的影响。本次调查期间，中日关系正从多年的麻烦不断转向缓和升温，但尚未出现 2020 年初抗击新冠肺炎期间日本官方和民间援助的感人事件，因此可以排除公众情绪大幅波动的影响。调查选择了南京大屠杀这一影响我国公民对日本认知的重大历史事件。南京大屠杀已经被写进历史教科书多年。2014 年，第十二届全国人大常委会第七次会议通过决议，将 12 月 13 日设立为南京大屠杀死难者国家公祭日。本次调查就南京大屠杀事件专门设置了一个问题，以了解我国公民对日本有人否认南京大屠杀的看法，统计结果如表 7-5 所示。

表 7-5 对日本有人否认南京大屠杀的看法

选项	人数/人	百分比
只要中国强大，他们是否承认无所谓	390	27.10%
要以有力的证据向世界证明这一历史事实	750	52.12%
历史已经过去，以后日本不可能再有侵略中国的机会	299	20.78%

这一结果表明，超过一半的调查对象支持对南京大屠杀历史证据的挖掘，看重向世界特别是日本人证明南京大屠杀这一历史事实的存在。虽然只有 20.78%的人认为“历史已经过去，以后日本不可能再有侵略中国的机会”，忘记伤痛、疏于警惕的人不算太多，但呈现这样的比例，仍是一个值得重视的现象。有 27.10%的人选择了“只要中国强大，他们是否承认无所谓”，说明相当一部分公民的认识和思考已经摆脱了情感和情绪的干扰，上升到理性的高度，抓住了这一问题的本质，透射出发展、自强才是硬道理的信念和对我国未来发展的信心。

在“九一八”“七七”等重大纪念日鸣响防空警报，已经成为许多城市多年的惯例，意在提醒人们不忘国耻、居安思危。当被问及在“九一八”“七七”这样的日子听到防空警报的时候是何反应，22.45%的调查对象选择“事先知道要鸣防空警报”，53.51%的调查对象选择“马上想到是什么日子”，有 9.66%的调查对象选择“听到防空警报，但没有在意”，还有 14.38%的调查对象选择“没有听到”，调查结果如表 7-6 所示。超过四分之三的调查对象对重大纪念日鸣响防空警报这一活动已经铭记在心，反映了多年来这一国防教育活动已经取得了扎实的效果。同时也表明，社会上存在的公民对重大历史事件，特别是重大国防事件不知道、不重视等情况，不能把责任全推到公民个人身上，只要为公民提供充足的强化历史记忆机会和条件，就能收到相应的效果。不过，有超过 24%的调查对象“没有在意”或“没有听到”，反映出这些重大历史纪念日在他们的心目中尚不具有应有的地位。

表 7-6　对重大历史纪念日鸣响防空警报的反应

选项	人数/人	百分比
事先知道要鸣防空警报	323	22.45%
马上想到是什么日子	770	53.51%
听到防空警报，但没有在意	139	9.66%
没有听到	207	14.38%

21 世纪以来，中东、北非、中亚地区多个国家发生内乱，在外部势力的干涉下，有数个国家的原政权被推翻，一些国家长期被外国军队占领，我们通过网络、电视等媒体经常看到难民汹涌、当地武装与外国军队交火的画面。在回答“当看到外国军队在另一个国家巡逻并与当地武装交火的画面时，你最强烈的感觉”时，有 31.80%的调查对象选择了“会联想到当年日军侵略占领下的中国”，58.20%的人“对那些正在遭受苦难的国家和人民产生同情”，另有 10.00%的人“这类新闻看多了没有特别的感觉”。这一方面表明对遭受苦难者的同情是一种普遍的心理，一方面也说明日本侵略中国这一刻骨铭心的民族历史记忆对当今的中国公民仍有着非常大的影响。

中国公民对国家遭受侵略的历史记忆影响到他们当今对一些国家的印象和态度。在访谈中，许多调查对象表示：“如果一个国家的军队正在侵略、占领别的国家，见到这个国家的人会有一定的反感”“如果一个国家在历史上严重伤害过中国，会对这个国家的军事发展和在国外运用军事力量特别敏感”。这种历史记忆甚至影响到中国公民衡量相关行为的是非判断。本次调查中，对有人利用“就要发”谐音选择 9 月 18 日这一天开业或举行结婚典礼，38.64%的调查对象表示“非常反感”，28.77%的调查对象认为“不应该”，两项合计为 67.41%。但是，也有 32.59%的调查对象表示“无所谓，可以理解”。调查结果如表 7-7 所示。结合访谈发现，这一看似宽容态度的产生，有的是基于“法律无禁止”，有的是认为“不要无限上纲上线”，有的是认为“当事人可能没有想到”，多少反映了遗忘历史记忆的倾向。

表 7-7　对 9 月 18 日举行开业、结婚典礼的态度

选项	人数/人	百分比
非常反感	556	38.64%
不应该	414	28.77%
无所谓，可以理解	469	32.59%

二、对国防安全现实威胁的认识和态度

习近平同志指出：“实现中华民族伟大复兴的中国梦，保证人民安居乐业，国家安全是头等大事。”① “必须坚持总体国家安全观，以人民安全为宗旨，以政治安全为根本，以经济安全为基础，以军事、文化、社会安全为保障，以促进国际安全为依托，走出一条中国特色国家安全道路。”② 维护新时代中国国家安全，必须考虑主要大国关系的特点，对相互间可能的对抗或合作前景做出评估；必须研究当下中国国家安全的各种主要威胁，分辨这些威胁的性质和轻重缓急；必须梳理我国与一些邻国存在的领土和权益纠纷，提出解决或缓和这些纠纷的大体思路；必须研判中国快速增长的经济对外部资源和市场的动态需求，规划保障这些需求的远投能力和战略安排。越是处在相对和平的环境，越是要保持居安思危的忧患意识，牢记“天下虽安、忘战必危”的古训，认清国家安全形势的复杂性和严峻性，认清复兴过程中内外矛盾交织的联动性，认清敌对势力对我遏制围堵的不可调和性，时刻高度警惕国家被侵略、被颠覆、被分裂的危险，高度警惕改革发展稳定大局被破坏的危险，高度警惕中国特色社会主义发展进程被打断的危险。在国家各项安全问题中，以军事安全为代表的国防

① 新华社北京 2016 年 4 月 14 日电：《习近平在首个全民国家安全教育日之际作出重要指示——强调汇聚起维护国家安全强大力量 不断提高人民群众安全感幸福感》[N]，《人民日报》2016 年 4 月 15 日第 1 版。

② 习近平：《在中央国家安全委员会第一次会议上的讲话》[N]，《人民日报》2014 年 4 月 16 日第 1 版。

安全既是国家安全的基本内容，又是国家总体安全的重要保障。那么，当代中国公民对国防安全面临的威胁有着怎样的认识呢?

对核威胁的认识。核武器是第二次世界大战后期诞生的毁灭性武器。自从有了核武器，核战争的阴云一直笼罩在全人类的头顶。战后，美苏两个超级大国生产、储存了大量核武器，并且数次走到核战争的边缘，给世界和平与安全带来了空前严重的威胁。两极格局瓦解后，大国间爆发核战争的危险大大降低，但他们仍然储存大量的核武器，并且越来越多的国家拥有了核武器。近年来，一些大国极力摆脱国际条约的限制，意图掀起新一轮核军备竞赛，降低使用核武器的门槛，全球核军事风险有所上升。一些大国对中国崛起的遏制政策以及中国周边大量核国家的存在，使中国不仅面临大国的核讹诈，而且有可能因周边的动荡冲突而遭受核威胁和核伤害。核战争，由于其难以想象的破坏力而使许多人宁愿相信它不会发生，但又担心它发生，同时核扩散、核事故、因不对称常规冲突导致的核报复等造成的威胁也日益上升。当代中国公民对核战争、核扩散、核泄漏等核威胁有着怎样的认识呢？当被问及“你认为世界会发生核战争吗”，38.43％的调查对象选择“可能”，43.22％的调查对象选择“不可能”，还有18.35％的调查对象“没想过这一问题”，如表7-8所示。当被问及“我国面临的主要核威胁”时，排在第一位的是核事故造成的核泄漏，其次是周边战争或武装冲突殃及我国、核恐怖袭击和外国直接对我进行核打击，如表7-9所示。

表7-8　你认为世界会发生核战争吗

选项	人数/人	百分比
可能	553	38.43％
不可能	622	43.22％
没想过这一问题	264	18.35％

表7-9　我国面临的主要核威胁

选项	人数/人	百分比	选项	人数/人	百分比
核事故	603	41.90％	核恐怖袭击	226	15.71％
周边冲突殃及	557	38.71％	外国核打击	53	3.68％

这一调查结果表明，即使是在经历了长期和平的情况下，当代中国公民对第二次世界大战后一直笼罩在人类头顶的核战争阴云，仍然有着比较高的关注度。同时也说明我国公民存在着对核均衡被打破的担心，在一定程度上反映了对所谓“核恐怖平衡”，以及当今世界核军控机制有效性并不是那么有信心。调查结果也表明，在核能大规模和平利用的情况下，我国公民对核设施的可靠性存在一定担心，对非传统安全领域的核问题更为关心。

对国防安全威胁的关注。2014 年 3 月 31 日人民网报道，广州社情民意研究中心电话采访了 2000 位城市居民，了解民众对我国国家安全与军费开支增长的看法。调查结果显示：多达 81%的受访者认为，从长期来看，我国“存在着恐怖主义威胁”，认为“不存在”者仅 14%，认为“难说”者为 5%；对于“领土争端的威胁”，认为将长期“存在”者达 73%，仅 18%的人认为“不存在”，9%的人认为“难说”；对于“国际上的战争威胁”，认为将长期“存在”的受访者亦过半，为 56%，认为“不存在”者有 31%，13%的人认为“难说”。①

长期以来，中国人一直有着维护国际公平与正义的强烈道德情感，但是国际关系的现实却是霸权主义和强权政治仍然存在。按照现实主义的逻辑，中国人对事关国家利益的国际问题有着强烈关注和反应是可以理解和接受的，但像利比亚战争、叙利亚战争之类距中国非常遥远且与中国利益关系不大的问题，中国人的激烈反应则是难以理解的。2005 年 3 月，《环球时报》公布了一项关于中国人如何看中美关系的调查结果：在中国人对美国不满的因素中，选择“向台湾出售武器”的占 37.6%，选择“发动伊拉克战争”的占 31.7%，选择“与日本加强军事关系”的占 7.9%。② 该报道援引阎学通、丁刚教授的看法认为，在中国人对美国不满的因素中，选择“向台湾出售武器”和选择“发动伊拉克战争”的相差无几，而选择“与日本加强军事关系”的人很少，这大大出乎意料，中国公民更应该关注与中国利益攸关的问题。那么，当今中国公民对此类问题的关注与认识是否更为理性呢？调查问卷中请调查对象按关心程度由高到低将台湾问题、朝核问题和叙利亚问题进行排序，结果有 83.45%的调查对象选择了第一种排序。这表明当今中国公民对军事安全问题的关心程度已经同该问题与中国国家利益关系的关联程度高度吻合，如表 7-10 所示。

---

① 人民网广州 3 月 31 日电：《调查显示多数民众认为我国存在安全威胁 支持增加军费》[EB/OL]，人民网，2014 年 3 月 31 日，http://gd.people.com.cn/n/2014/0331/c123932-20896678.html.

② 程刚、谢湘：《中国人看中美关系》[N]，《环球时报》2005 年 3 月 2 日第 1 版。

表 7-10　对台湾问题、朝核问题、叙利亚问题的关心程度

选项	人数/人	百分比	选项	人数/人	百分比
台湾问题 朝核问题 叙利亚问题	1201	83.46%	朝核问题 叙利亚问题 台湾问题	10	0.69%
台湾问题 叙利亚问题 朝核问题	210	14.59%	叙利亚问题 台湾问题 朝核问题	6	0.42%
朝核问题 台湾问题 叙利亚问题	10	0.69%	叙利亚问题 朝核问题 台湾问题	2	0.14%

中国人民正在奋发图强，努力实现中华民族伟大复兴的中国梦。那么，在坚持和平发展、实现中华民族伟大复兴过程中有没有可能遭受外国侵略或者与外国发生武装冲突呢？调查问卷中设置了两个问题：一个是“你认为当前和今后一段时间中国有遭受外国入侵的危险吗”，另一个是“你认为中国有可能与外国发生武装冲突吗”。

表 7-11　中国有遭受外国入侵的危险吗

选项	人数/人	百分比
有	468	32.52%
没有	603	41.90%
不确定	368	25.57%

表 7-12　中国有可能与外国发生武装冲突吗

选项	人数/人	百分比
肯定会	486	33.77%
可能	927	64.42%
不可能	26	1.81%

从表 7-11 可以看出，认为中国没有外敌入侵危险的人最多，占调查对象的 41.90%，这给人一种当代中国公民“安而忘危”的感觉。但是，有 32.52%的

人选择了“有”这一肯定的答案，另有 25.57％的人选择了“不确定”，“不确定”即意味着一定程度上存在对国家遭受外敌入侵的担心，两者相加，认为存在外敌入侵危险的人仍然超过了半数。

如果与表 7-12 反映的调查结果结合起来看，则表明当前中国公民仍然将免受外国入侵作为衡量国防安全的一个重要指标，并表现出对我国国防安全能力的高度自信。也就是说，由于中国综合国力和国防实力的强大，使中国遭受外敌入侵的危险降低了，并且即使遭到入侵，中国也有能力应对。这一分析可以从另一问题的调查结果中得到印证，如表 7-13 所示。

表 7-13　中国是否有能力维护国防安全

选项	人数/人	百分比
有	1313	91.24％
不确定	99	6.88％
没有	27	1.88％

尽管选择中国没有外敌入侵危险的人在该问题各选项中比例最高，但是却有 98.19％的人认为中国有可能与外国发生武装冲突，其中 33.77％的人认为中国“肯定会”与外国发生武装冲突，担心与外国发生武装冲突的比例远高于担心外国入侵的比例。这一结果虽然与国际关系发展变化及我国国防实力不断增强的客观实际相符合，但是，现代战争形态和样式的变化却使一场军事冲突可能远比传统的入侵付出的代价更大，对中国有能力维护国防安全的高支持率和对中国可能与外国发生武装冲突的高选择率这一“双高”现象，说明当代中国公民对战争和武装冲突对于国防安全的高风险性还认识不足。

心目中对中国安全威胁最大的国家。作为一个正在崛起的发展中国家，中国独立自主的和平外交政策为自己营造了一个长期稳定的国际环境，中国在世界上广交朋友，与世界主要大国建立了较为稳定的战略关系，努力推动构建人类命运共同体，但是中国与一些国家的关系仍然存在复杂的矛盾和斗争因素。调查对象对中国可能与外国发生武装冲突的高选择率从一个侧面说明，当前中国公民认识到国防安全可能随时受到威胁，那么这些威胁可能来自哪些国家呢？调查问卷列出了一些国家供选择，并请调查对象按威胁程度从大到小排列。从结果看，影响选择及排列的主要因素有：该国是否是一个大国、该国与中国的实力对比、该国与中国的历史恩怨、该国与中国是否在核心利益问题上存在难以解决的争端。调查对象对“对中国国防安全威胁最大的国家”认识比较一致，而排在第二、第三位的国家选择则比较分散。

对这一问题的回答，反映中国公民在对国防安全威胁源头的认识上受到意象因素的影响。意象是一个国家对其在国际政治斗争中对手的本质特征的认识，是认知者处理输入信息的认知系统的一个重要环节。① 意象的基本特征主要体现在三个方面：第一，意象是某国内的认知主体对于他国或地区（认知客体）的主观认识的再现，而非他国事实的客观呈现。② 第二，意象是认知主体对他国和地区的较为一贯的稳定的认识再现。③ 第三，认知主体对认知客体的意象是主体“有选择地根据自身价值、知识和信仰体系、历史经验以及维持自我意象目标下对客体产生的比较概括而固定的看法，容易导致刻板印象”④。人们在认识他国时，一般会从三个维度考虑：第一个是“威胁性”维度，即对外国和地区是否构成对主体国的威胁或机遇的认识。第二是“能力性”维度，指对外国和地区的综合国力和总体能力的认识，对象国的综合力量（包括军事、经济及其他各种指标）是否在总体上超过、等于或弱于主体国的综合国力和能力。第三是“政治制度和文化品质”维度，主要指对他国和地区在政治制度、决策程序以及总体文化品质上是否优于或劣于主体国的政治制度和文化品质的认识。从调查结果看，当代中国公民对国防安全主要威胁源的认识符合这一意象形成的认知规律。需要指出的是，如果“敌国意象”发展成为对某一国家的刻板印象，则难以正确认识复杂多变的国际关系和国防安全形势，不利于形成科学理性的国防忧患意识。

对中国与周边国家领土和海洋权益争端的了解。历史给中国留下了许多与邻国的领土和海洋权益争端问题。这些争端不仅对中国的领土完整造成严重损

---

① Jianwei Wang, Limited Adversaries: Post－Cold War Sino-American mutual Images[M], Oxford University Press, Oxford and New Youk, 2000.

② Kenneth E. Boulding, The Image: Knowledge in Life and Society[J], Southern Economic Journal, 1957(10).

③ Bruce Russet, Harvey Starr, World Politics: The Menu for Choice[M], W. H. Freeman and Company, New York, 1996.

④ Kenneth E. Boulding, National Images and International Systems[J], Journal of Conflict Resolution, Peace Science Society(International), 1959, 3(2).

害，影响中国与邻国建立互信互利的睦邻友好关系，而且不时成为中国与邻国发生外交纠纷和武装冲突的诱因。中国与邻国的领土和海洋权益争端有的已经解决，有的尚未解决。那么，当代中国公民对中国与哪些国家存在哪些领土和海洋权益争端了解到什么程度呢？对这一问题的回答并不令人满意。在全部1439份有效问卷中，能够答出钓鱼岛争端及相对国的最多，有1249人，能够答出南海争端及相对国的有894人，能够答出中国和印度存在领土争端的有878人。上述数字还是按照比较宽松的标准进行统计的，即只要写出争议地区名称和与我国存在争端的国家名称即计入有效答案，不要求一一对应。如果按照更为严格的标准（争端与该争端相对国相对应），上述数字则大大减小。这一结果是令调查者意想不到的。国防忧患意识之“忧”首先应该忧实实在在存在之“患”，公民对中外领土和海洋权益争端的了解程度，说明我们的国防忧患意识教育在国家领土主权意识教育问题上还存在着改进的空间。

三、对建设与保卫国防的情感态度和责任意识

“全民国防教育的基本任务是：普及国防知识，培训军事技能，培育国防后备人才，激发爱国热情，强化国防观念，增强民族自尊心、自信心、自豪感和凝聚力、向心力，提高公民履行国防义务的自觉性。”① 2019年10月中共中央、国务院印发的《新时代公民道德建设实施纲要》指出：“以爱国主义为核心的民族精神和以改革创新为核心的时代精神，是中华民族生生不息、发展壮大的坚实精神支撑和强大道德力量。要深化改革开放史、新中国历史、中国共产党历史、中华民族近代史、中华文明史教育，弘扬中国人民伟大创造精神、伟大奋斗精神、伟大团结精神、伟大梦想精神，倡导一切有利于团结统一、爱好和平、勤劳勇敢、自强不息的思想和观念，构筑中华民族共有精神家园。”② 建设国防、保卫国防，离不开公民对祖国的道德情感。对祖国有深厚的道德情感，就会在国防建设中充满激情和力量；缺少对祖国的道德情感，就不会积极主动地支持和参加国防建设。因此，国防教育必须把国防道德情感教育放在重要位置。

---

① 国家国防动员委员会：《全民国防教育大纲》[EB/OL]，中华人民共和国国防部网站，2015年9月10日，http://www.mod.gov.cn/edu/2015-09/10/content_4618342.htm.

② 中共中央、国务院：《新时代公民道德建设实施纲要》[N]，《人民日报》2019年10月28日第6版。

国防道德情感教育主要包括公民自尊、自信教育，公民荣誉感教育，国耻教育，居安思危教育。① 公民只有对祖国怀有强烈的归属感和热爱之情，才能具有强烈的国防忧患意识，才能具有捍卫国防安全的高度责任意识。那么，当代中国公民建设与保卫祖国的情感态度与责任意识处于什么状况呢？

对实现中华民族伟大复兴的信心。综合国力是国防能力的基础，对本国发展的关注和期待，以及对本国发展前景是否有信心，是爱国情感的重要体现，也是国防忧患意识形成的重要因素。2003 年前后，中国开始明确提出坚持走和平发展的道路。党的十八大报告指出，“中国将始终不渝走和平发展道路”。党的十九大报告指出：“中国人民的梦想同各国人民的梦想息息相通，实现中国梦离不开和平的国际环境和稳定的国际秩序。必须统筹国内国际两个大局，始终不渝走和平发展道路、奉行互利共赢的开放战略，坚持正确义利观，树立共同、综合、合作、可持续的新安全观，谋求开放创新、包容互惠的发展前景，促进和而不同、兼收并蓄的文明交流，构筑尊崇自然、绿色发展的生态体系，始终做世界和平的建设者、全球发展的贡献者、国际秩序的维护者。”② 那么，当代中国公民是怎么看待中国和平发展道路的前景呢？当被问及“你认为中国能够继续在和平的国际环境中发展吗”，在回答这一问题的 1358 份答卷中，94.47％的人持乐观态度，62.44％的人选择了绝对肯定的答案，反映出当代中国公民对中国和平发展的高度信心，如表 7-14 所示。调查结果显示，女性公民对中国和平发展的前景更为乐观。在全部 397 名回答这一问题的女性公民中，78.59％的人（312 人）选择了“一定能”，而男性公民有 957 人回答了这一问题，有 61.65％的人（590 人）选择了“一定能”，比女性公民低了近 17 个百分点。

表 7-14　对中国继续在和平的国际环境中发展的信心

选项	人数/人	百分比
一定能	848	62.44％
有可能	435	32.03％
不能	75	5.52％

① 苑士军：《国防教育概论》[M]，北京：解放军出版社，2004 年版，第 174～182 页。

② 习近平：《决胜全面建设小康社会 夺取新时代中国特色社会主义伟大胜利——在中国共产党第十九次全国代表大会上的报告》[N]，《人民日报》2017 年 10 月 28 日第 1 版。

对外部因素干扰的忧虑。2018 年 3 月 22 日，美国总统特朗普签署总统备忘录，依据所谓“301 调查”结果，将对从中国进口的商品大规模征收关税，并限制中国企业对美投资并购。特朗普表示，涉及征税的中国商品规模可达 600 亿美元，且“这只是个开端”。中国驻美国大使馆在 23 日的声明中表示，一直以来，中方本着相互尊重、合作共赢的原则，为解决中美经贸问题做出了大量努力，显示了极大诚意，并提出了合理建议。中方不希望打贸易战，但绝不惧怕贸易战。此后双方你来我往，时而互加关税，时而进行谈判。当地时间 2020 年 1 月 15 日上午，中美第一阶段经贸协议签署仪式在美国白宫东厅举行。中方代表国务院副总理刘鹤与美国总统特朗普共同签署《中华人民共和国政府和美利坚合众国政府经济贸易协议》。本次调查中，当被问及“你认为中美贸易摩擦是美国故意给中国崛起制造障碍吗”，79.36％的调查对象选择“是的”，只有 1.46％的调查对象选择“不是”，如表 7-15 所示。

表 7-15　中美贸易摩擦是否是美国故意给中国崛起制造障碍

选项	人数/人	百分比
是	1142	79.36％
说不清	276	19.18％
不是	21	1.46％

2019 年下半年，为了解普通群众对“中美贸易摩擦”的看法，广州致思市场调研有限公司（致思调研）对广东省群众进行了一次网上问卷调查。调查显示：83％的群众关注中美贸易摩擦，87％的群众通过网络平台了解中美贸易摩擦相关情况，如图 7-1 所示。男性对中美贸易摩擦的关注程度大大高于女性，高达 94％的受调查男性关注中美贸易摩擦，女性为 65％。在年龄分布上主要集中在 26～45 岁阶段，占比为 85％。在学历方面，关注中美贸易摩擦的 63％的调查对象是本科及以上学历，说明高学历群众更加关注中美贸易摩擦情况，如图 7-2 所示。73％的群众认为此次中美贸易摩擦对中国有比较大的影响，52％的群众认为这次中美贸易摩擦最终导致的是一个双输的结果，24％左右的群众认为中国会在中美贸易摩擦中收益，15％认为美国会是中美贸易摩擦的赢家。调查结果还显示，66.15％的群众认为这场中美贸易摩擦的发生要归因于美国想

要遏制中国经济的发展。

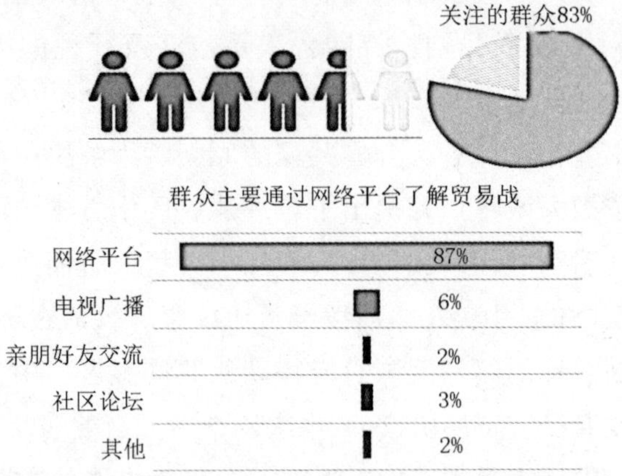

图 7-1 关注中美贸易摩擦群众占比及关注渠道

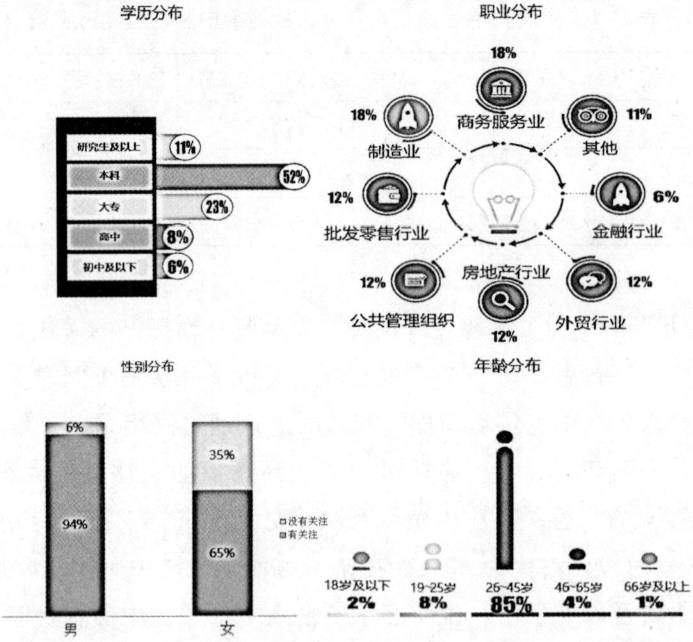

图 7-2 关注中美贸易摩擦群众学历、职业和性别分布①

① 图中数据为调查方所公布。

对国防安全重要性的认识。衡量国防情感与责任意识的一个最基本的要素是对国防安全重要性的认识。在 2019 年国防忧患意识调查中，当被问及对国防安全重要性的认识时，调查对象比较集中地选择了“重要，人人都应关心”这一选项，如表 7-16 所示。

表 7-16 国防安全是否重要

选项	人数/人	百分比
重要，人人都应关心	1381	95.97%
重要，但不是我关心的事	55	3.82%
与个人关系不大	3	0.21%

对经济建设与国防建设关系的认识。捍卫国防安全需要不断加强国防建设。多年来，中国始终坚持国防建设与经济建设的协调发展，努力实现富国与强军的统一。党的十九大报告指出：“坚持富国和强军相统一，强化统一领导、顶层设计、改革创新和重大项目落实，深化国防科技工业改革，形成军民融合深度发展格局，构建一体化的国家战略体系和能力。”① 国富才能兵强，兵强才能安全，安全才能发展。坚持国防建设与经济建设协调发展既是富国之策，也是强军之道。坚持协调发展，就是兼顾国家安全和经济社会发展的需要，使国防建设体系与经济社会发展体系相互融合并相互促进，共同成为国家全面建成小康社会，实现中华民族伟大复兴的坚实基础和强力保证。既要坚持以经济建设为中心，国防和军队建设服从国家发展大局，又要在加强经济建设的同时，逐步加大对国防建设的投入，努力推进国防和军队现代化建设，力争到 2035 年基本实现国防和军队现代化，到本世纪中叶把人民军队全面建成世界一流军队。那么，当代中国公民对国防建设的态度是怎样的呢？根据广州社情民意研究中心 2014 年所做的调查，在有看法的受访者中，44%的人认为我国军费开支“少”，认为“多”的人为 16%，还有 40%的人认为“刚好”。面对长期复杂的国家安全形势，对“国防实力必须与经济发展同步提升”，国民有着高度共识，表示

① 习近平：《决胜全面建设小康社会 夺取新时代中国特色社会主义伟大胜利——在中国共产党第十九次全国代表大会上的报告》，见《中国共产党第十九次全国代表大会文件汇编》[M]，北京：人民出版社，2017 年 10 月版，第 44 页。

“赞成”者达92%，而“不赞成”者仅3%。民调显示，多达73%的人表示“支持”增加军费开支，而表示“不支持”者仅14%，有13%的人表示“难说”。①在2019年国防忧患意识调查中，当被问及随着国家经济实力的增强，是否应该增加军费这一问题时，69.42%的调查对象认为应该“相应增加军费”，23.77%的调查对象认为应该“大幅增加军费”，两项合计，高达93.19%的调查对象赞成在国家经济实力不断增强的同时增加军费开支，表明当代中国公民对国防建设事业有着高度支持的态度，如表7-17所示。

表7-17　随着国家经济实力增强是否应该增加军费开支

选项	人数/人	百分比
大幅增加军费	342	23.77%
相应增加军费	999	69.42%
节省军费开支用于经济民生	98	6.81%

对学生军训的态度。意愿是思想、感情和行为的向导，青年学生是否愿意接受学生军训，直接反映了他们的国防意识状况。只有接受军训，才能深入了解国防和军队，有效促进国防情感的提升和国防意识的提高，促进国防忧患意识的形成和巩固。2019年国防忧患意识调查专门针对青年学生设置了“你认为学生军训有必要吗”这一问题。调查显示，大多数学生对军训的态度是积极的。在接受调查的全部519名在校学生中，96.73%的人认为“有必要”。青年学生是学生军训的直接受训对象，认为学生军训有必要也就表明他们愿意接受军训。不过有87.48%的学生虽然认为学生军训有必要，但同时也认为目前的学生军训“需要改进”，这反映出我国目前的学生军训尚存在一定的问题，令学生们不太满意，如表7-18所示。

① 人民网广州3月31日电：《调查显示多数民众认为我国存在安全威胁 支持增加军费》[EB/OL]，人民网，2014年3月31日，http://gd.people.com.cn/n/2014/0331/c123932-20896678.html.

表 7-18 学生军训是否有必要

选项	人数/人	百分比
有必要，但需要改进	454	87.48%
有必要	48	9.25%
没有必要	17	3.28%

对国防和军事知识的兴趣。兴趣是个体以特定的事物、活动及人为对象所产生的积极的和带有倾向性、选择性的态度和情绪。每个人都会对他感兴趣的事物给予优先注意，表现出心驰神往并进行积极探索。兴趣不只是对事物表面的关心，任何一种兴趣都是因获得某方面的知识或参与某方面的活动使人体验到情绪上的满足而产生的。兴趣不足是和个人的认识和情感密切联系着的。如果一个人对某个事物没有认识，就不会产生情感，因而也就不会对它发生兴趣。相反，认识越深刻，情感越丰富，兴趣也就越浓厚。公民对国防和军事知识的兴趣，既反映了他们对国防的认识水平，也体现了他们对国防的情感。在调查中，当被问及“你对国防和军事知识感兴趣吗”这一问题时，超过一半的调查对象（54.13%）选择“感兴趣”，选择“一般”的为 37.67%，另有 118 人（8.20%）表示“不感兴趣”，如表 7-19 所示。另外，对这一问题的回答也存在着比较明显的性别差异。有三分之二的男性调查对象选择“感兴趣”，仅有 31.15%的女性调查对象选择“感兴趣”。

表 7-19 对国防和军事知识是否感兴趣

选项	人数/人	百分比
感兴趣	779	54.13%
一般	542	37.67%
不感兴趣	118	8.20%

对公民服兵役等履行国防义务的态度。在我国，公民履行国防义务包括适龄公民服兵役是法定义务，公民对服兵役等履行国防义务的态度是衡量公民祖国情感、国防情怀，特别是国防责任意识的一个重要因素。调查中，当被问及关于这一问题的态度时，62.75%的调查对象表示会“积极履行兵役等国防义

务”，26.13％的调查对象表示“轮到自己不会逃避”，11.12％的调查对象选择了“更愿意以其他方式为国家尽义务”，如表 7-20 所示。当被问及“如果国家利益遭到严重侵害而发生战争，你会如何做”时，74.29％的调查对象选择“如需要，可以献出自己的一切”，但也有超过四分之一的人持犹疑或逃避态度，如表 7-21 所示。这一结果表明，仍然有不少人在保卫国防安全这一问题上只愿说不愿做，或者存在自己可以慷慨激昂地说而让别人去做的心理。部分公民这种国防态度和行为分离的现象，尤其是需要个人履行国防义务而有可能付出重大牺牲时表现出的消极倾向，反映了国防情感中长期存在的“伪君子”现象，它实际是国防责任意识不强的表现。这一表现与国防安全否定性知觉的缺失结合起来，构成了当代中国公民国防忧患意识的重大缺陷。

表 7-20　对公民服兵役等履行国防义务的态度

选项	人数/人	百分比
积极履行兵役等国防义务	903	62.75％
轮到自己不会逃避	376	26.13％
更愿意以其他方式为国家尽义务	160	11.12％

表 7-21　如果国家利益遭到严重侵害而发生战争，你会如何做

选项	人数/人	百分比
如需要，可以献出自己的一切	1069	74.29％
到时候再说	264	18.35％
不敢想	106	7.37％

对策篇

公民国防忧患意识现状调查，对有针对性地开展国防忧患意识教育提供了基本依据，目的是根据公民个体和群体身心、职业、教育程度等实际情况，针对公民国防忧患意识结构特点、存在的问题与缺陷，运用国防忧患意识教育原理，利用国防教育既有组织体系、力量体系、法规制度体系及社会资源，开展国防忧患意识教育。作者认为，国防忧患意识教育的对策研究，不必贪大求全，非要搞出一套看似完整的内容、方法和评估体系，好像不如此不足以显示对国防忧患意识教育的重视。本书关于公民国防忧患意识教育的对策研究，更注重探索如何运用相关原理，使当代中国公民自觉自愿接受国防忧患意识教育，以及用什么样的内容、方法能够使国防忧患意识教育起到实实在在的效果。

第八章　国家认同和国家安全观教育

公民个体或群体国防忧患意识的形成和提高，遵循着国防忧患意识形成的共同逻辑。国家认同和国家安全观是国防忧患意识形成的基础，因此，开展国防忧患意识教育，必须注重国家（认同）意识教育、国家安全意识教育，并在国家安全意识教育中引导公民特别关注国防安全。

一、培育、巩固和提高公民的国家认同

“国家认同是个体界定自我国民身份，确定民族特性和国家归属的主体意识。国家认同的成功建构不仅有助于个体维护本体性安全，防止焦虑，更是民族国家稳定和发展不可或缺的软实力。”① 新时代的中国，不仅面临着西方发达国家的先发优势，一些国家的围堵遏制、意识形态竞争压力以及跨国组织对国家主权的挑战，而且还须应对国内社会转型带来的地区之间、城乡之间的发展差距以及利益矛盾冲突带来的压力。内外双重压力挑战着中华民族的向心力和凝聚力，也使建构国家认同成为日益重大的时代课题。对当代中国公民的国家认同教育，应结合公民个体和群体的身心、职业、教育程度等实际，适应公民国家认同形成发展的客观规律，抓住有利于培育公民国家认同的核心内容，克服公民国家认同形成发展面临的主要障碍与挑战，以人为本，循序渐进，尊重规律，讲求实效。

① 章秀英、戴春林：《公民国家认同感发展现状及影响因素——基于 10 省市问卷跟踪调查（2011—2014）》[J]，《马克思主义与现实》2017 年第 4 期，第 188 页。

(一) 公民国家认同教育必须从儿童抓起

公民国家认同的形成和发展，遵循人的意识形成和发展的一般规律。一般来说，成年人有着比较成熟和稳定的国家认同，但人作为一国公民的国家认同实际早在儿童时期即已萌生。邓小平同志曾经说过“教育要从娃娃抓起”，公民的国家认同教育同样也要从娃娃抓起。根据国家认同的结构及儿童身心发展的特点，有心理学家认为，儿童国家认同的发展要经历五个阶段：第一阶段，儿童要获得他们所属群体的名称，即在与父母等他人的接触中所听到的关于国家的最突出的群体性知识，如学会“中国”“中国人”等记号词语。随着自我意识的发展，在第二阶段儿童开始能够用第三人称描述自己国家人的某些特点，如“他们像我们”。第三人称的使用说明儿童还没有把自己看成或分类为国家群体的成员。随着地理等人文知识的增长，儿童渐渐能够区分自己国家的人和外国人，并对自己国家或民族成员产生系统性偏爱，此时进入第三阶段，但儿童对自己所属群体的概念尚不能准确认识。随着概念理解能力的发展，儿童渐渐形成以地理为基础的社会群体知识，由此进入第四阶段。虽然他们对自己所属群体的概念还不深入，但是已经能够把自己认同为他们所属群体的成员，开始学会使用第一人称来描述自己的国家。进入第五阶段即少年期后，受媒体、学校、家庭、同伴等因素的影响，青少年国家认同感的内容趋于复杂，认同感的主观心理成分作用增大。① 儿童国家意识的认知成分，主要包括国家制度、国家人群的分布、历史地理知识和名胜古迹、风俗习惯、传统道德理想和信念、民族文艺、对国民性格的了解和认同等方面。② 一方面，学校教育和家庭教育要重视向儿童传递这些信息。另一方面，国内有研究表明，中国儿童获得这些信息的主要来源是电视、报刊、图书、网络等间接的媒介，而并非国外研究所发现的人际间直接交流。有效开展儿童国家认同教育，在巩固和拓展学校、家庭渠道的同时，必须利用好各种间接媒介资源。

国内还有研究表明，儿童及青少年的国家认同感随年龄的增长先升后降继而再回升，在初中阶段达到较高水平，此后便开始下降，到大学时又略为回升。

---

① 翟成蹊、陈舒音：《儿童青少年的国家认同感的心理分析》[J]，《消费导刊》2007 年第 8 期，第 182 页。

② 高廉怡、郑富兴：《论全球化时代国家认同感的培养》[J]，《比较教育研究》2002 年“全球化与教育改革”专刊，第 136～137 页。

从这一变化规律中也可以看出，公民国家认同教育从儿童抓起的必要性和重要性。

（二）突出重点教育内容强化国家认同

“没有国家的建立，爱国主义就无从谈起；没有国家认同感的形成，国家就失去了稳固的心理基础。”① 公民的国家认同感除必须经过国家制度的建构，用好绩效性资源、制度性资源和意识形态资源，使公民在价值判断中高度认可，并产生足够的归属感、获得感、满足感外，也离不开教育的激发与培养。国家认同教育是一个动态的国家认同建构过程，在这一过程中，国家将历史、文化、宗教、节日、符号等进行编码和再编码，使其进入人们的内心体验之中，使国民体验到自己与同胞，甚至是未曾谋面的同胞具有手足之情，与民族或国家命运紧密相连。在国家认同教育中，（民族）国家文化、历史地理、领土主权、主流意识形态和国家制度甚至全球意识等教育内容都对国家认同的形成和巩固起着突出的重要作用。文化是一个民族历史发展的产物，它代表着一个民族的传统，体现着民族的个性。② 对于现代民族国家来说，民族语言、古典艺术、传统节日等都是国家认同的永恒载体，传承民族文化也就是在传承国家认同和国家意识。国家既是一个空间概念，也是一个时间概念。历史与地理教育作为国家认同教育的基础性内容，其地位与作用无可替代。国家认同教育必须通过加强国家历史和国家地理教育，来培养公民在时间和空间维度上对国家的认识和情感。“历史教育的重要功能在于传承历史记忆。通过历史记忆，人们能够穿越时间的隧道，与自己从未谋面的先人建立起文化心理上的关联。这样一来，当下生活的人们就与已逝的祖先之间建立起了稳固的联系。因此，在国家认同教育中，历史教育扮演着十分重要的角色。”③ 邓小平同志认为，中国历史是中国发展的精神动力。④ 钱穆认为：“若一民族对其已往历史无所了知，此必为无文化之民族。此民族中之分子，对其民族必无甚深之爱，必不能为其民族真奋斗而牺牲，此民族终将无争存于并世之力量”，“故欲其国民对国家有深厚之爱情，必先使其国民对国家已往历史有深厚的认识。欲其国民对国家当前有真实之改

---

① 吴玉军：《如何提升国民的国家认同感》[J]，《中国德育》2018 年第 2 期，第 44 页。
② 刘献君：《大学之思与大学之治》[M]，武汉：华中理工大学出版社，2000 年版，第 88 页。
③ 吴玉军：《如何提升国民的国家认同感》[J]，《中国德育》2018 年第 2 期，第 46 页。
④ 邓小平：《邓小平文选》（第三卷）[M]，北京：人民出版社，1993 年版，第 358 页。

进，必先使其国民对国家已往历史有真实之了解”。① 每一个民族国家都拥有特定的地理空间，其国民在这个地理空间中生存、繁衍，创造属于自己的文明。地理能够让一个国家的公民看清楚本国在地球上某个角落的位置以及生存的条件。通过地理学习，人们知道祖国的边界在哪里，边界之内的人们有哪些特征，本国的国土有哪些地理风貌。通过对地理的学习，一个身居漠河的居民，会感到远在云南未曾见面的居民是自己的同胞；一个纵使没有亲身去过西藏、台湾的人，通过地理学习也会清楚地知道这是中国神圣不可分割的领土。② 国家领土主权是国家存在的基础和标志。国家领土主权教育的内容既融于地理教育、历史教育、政治教育等教育活动之中，又通过放眼世界、加深对世界的认识更为突出地显现出来。意识中的国家既是无形的，又是有形的，任何国家都有自己的主流意识形态，都有其赖以有序运行的国家制度。由于中国的特殊国情（如在香港、澳门实行一国两制，台湾问题的存在），我们难以要求所有的中国公民都热爱社会主义，但毕竟在世界上具有主权国家地位的中国只有一个，为世界所公认的代表中国的合法政府只有一个，它是在整体上被各国认知为社会主义的中国而存在。因此，国家认同教育中也就当然必须包括对主流意识形态和国家制度的认同教育。需要指出的是，在把握和运用国家认同教育内容的时候，历史教育应尊重基本的历史事实，既要让国人了解中华民族五千年的灿烂文明，也要让人们深刻理解和体会近代以来中华民族饱受的屈辱，不能采用阿Q式的自欺欺人的方式来麻醉自己。同时，在全球化时代，中国是世界的中国，公民国家认同教育不能人为地把中国与世界分隔开来甚至对立起来，走向狭隘的民族主义教育，而是应该以开放、自信的心态，把世界意识、人类命运共同体教育融入其中，以促使公民形成健康、包容和理性的国家认同。

（三）与公民自身发展紧密结合

“工具论”认为，国家认同具有场景性、不稳定性，是成员理性选择的结果，而利益是个人和群体选择的指南针，政治共同体只有满足公民的利益诉求才能获得公民的认同。我国以经济建设为中心的改革开放正是回应了人民群众发展生产力、提升物质生活水平的利益诉求。“效率优先，兼顾公平”分配原则

---

① 钱穆：《国史大纲·引论》[M]，北京：商务印书馆，1994 年版，第 2～3 页。

② 吴玉军：《如何提升国民的国家认同感》[J]，《中国德育》2018 年第 2 期，第 47 页。

极大激发了人民的主体性，创造了中国经济发展奇迹，彻底改变了中国贫穷落后的面貌，极大满足了人民群众日益增长的物质文化需求，改变了中国在国际社会中的形象与地位，为中国国家认同赢得了有效的支撑。① “工具论”对国家认同教育同样具有指导意义。我国著名教育家蔡元培认为，教育要“造就健全之国民”。公民国家认同教育的目的，就是要使公民把个人与国家命运联系起来，承担起对国家和社会的责任和义务。这也就意味着对公民国家认同的要求，必须把个人发展需要与国家需要统一起来，过分强调国家和社会价值取向而忽视公民个人发展的做法，往往不仅不能达到教育的目的，反而会形成负强化效应。公民国家认同教育不仅要尊重公民学习、生活、就业等的需要，而且应当有利于促进其身心、人格和思想的全面协调发展。要充分尊重公民的主体性和创造性，在教育中引导公民通过自主的学习、探索和实践，感悟和增强国家认同。现代社会的快节奏、强竞争等给当代中国公民带来了巨大的压力，这些压力是一种客观存在，是公民摆脱不了，必须直接面对的。开展国家认同教育，不可能不考虑公民面对的客观社会压力、关心的涉及切身利益问题，而要求他们一心想着国家如何如何。如果能够告诉他们，能不能进入一所好的学校，能不能有更好的职业、更可观的收入，哪怕是暂时表现得过于专注诸如此类问题，也是正当的。既符合自身利益也不违背国家利益，要比一味高大上地要求公民一定要时时想着国家，把国家利益看得高于一切更容易为公民所接受。问题的另一面是，公民也必须接受这样的道理：人是社会性的，人是要有所归属的，正如与家庭、父母的血脉联系一样，公民与祖国也存在着不可分割的血脉联系。如果公民不能做得更好，那么最低标准就是无论做什么都不能损害国家利益；如果公民有为国家做事的条件，那就要为国家做点什么；如果公民能够做得更好，那就要尽可能做到更好。一个普通公民，如果想做到高尚，那就要向一心为国家无限接近；如果没有做一个高尚人的打算，至少应恪守做一名中国人的良心底线。

（四）运用符合认知发展规律的多样化教育方法

公民国家认同教育，既要体认记忆的共同体，又要形成想象的共同体。记

---

① 章秀英、戴春林：《公民国家认同感发展现状及影响因素——基于10省市问卷跟踪调查（2011—2014）》[J]，《马克思主义与现实》2017年第4期，第195页。

忆需要通过反复、兴趣、重大事件和体验才能不断强化，想象则需要开放性思维和情感体验。

国家的标志和象征，如国旗、国徽、国歌等不仅是神圣的，而且应该是为公民所熟知并清晰铭记的。这些标志和象征应该时时出现在公民的视野中，不断刺激公民的各种感觉器官。多年前，我国的一个考察团到美国后，成员普遍有这样的感受：无论在庄严的白宫、国会山，还是老少皆宜的迪士尼、好莱坞，即使在内华达州的大沙漠高速公路边，无论你愿意与否，都随处可见两样东西：一个是无处不在的红白相间的星条旗，提醒你是身在美国，另一个是印有美国标志秃鹰的各种纪念品，提醒你记住美国的强大，因为秃鹰本身就性情凶猛，号称“百鸟之王”。考察团感叹：令人吃惊的是，这种现象在全美各地完全一致，实际上也造成了一种潜移默化的氛围，它对本国公民是一种自然而然的爱国熏陶，而对外国人则是一种无声的提醒。美国人在国家意识教育上，做到了费尽心机、不厌其烦。①

从某种意义上说，民族语言、民族艺术、历史地理、传统节日等是民族国家的胎记。在全球化的影响下，这些胎记正逐渐褪色。图像社会或视觉文化时代的来临，已经成为当今一种主导性的、全面覆盖性的文化景观。读图时代意味着抹去了民族语言文字的特殊性，从而也逐渐抹去了各个文化传统的特性，使国家认同培养失去了一个重要的基础。对应对这一挑战，包括我国在内的不少国家曾经纷纷为学生和其他公民开列必读经典书目。但读图时代的阅读发生了由“文字单维”到“声像一体”的符号形态转换，由“线性浏览”到“整体观看”的阅读逻辑转变，由“区隔接受”到“沉浸参与”的审美体验转化。②因此，必须重新探索读图时代的历史依据和文化机理，既要努力传承民族语言文字等文化符号，又要积极探索图文一体等新型语言形式，创造性地转变传统文化传播方式。全球化使得城市和乡村都卷入了世界生产体系，参与国际分工后，许多民族艺术在工业和商业潮的冲击下逐渐被人遗忘。因此，需要拯救和宣传民族艺术，引导公民去发现它们的价值，以使民族艺术得以保持和传承。在我国，现代生活方式和全球化的冲击，使传统节日的神圣色彩和隆重氛围逐

---

① 中国企业文化建设协会赴美考察团：《美国的国家意识教育》[J]，《思想政治工作研究》1995年第8期，第41页。

② 刘晓荷、董小玉：《读图时代的阅读嬗变与出版调适》[J]，《现代出版》2019年第6期，第32页。

渐淡化，部分中国公民一度热衷于过洋节。近年来，随着人们对节日文化、假日经济的反思，加上受到一些国际因素的刺激，社会已形成重视传统节日的回潮，国家也加大了对传统节日的保护和宣传力度，这对中国公民国家认同的强化，无疑会起到越来越大的积极作用。

国家认同的巩固需要公民的情感体验。民族国家是一个想象的共同体，因而想象在国家认同培养中具有重要作用。共同的活动和传媒的传播都能强化国家在公民心中的印象。升国旗仪式、奏唱国歌、参观历史文化博物馆、游览祖国名胜古迹、开展历史回顾与教育活动等，可以使公民结合关于国家的知识，在有关国家的历史记忆基础上建构并巩固祖国意识。国际体育赛事中，虽然来自同一个国家的人素不相识，但是在观看比赛时却能强烈地感到自己是国家的一员。因此，一次奥运会或一次足球世界杯比赛，就能起到强化国家认同的作用。重大灾难以及针对国家的侮辱、袭击和侵略等反面的重大事件，往往比正面的事件更能激起一国公民的国家认同，这些事件需要在国家认同教育中充分加以利用。

符号经济和符号化认同也可以为国家认同教育提供灵感。无论是商业领域的“形象代言人”，还是流行文化中的“抖音网红”，都属符号文化认同中的“偶像化认同”，前者能给商家带来巨额的销售收入，后者能使一位名不见经传的人物瞬间蹿红。当社会上一些人发疯似的追逐明星的时候，他们实际在很大程度上也是在故意显现自己的族群身份，这就是符号的巨大魔力。国家认同教育有着利用符号化认同的天然优势，关键在于教育者是不是善于发现和创造高度契合并且有吸引力的符号，并对国家进行相应的符号化包装。例如，美国人给自己的国家起了“山姆大叔”这个绰号，在各种传媒上经常出现略显滑稽可笑的“山姆大叔”形象。“山姆大叔”代表的是吃苦耐劳、诚实可靠和为国奉献。1961 年，美国国会正式决定，以“山姆大叔”作为美国的民族象征。① 以

① 山姆大叔（Uncle Sam），是美国的绰号和拟人化形象，为一帅气、精神矍铄的欧洲裔老人，身着马甲礼服，头戴星条旗纹高礼帽，身材高瘦，留着山羊胡。这一漫画形象由著名画家詹姆斯·蒙哥马利·弗拉格为公共资讯委员会绘制。关于“山姆大叔”的起源有多种说法，其中一说是源于 1812 年美英战争时期，纽约州伦塞列郡特洛伊的肉类商人塞缪尔·威尔逊在战争中向美军供应腌牛肉，牛肉桶上写有“EA－US”字样。EA 为公司名，US 为山姆大叔（Uncle Sam）的缩写。由于合众国（United States）的缩写恰好也是 US，其后山姆大叔成了美利坚合众国的绰号。美国人把“山姆大叔”诚实可靠、吃苦耐劳以及爱国的精神视为自己民族的骄傲和共有的品质。1961 年，美国国会正式承认“山姆大叔”为美国的民族象征。1989 年，美国国会决议将 9 月 13 日即塞缪尔·威尔逊的生日定为“山姆大叔日”。

这样一个形象来代表自己的族群和国家，似乎不太严肃，却受到美国人民的认可和喜爱。2018 年 6 月，国家国资委新闻中心携中央企业媒体联盟与“抖音”签署战略合作协议，首批 25 家央企集体入驻“抖音”，包括中国核电、航天科工、航空工业等，昔日人们印象中的高冷央企，开始借助新的传播形式寻求改变。此前，七大博物馆、北京市公安局反恐怖和特警总队、共青团中央等机构也已经入驻“抖音”等短视频平台。除了娱乐、搞笑、秀“颜值”、秀舞技，不少传播社会主义核心价值观的内容开始在短视频平台上流行起来。2019 年 9 月 27 日，为庆祝中华人民共和国成立 70 周年，“新华网”联合“抖音”发起主题为“我为祖国骄傲”的话题互动活动。国家队的集体出镜和“严肃卖萌”，使短视频平台逐渐成为提升国家认同的一个重要渠道。

此外，崛起中国家的公民需要在国家认同的基础上培养新型国家意识。2007 年，俄罗斯新教师手册编写者达尼林和奥尼德·玻利雅可夫指出：民主的唯一保证就是我们要拥有至高无上的主权、强大的国家、强大的军队以及稳健的经济发展。这不只是一种思想意识，更是一种常识。俄罗斯需要发展一种新的国家意识，让民众对自己的国家，对自己的民族，以及对自身产生认同感。教师们能够将这种国家意识应用到教学中，从孩子开始培养一种全民的爱国主义情结。① 今天，立足新时代的历史方位和中华人民共和国成立 70 多年的坚实基础，作为迈向“强起来”进程中的中国人民，更加应该坚定“四个自信”，不断巩固对伟大祖国的认同、对中华民族的认同、对中国特色社会主义道路的认同。② 在保持和传承优秀民族文化的同时，也不能拘泥于过去的传统，而是要着眼未来中国发展，在向世界开放和学习中培养国家意识。要注重引导公民避免陷入或走出“弱者”“受害者”心理，形成开放自信的大国国民心理，积极树立和不断提升适应经济、政治、军事、文化等方面全面崛起，符合新时代要求的现代国家意识。

二、强化和引导公民的国防安全观

国家安全观是对国家安全及国家安全相关问题的历史、现状、发展、规律、

---

① Tony Halpin, Textbooks Rewrite History to Fit Putin's Vision[N], The Times, July 30, 2007.

② 梅宁华：《树立符合新时代要求的现代国家意识——兼析民族虚无主义思潮的表现和危害》[N]，《北京日报》2019 年 8 月 5 日第 14 版。

本质等的认识、评价和主观预期，包括事实认知、价值评价和主观预期三方面内容。国防安全观是国家安全观中集中指向国防安全及国防安全相关问题的内容。从前述各调查结果来看，我国公民的国防安全观并不像一些人认为的那样不堪（如有人未经调查想当然地认为公民普遍性存在“国防意识淡化”“国防观念淡薄”“国防知识贫乏”“思想麻痹松懈”等和平积弊），但也确实存在一定的问题。“一些社会民众受多元价值取向冲击和市场经济发展的影响，对国防和军队建设的关注拥护有所淡化。‘听惯梨园歌管声，不识旌旗弓与箭。’更有甚者，在一些媒体上公然发表抹黑军队、诋毁英雄的历史虚无主义言论，让‘最可爱的人’变成了‘最受攻击的人’。”① 中国公民对国防安全高度关注可以使教育者增强信心，而要使公民国防安全观的树立能够克服各种不利因素的影响，则需要进一步结合时代特点，对公民国防安全观的形成和发展进行必要的教育引导。

（一）突出国防安全这个核心内容

传统上，人们对国家安全的理解和认识主要是围绕着政治安全与国防（军事）安全。国防教育着眼的国家安全，聚焦于传统安全领域，主要是指围绕维护国家在国际关系中的国家利益所要求的国防（军事）安全。因此，国防教育培育国家安全观的功能与作用，主要体现在塑造公民的国防安全观上，涉及的问题包括其他国家军事实力对本国构成的现实和潜在威胁，与其他国家的领土争端造成的对国家领土完整的损害，与其他国家的海洋权益争端对国家利益的损害等需要军事力量支撑、介入或着力运用来予以应对的安全问题。随着我国国力的持续增强、与世界的联系日益紧密以及在和平发展进程中国家利益的拓展，在经济、贸易、科技、政治、文化等诸多方面，在海洋、电磁、极地、空间等诸多领域，越来越多的国家利益需要国防实力予以支撑和军事力量予以保护，要求新时代中国公民的国防安全观要随着国家利益的不断拓展而与时俱进，但国防安全的本质没有改变，国防教育的焦点也不能偏离。

当今时代，安全问题日益复杂多样，但并不意味着安全问题可以被泛化。如果安全问题被泛化，则国防安全的内容也可能被理解得混乱和庞杂，从而导

① 王卫星：《加强全民国防教育 凝聚新时代国防力量——写在第十八个全民国防教育日之际》[J]，《国防》2018 年第 9 期，第 53 页。

致对国防安全问题的忽视和国防安全地位的矮化。因此，在国防教育中有必要对国防安全的内容进行梳理。根据国防的定义，一般来说，凡是围绕国家防务而进行的军事及与军事有关的建设和斗争问题都是国防安全问题。有些问题比较明确，比如领土完整问题。虽然领土完整可以通过政治途径加以维护，但最根本最有效的手段还是军事手段。边界争端可以通过外交谈判的方式维持现状或予以解决，但外交途径的后盾实际仍然是国家的军事能力。有些问题不太明确，需要进行辨别，不能一概而论。如经济安全中的货币汇率问题，一般不涉及军事力量的运用，它是经济安全问题，而不是国防安全问题。经济安全问题中外资对战略产业特别是事关国家军事工业发展的战略产业收购问题，虽然不涉及军事力量的运用，却是攸关国家国防建设和国防斗争成败的问题，因而是国防安全问题。经济安全中的战略通道安全，要求有足够的军事实力提供保护，因而在实质上也是国防安全问题。

（二）教育要有对象及问题的针对性

有效的教育必然是针对性的教育。就国防安全观方面的教育而言，必须把握准公民个体和群体国防安全观的真实状态，找准公民个体和群体国防安全观存在的问题，才能有效推进相应教育的开展。从调查结果看，我国公民总体上比较关心国防安全，有着较强的国防安全意识，存在的突出问题有两个：一是维护国防安全的参与意愿不够高。也就是说，如果不涉及让个人参与维护国防安全，能够表现得特别愿意维护国家的国防安全；而一旦需要个人参与，特别是参与行为有可能给个人生命、家庭等利益带来危险甚至损害的时候，则有相对比较多的人无法做到义无反顾，而是有所保留，甚至有一部分人存在逃避的倾向。这一问题的产生，既受态度和行为分离这一心理现象[①]的影响，也有鲁迅先生曾经辛辣讽刺和尖锐批评的劣根性在作怪。前者的鲜明事例有：1999 年中国驻南联盟大使馆被炸，很多人到美国驻华使馆前游行示威，但第二天又争先恐后排队办理赴美签证；许多人曾经为日本在钓鱼岛问题上的行为义愤填膺，过后，便蜂拥到日本抢购。据媒体报道，2015 年春节，继日本电饭煲后，日本

---

① 美国社会心理学家戴维·迈尔斯认为，态度和行为是经常相分离的，态度有时不能决定行为，更不能预测行为。例如，学生对于作弊的态度和他们的实际作弊行为几乎没有关系。参见戴维·迈尔斯：《社会心理学》（第八版）[M]，侯玉波、乐国安、张智勇译，北京：人民邮电出版社，2006 年版，第 98～104 页。

马桶盖成为新一代家电神物，赴日本购买马桶盖成为热门事件。面对中国游客的抢购，春节期间日本商场马桶盖供不应求，单价2000元人民币以上的产品几乎全部被中国买家扫空，甚至有一家三口买了5个马桶盖。后者就像鲁迅小说《示众》中所描写的那样，一群无知的百姓爱看热闹，但是缺乏理性，没有人格观念，甚至连民族意识都可以抛弃掉，他们不是关心国家的命运，而是好奇。这两大因素促成了相当一部分国民“看客”心理的形成。如果在某一群体中有一定数量的人存在“看客”心理，身处群体之中的个体也不免受到感染。要降低或克服公众或个体的“看客”心理，一种办法是改造社会群体意识，另一种办法是利用人们普遍存在的恐惧心理，进行针对性教育，以弥合他们在国防安全问题上情感和责任意识的分裂。俄罗斯心理学家尤里·谢尔巴特赫曾经通过调查得出结论，“基于社会动机的恐惧使所有的人在某种程度上都害怕疾病和死亡，都畏惧贫穷和可能发生的战争”，“害怕爆发战争居于第二位”①。因此，可以通过强化历史上、现实中发生的战争灾难教育，来强化公民的国防安全观。谢尔巴特赫还发现，“一个人在做出某个重要决定时，自己就必须为其后果担负责任，一旦决定遭到挫折，他不仅面临来自社会的谴责和惩罚，更坏的情况是他将陷于长久的自责，甚至此后余生备受折磨”②。基于这一心理现象的存在，确立并维护对逃避国家安全责任者的惩罚机制，包括法律的和道德的惩罚机制是十分必要的。二是对个人安全的关注超过对国家安全（包括国防安全）的关注。人们十分重视个人安全问题，这是一种普遍的心理现象。国防安全与个人安全在一般情况下是统一的，当国防安全与个人安全一致的时候，特别是个人安全需要国家来保护的时候，人们对国防安全的认同度就比较高。但是，个人安全也经常会与国防安全发生矛盾，比如，为了保卫国防安全，可能需要一部分人牺牲个人生命或者放弃其他个人安全。在这种情况下，如何引导公民愿意为国防安全牺牲个人安全呢？一方面，正如前文所述，要加强对公民的国家和民族认同教育。法国思想家卢梭曾经指出：“一旦人群这样地结合成一个共同体后，侵犯其中的任何一个成员就不能不是在攻击整个共同体，而侵犯共同体就

① 尤里·谢尔巴特赫：《恐惧感与恐惧心理》[M]，刘文华、杨进发、徐永平译，北京：华文出版社，2008年版，第19页。

② 尤里·谢尔巴特赫：《恐惧感与恐惧心理》[M]，刘文华、杨进发、徐永平译，北京：华文出版社，2008年版，第20页。

不能不使它的成员同仇敌忾。”① 另一方面，要加强对公民的国防安全责任意识教育。当然，这些教育不能是无的放矢的机械式说教，而应当适应公民的心理发展规律。要在充分尊重公民个体安全需要的基础上，把国防安全需要与公民需要层次中的尊重需要和自我实现需要结合起来。

（三）教育要适应国防安全形势的变化

国防安全观教育只有与一定时期的国防安全形势紧密结合起来才不至于空洞和枯燥。当今中国是一个在和平发展中日益走近世界舞台中心的国家，是一个日益全面地融入全球化浪潮并坚定支持全球化的国家，是一个国际角色正在发生重大变化、面临更为复杂的安全问题和需要以更高的智慧捍卫国防安全的国家。随着国防安全理念的变化和国防安全手段的丰富和发展，中国公民的国防安全意识和国防安全观，已经不能简单地停留在传统的反侵略意识上，而必须要包容和升级为对国际安全格局了然于胸的全球安全意识、适应中国世界角色变化的大国安全意识。今天的中国已经由过去贫穷落后的发展中国家，变成一个迅速崛起并对地区和国际事务越来越具有重要影响力的大国；已经由国际体系的反对者、旁观者，变为积极的参与者和塑造者；已经由过去被国际社会忽略至多是偶尔重视的对象，变成一个既被重视和借重，又被一些国家防范和遏制的对象。因此，中国的国防安全面临如何正确认识和处理和平发展外部压力，如何有效协调国防建设和经济建设及社会发展的关系，如何平衡军事手段和国际安全合作手段的使用等一系列新的问题，对这些新问题的正确理解，是新时代中国公民国防安全观的重要组成部分。

首先，要使公民树立经济建设与国防建设融合发展的观念。国防系统是社会大系统的一个子系统，国防建设既以政治、经济、文化等系统的建设为基础，又受它们的影响和制约，国防建设必须得到社会的支持，才能又好又快地发展。党的十八届五中全会提出，“推动经济建设和国防建设融合发展，坚持发展和安全兼顾、富国和强军统一，实施军民融合发展战略，形成全要素、多领域、高效益的军民深度融合发展格局”，“实施国家安全战略，坚决维护国家政治、经济、文化、社会、信息、国防等安全”。经济建设与国防建设同为国家的两大职能，同为我国现代化建设的两大战略任务，同为综合国力的重要内容。坚持以

① 让·雅克·卢梭：《社会契约论》[M]，何兆武译，北京：商务印书馆，1980年版，第27页。

经济建设为中心，并不意味着可以延缓国防建设的进程。特别是当今世界还很不安宁，霸权主义、强权政治依然盛行，人类面临着许多严峻挑战。没有强大的国防，就没有一个和平的国际环境和安定的国内环境，就不可能顺利进行经济建设。因此，中国必须始终坚持以经济建设为中心，国防建设与经济建设协调发展的方针，必须处理好经济建设与国防建设的关系，使之互相促进，融合发展。其次，要使公民理解并接受合作安全观念。在全球化时代，国家既需要凭实力谋生存，以自助的方式维护自身安全，又需要适应和利用非零和的利益模式，以新的方式，即通过积极开展国际双边和多边合作实现国防安全。总体国家安全观是新时代中国国家安全战略思想的核心和基础，其最直接的追求和目标是实现中华民族伟大复兴的"中国梦"，"合作共赢"是新时代中国国际安全战略的战略选择和实现路径，打造"人类命运共同体"则是新时代中国国际安全战略的愿景和目标。中国在制定国家安全战略和国际安全战略时始终奉行走"和平发展道路"的原则，而作为中国国家安全战略目标的"中国梦"和作为中国国际安全战略目标的打造"人类命运共同体"，两者又相互融合、相互促进。因此，新时代的公民国防安全观教育，应贯彻国家总体安全观思想，注重在教育活动中引导公民理解、接受合作安全，逐步建立将合作安全融于其中的国防安全意识。再次，要帮助公民建立在复杂的国际关系中求安全的国防观念。在全球化时代，过去那种利益切割清晰、敌我友界限分明的国际关系形态日渐模糊，取而代之的是高度复杂化的国际关系。这种复杂的国际关系包含了许多悖论，如一体化与分散化、单一性与多样性、民族认同与国家分裂、文明融合与文明冲突、促进稳定与加剧动荡、依存合作与竞争对抗、主权维护与主权让渡，等等。全球化时代国际矛盾的复杂性，既增大了国防安全面临的危险，同时也为国家维护国防安全提供了新的机遇。在维护国防安全这一问题上，任何国家都不可犯幼稚病和片面性的错误，而是要两手并用，以两手对两手，两手都要硬。全球化时代国防安全的这些特点告诉我们，公民的国防安全观教育，要更多地融入理性的策略内容，而不能简单地停留在以感情唤起激情的水平上。

第九章　巩固国防忧患记忆的历史教育

国防忧患意识是捍卫国土、反抗侵略、维护权益等国防斗争的历史记忆在头脑中的再现。国防忧患意识来源于国防忧患的客观存在。国防忧患客观存在既包括现实中存在的国防安全威胁，也包括历史记忆中本国或本民族遭受的外来侵略、占领、欺凌和压迫，特别是亡国灭种的惨痛记忆，还包括对其他国家或民族遭受的类似灾难的学习和记忆。那么，历史记忆是如何促进国防忧患意识的形成和巩固，又如何利用国防忧患历史教育培养公民的国防忧患意识呢？

一、历史记忆生成国防忧患意识的原理

历史记忆是建立在历史经历基础上的人们心中的历史，是对历史的解读。这种对历史的理解和记忆无法脱离基本的历史事实，但它仍是经过加工的。历史记忆与历史观念渗透进领袖人物、精英人物的思想、理论以及普通民众的社会政治意识，构成一个国家民族性格的重要组成部分。对历史经验教训的汲取是历史记忆的一种最重要的形式。美国学者罗伯特·杰维斯认为：历史的经验教训可以形成某种知觉倾向，以往的历史事件为人们提供了一系列可以设想的情景，使他们发现规律和因果关系，帮助他们解读所面临的世界，如果不假定未来在某种意义上与过去相似，就无法理解现在的环境。当人们用历史事件类比当今的事件时，“从历史学习”这一现象表现得最为明显。人们学得最快、最容易、最彻底的是那些显而易见的经验教训，并且更多地来自于震撼性事件。[①]

---

① 罗伯特·杰维斯：《国际政治中的知觉与错误知觉》［M］，秦亚青译，北京：世界知识出版社，2003年版，第222～223页。

国防忧患是许多国家历史的组成部分，也是一国国民历史记忆的重要内容。国防忧患往往意味着征服、奴役、战争、屠杀甚至亡国灭种，属于典型的震撼性事件，因而国防忧患记忆在各种历史记忆中最为深刻。当一国国民拥有发生在本国或外国的国防忧患记忆时，便会将这类事件类比当今相同或相似环境下的某一事件，形成国防忧患心理（包括国防忧患情绪）。历史上发生的国防忧患事件一般情况下不可能只有一件，历史愈为悠久的国家，发生的国防忧患事件愈多，也更为有利于人们去发现国防忧患发生的规律和因果关系。人们最初的发现经过多次国防忧患事件的检验，认知偏差与错误得以纠正，从而更为接近客观事实，形成理性的国防忧患意识。

从历史记忆的角度来看，国防忧患意识的形成过程实际上是人们对历史经验教训的认识过程。在这一过程中，人们所认识的历史，特别是那些没有亲身经历的历史，有可能已经偏离了历史实际，也有可能认识过程出现问题，从而导致国防忧患意识形成过程中“历史禁锢现象”的发生，使认知主体背上沉重的历史包袱。人们认识的历史由亲历历史、口述历史和记述历史构成。亲历历史只是历史长河的一隅或一瞬，大部分历史都经由口述或记述传承。口述和记述历史均经过前人加工，如果它们已经脱离了历史的原貌，则学习者获得的历史记忆必然会出现偏差，从而导致得出错误的经验教训。在认识层面，如果人们简单机械地将现实与历史相比，也有可能出现错误的认识，形成偏执或偏激的国防忧患情绪。经历过动荡的人会特别害怕动荡，经历过战争的人尤其担心发生战争，经历过侵略的国家会对敌意十分敏感。有研究证明，美国前总统里根对苏联的强硬态度即与古巴导弹危机给他留下的印象有关。① 历史的类比是重要的，但是，历史的类比也会由于人的认知局限而成为负担，产生误导作用，将一些实质上不相同的现实事件和历史事件牵强地联系在一起，结果出现重大的知觉错误，偏离国防忧患意识形成的正确轨道。例如，由于当年英法两国对德国实行绥靖政策，致使希特勒发动战争的冲动未能及时受到制止，后来，人们一直心有余悸，出现了所谓的“慕尼黑综合征”②。

---

① Russell J.Leng, Reagan and the Russians: Crisis Bargaining Beliefs and the Historical Record[J], American Political Science Review, 1984(78).

② 罗伯特·杰维斯：《国际政治中的知觉与错误知觉》[M]，秦亚青译，北京：世界知识出版社，2003年版，第14～15页。

二、国防忧患历史教育的基本功能

国防忧患历史教育是教育者运用语言、文字、图形、音像等符号向教育对象传递国防忧患历史信息的活动，是运用历史记忆生成国防忧患意识的基本原理，培养人们国防忧患意识的过程。国防忧患历史教育具有引领教育对象感受国防忧患历史，把握现实和未来国防忧患，以及帮助他们培养国防忧患思维的功能。

（一）感受国防忧患历史

国防忧患意识来源于客观存在，国防忧患历史作为一种客观存在，是国防忧患意识的重要来源。大多数人，特别是生活在和平安宁环境中的人们，没有国防忧患的亲身经历，因此，国防忧患历史教育就成为展开国防忧患历史场景、传递国防忧患历史信息的重要途径和手段。在国防忧患历史教育活动中，教育者运用各种载体，将国防忧患历史信息传递给教育对象，对教育对象的认识活动施加影响。教育对象在接受国防忧患历史信息的过程中，也获得了对国防忧患历史事件的亲身体验，这种亲身体验对教育对象形成强烈刺激，使其在头脑中留下印象并产生情感变化。刺激越强烈，留下的印象也就越深刻。多次重复刺激可以加深印象，但过多的机械式重复刺激则又可能起到反效果。一般来讲，国防忧患历史教育应当建立在国家意识特别是国家认同的基础上。当人们有了国家意识，有了对国家的认同，有了对国家的强烈归属感，就会倾向于关注本国的历史忧患，不愿意这些忧患再次发生。人们对本国曾经发生的历史忧患有着更为深刻的感受，也会自觉不自觉地将别国的历史忧患推及本国，希望这些忧患不发生在本国身上。

（二）把握现实和未来国防忧患

历史类比可以使人们从以往的事件中获取洞察力，是形成理性思维的有效途径。历史作为对人类以往实践的总结和记录，为后人提供了一座丰富的知识宝库。学习历史，可以丰富人们的思想，拓展人们的视野，为人们提供一种全面、综合的价值理性的经验和教训。[①] 对于个人而言，也许失败一次或多次都可以重来，但对于一个民族或国家来说，一次失败特别是国防上的失败可能就意味着分崩离析、被压制、被征服或者灭亡。客观的国防忧患历史是一面忠诚原貌的多棱镜，可以反观过去，看到现在，还可以折射未来。人们可以通过对国防忧患历史的学习，研究、发现国防忧患发生的规律和因果关系。虽然历史上的国防忧患和现实并不共处在相同的时代和相同的环境，但这些规律和因果关系的存在，使历史和现实保持了相似、相通的连贯性，人们可以通过认识、分析历史上发生的国防忧患，提取其构成要素，归纳其发生发展的各种变量，发现变量之间的联系，再通过验证、联想、预测，去认识、评价现实的国防安全，把握国防安全变化的趋势。国防忧患历史教育还可以使人们澄清错误的观念，分析、比较目前所处的环境，记取以往失败的教训，避免重犯过去的错误，争取下次的成功，正所谓“前事不忘，后事之师”。

（三）培养国防忧患思维

国防忧患历史教育的最终目的并不是让人们机械地去感受过去和预测未来，而是培养社会主体关注国防安全、渴望国防安全度上升的强烈情感和精神自觉，使其产生改造国防安全现状的冲动和强烈责任感，积聚和释放出维护国防安全的强大精神动力。作为前奏和铺垫，国防忧患历史教育往往要告诉人们国家（包括本国和外国）在历史上的繁荣、富足、强大和对外战争的胜利，使人们产生愉悦心理和自豪感（关于本国史和人类史）。不过，国防忧患历史教育并不仅仅停留在这一层次上。更重要的是，它还要告诉人们，是什么原因促成了这些繁荣、富足、强大和胜利，怎样才能延续或再现国家的繁荣、富足、强大和胜利，又是什么原因造成了国家由盛而衰，如何避免“盛极而衰”的发生。当然最重要的，国防忧患历史教育要告诉人们国家（包括本国和外国）在历史上被打败、被征服、被侮辱、被毁灭的经历，但并不仅仅停留在痛苦的回忆（对本国国防灾难的切肤之痛和对外国国防灾难的同情），而是促使人们时刻去反思，是什么原因造成了国家的衰弱和国防的不堪一击，是什么原因造成了国防灾难的发生。国防忧患历史教育就是要通过对国防忧患历史问题的解释和对超越现实的危机性问题的分析，使人们不满足于现状，通过对国防忧患历史的理性反

---

① 邓李赟、史向军：《略论历史教育的功能和作用》[J]，《前沿》2008 年第 4 期，第 111 页。

思总结经验教训，或通过对本国历史行为的自我批评和对外国历史行为的批评，揭露缺点错误，从而在对本国国防安全的肯定中发现潜伏的问题和危机，或从对国防安全现状的诊断中找准进一步发展的趋势、方向或要求。国防忧患历史教育正是通过促进人们对国防忧患历史的精神内省，培养人们的国防忧患意识，从而提高人们科学预见未来国防忧患和积极构建国防安全的意识和能力，提升主体动力和能力，推动国防安全建设的持续健康发展。

三、国防忧患历史教育的主要内容

国防忧患历史是培育国防忧患意识的土壤，对于具有悠久历史和饱经国防忧患的国家来说，这一土壤可能尤其令人痛心地“肥沃”。中国在几千年的历史发展进程中，外患、战乱和亡国事件不断，令人震惊的国防灾难屡有发生。多灾多难积聚了丰富且深刻的忧患思想和文化，为后人留下了宝贵的精神财富。中国历代总有慷慨赴国难的英雄出现，他们可能挽狂澜于既倒，扶大厦之将倾，也可能为国捐躯而无力回天，成为悲剧英雄。在中国历史中，爱国主义不仅是绝大部分人情感的自然流露，而且是民族文化一直坚持的核心价值观。在各种灾难面前坚韧不屈的民族精神，是中国人国防忧患意识形成发展的原动力、内驱力和催化剂。中国历史为各个时代国防忧患意识教育提供了丰富的内容，成为国防忧患意识生生不息的源泉。当然，国防忧患历史教育，也应包括对其他国家国防忧患历史的学习和借鉴。

（一）国防忧患历史事件

意识来源于客观存在的事物，国防忧患历史事件的存在是历史因素触发国防忧患意识最基本的条件。对公民的国防忧患意识教育，首先必须让公民了解本国的国防忧患历史事件。中华人民共和国成立前夕，民主人士黄炎培曾说，中国古代“政怠宦成”者有之，“人亡政息”者有之，一代王朝“其兴也勃焉，其亡也忽焉”①。内乱、外患连绵不断，导致一次次盛衰转换和朝代更迭，使整个中国史成为一部充满国防忧患的历史。中国历史上的国防忧患事件可以归纳

① 金冲及：《毛泽东传》[M]，北京：中央文献出版社，1996年，第719～720页、第917页。语出“禹汤罪己，其兴也勃焉，桀纣罪人，其亡也忽焉”。见于《左传·庄公十一年》，又见于《新唐书·卷一百一十五》。

为两类：一类是内乱之患。无论是大一统状态还是分裂割据状态，几乎每一个王朝，在其后期都要经历严重的动荡和内乱，在有些朝代，甚至自始至终动荡不安。另一类是寇侵之患。寇侵之患即使强盛如汉、唐也不可避免。在诸侯林立、分裂割据和各族政权并起的年代，相互间的征伐和侵掠也构成彼此间巨大的安全威胁。自明代开始有外患来自海上，明代主要是来自日本之患，清代则有西方列强和明治维新后的近代化日本之患。民国时期，中国持续遭受日本的侵略。内乱和外患带来深重的国防灾难，国防灾难往往又与其他灾难交织在一起，使一代代中国人饱经苦难。这些灾难主要有：①战争。中国历史上战乱连连，即使在所谓的盛世也难以避免。②分裂。早在周代，自平王东迁，中国便陷入了历史上的第一次大分裂，这次分裂持续了500多年的时间。此后，三国两晋南北朝时期的分裂持续约400年，唐亡后进入五代十国时期的分裂，宋、辽、夏、金的对峙持续了约300年，民初又经历了20多年的军阀割据和混战。③亡国。中国历史上除少数前后朝“禅让”外，多数王朝都是被内部或外部的武力推翻，属非正常“死亡”。分裂时期的各国基本上都是亡于他国武力，大一统王朝也避免不了这样的命运，使无数人经历了亡国之痛。④国土沦丧。当国家抵挡不住外敌入侵时，往往会丧失大片的国土。如晋、宋长期丧失北方，清末被迫割让大片领土。⑤人口锐减。战争往往伴随着对平民的大规模屠杀，连年的战乱往往使大量人口因杀戮、饥荒、瘟疫、流离失所而大量非正常死亡。⑥对生产力和财富的破坏。战乱往往造成对生产力及财富的巨大破坏，掠夺也成为战乱时期的经常现象。历史上特别是近代以来的国防忧患，给中国人民留下了惨痛的历史记忆，这些国防历史忧患通过国防忧患历史教育以多种形式再现于人们的头脑之中，可以起到承载经验教训、唤起国防忧患意识的重大作用。

（二）国防忧患思想与文化

忧患意识是中国文化的传统与特色。早在春秋战国时期，忧患意识集中爆发，为中国持久厚重的忧患文化奠定了坚实基础。国防忧患意识自忧患意识集中爆发之始就是忧患意识的重要组成部分，并且构成了忧患文化的亚文化。此后，得益于各个历史时代思想家的贡献，不断地发扬光大，并通过历代典籍，以及民族精神等传承下来。中国传统国防忧患思想和文化的内涵主要包括：①国防危机意识。国防忧患意识所“忧”之“患”，是国防所处的危机或困境。国防忧患意识就是要对国防安全的矛盾性、曲折性保持清醒的认识，随时意识到危机的存在，特别是在表面上一片升平的时候意识到潜在的危机。这是一种与盲目的乐观情绪和侥幸心理相对的心理状态。“居安思危，思则有备，备则无患”即是这种心理状态的反映。②国防责任意识。人们之所以要“忧”国防之“患”，乃是因为国防安全是国家、民族生存和发展的保障，没有高度的历史使命感和社会责任感特别是国防责任感，是不可能具有国防忧患意识的。有责任感，才能发现危机，才敢直面危机；有忧患感才能意识到重任在肩，才能“战战兢兢，如临深渊，如履薄冰”。这种忧国忧民和捍卫国防安全的精神，既是一种深切的国防忧患意识，也是一种深重的国防责任意识。陆游“位卑未敢忘忧国”的名句，道出的正是与国防忧患相联系的国防责任意识。国防责任意识是国防忧患意识的本质。③不屈的奋进意识。国防忧患意识不是消极的悲观主义，它并不是要人们在国防忧患中沉沦，而是要人们在国防忧患中奋起。即使在某些特定的历史条件下，不利因素非常强大而有利因素异常微弱，国防忧患意识也要求人们以“知其不可为而为之”的精神积极寻找解决问题的出路，以求得“精诚所至金石为开”的效果。它“实际是蕴蓄着一种坚强的意志和奋发的精神”①。正如欧阳修所说：“忧劳可以兴国，逸豫可以亡身。”② 在中华民族几千年的发展历史中，无数中华儿女慷慨为国纾难，特别是在“中华民族到了最危险的时候”，激发起把血肉筑起长城的奋斗精神。奋进意识乃是忧患意识的实践和归宿。

（三）国家兴亡的经验教训

中国历史上，既有居安思危、奋发图强、开疆拓土，犯强汉者虽远必诛的成功经验，也有安而忘危、国防废弛、收缩一隅，虽割地求和也难以保全的深刻教训。这些经验和教训都是开展国防忧患历史教育的宝贵精神财富。经历夏商的兴衰轮替后，到春秋战国时期，见于《史记》者 109 国，既有霸业成功、兼并六国之勃兴，也有千金一笑、“莫敢格者”之取辱。时人总结出“无备，虽众不可恃也”③ “不备不虞，不可以师”④ “居安思危，思则有备，备则无患”⑤

---

① 徐复观：《中国人性论史·先秦篇》[M]，上海：三联书店，2001 年版，第 20 页。

② 欧阳修：《新五代史》（第二册）[M]，北京：中华书局，1974 年版，第 397 页。

③ 《左传·僖公二十二年》。

④ 《左传·隐公五年》。

⑤ 《左传·襄公十一年》。

等经验教训。秦汉时期，秦经数百年苦心经营并变法图强致盛极一时，后却二世而亡，贾谊有《过秦论》总结秦兴之策和秦亡之失。汉家初创，国势孱弱，内有分封王侯蠢动，外有强悍匈奴窥伺，被迫休养生息，和亲求安。武帝即位，先稳定内政，对外开始寻找反击和翻盘的机会，解除汉朝生存的最大外部威胁。“不出师征伐，天下不安”，道出了他与匈奴展开战略决战的动机，至晚年，《轮台诏令》中“禁苛暴，止擅赋，力本农，修马复令，以补缺，毋乏武备而已”的嘱托，又是自我的总结与反思。自汉武帝至唐玄宗时的盛唐时期，初创和鼎盛时期的中原王朝实力强大，对构成严重威胁的外部势力且剿且抚，在国家面临强敌时往往能主动出击，究其原因，在于统治者深厚的国防忧患意识催生出积极的进取精神，加上卓越的组织能力，激发了国民爱国戍边的热情，从而形成了上下一心巩固和开拓边疆的局面。两宋时期，奉行投降主义支配下的苟且偷安政策。宋太宗赵光义以“外患可预防”“内患深可惧”的思想为国策定调，显然为以后面对外患时的窝囊委屈埋下了伏笔。偏安思想导致北宋君臣大都对外部安全威胁的严峻性认识不足，而偏偏在外患上出了问题，始终摆脱不了军事失败和政治屈辱的阴霾，并最终亡于外患。南宋实行“南自南，北自北”[①]的苟且偏安政策，不求收复失地，只求“天下无事”，同样在外患面前遭到了灭亡的命运。明朝开国后，太祖朱元璋要求大臣和国民重视边境威胁，在北方“因险制塞”“以墙制骑”，在东南沿海“御海洋”“固海岸”“严城守”[②]，为新的大一统王朝固边安民奠定了坚实的基础。明成祖朱棣五次出塞亲征，基本消除了北方的威胁。自成祖以后，对边患的警觉逐渐放松，对外敌的防备趋于废弛。正德皇帝好武征边，大臣们竟提出“为什么一个皇帝会放弃九五之尊而把自己降格到一个不识字的武弁”[③] 这样的疑问。万历皇帝即位后的第一个十年，“百事转苏，欣欣向荣，北方的‘虏’患已不再发生，东南的倭患也已绝迹”[④]，但此后不久，皇帝和大臣们竟为了建储的争执而置倭寇侵朝、东北危急于不顾，为明朝的崩溃和灭亡埋下了种子。清朝前期，从皇室规范、国家法典及对民间的宣传引导中可以看出，统治者内心深处充满危机意识，对国防忧患意识教育尤其重视，辽阔疆域的巩固和“康乾盛世”的出现是与此分不开的。但是，正

---

① 脱脱：《宋史·卷四百七十三·列传第二百三十二》。

② 胡宗宪：《筹海图编·卷十二·经略二》。

③ 黄仁宇：《万历十五年》[M]，北京：三联书店，2006 年版，第 115 页。

④ 黄仁宇：《万历十五年》[M]，北京：三联书店，2006 年版，第 16 页。

是在“康乾盛世”时期，无知与自大遮住了中国人的双眼，他们看不到西方的迅速发展，看不到长期领先的优势正在逆转，即使在感受到西方侵略掠夺的危险时，仍参不透国防安全面临的新型威胁和挑战，最终导致整个中华民族近代的百年耻辱。此时，有识之士奔走呼号，号召救亡图存，终未能挽救清帝国覆亡的命运。共和初创，内乱不止，外患频仍，至日本全面侵华，中华民族到了生死存亡的关键时刻，抵抗意识才被空前激发，全民族的抗战，赢得了近代以来反侵略战争的第一次彻底胜利。中华民族用眼泪和热血换取的这些经验和教训，必须通过国防忧患历史教育传承下去，才能增强全民国防忧患意识，打好维护国防安全的有准备之战，打好化险为夷、转危为机的战略主动战。

四、国防忧患历史教育应注意把握的问题

“殷忧启圣，多难兴邦。”增强忧患意识，做到居安思危，是我们治党治国必须始终坚持的一个重大原则。前述国防忧患意识调查结果表明：当代中国公民中绝大部分有了解祖国历史的愿望，对抗击外敌入侵的历史有着比较高的关注度，南京大屠杀等历史上的国防灾难仍然深刻地影响着中国公民的道德观念和价值判断。但是，也应看到，有相当部分公民对国防忧患历史关注度是不足的，忘记历史、疏于警惕是一个值得重视的社会现象，这也显示出加强和改进国防忧患历史教育的必要性和迫切性。国防忧患历史教育，必须适应历史教育及当代中国公民身心特点，针对公民国防历史记忆存在的问题，合理采用内容、方法、手段，才能使尽可能多的公民形成深刻、成熟、理性的国防忧患历史记忆。

（一）适应当代公民的兴趣特点

进入新时代，全民国防教育正面向全部社会群体，覆盖全体中国公民，以前所未有的力度整体推进。在历史教育方面，除学校教育的发展进步外，公众历史教育热潮也持续高涨。“从公众对历史的兴趣度和接受度来看，近年来出现了网络写史、电视讲史、‘全民’听史、通俗历史读物方兴未艾之势，历史成为

公众讨论的热门话题。”① 公众历史教育“强调写史即写人，写人即写心，归根结底是有趣和私欲，而这些恰恰是公众所喜欢的”②。我们姑且不去评论公众历史教育是否存在着低俗、偏颇和歪曲，仅从公众历史教育的繁荣中可以看出兴趣在历史教育中的重要作用。它启示我们，国防忧患历史教育在保持其严肃性的同时，必须努力适应（而不是迎合）公民的兴趣特点，才能克服呆板和枯燥，才能收到好的教育效果。

人的兴趣有着一定的范围，在成长过程中随着身心的成熟而形成中心兴趣。我们不可能要求所有公民都把历史特别是国防忧患历史作为自己的中心兴趣，那是一种过分理想化、脱离实际的要求，只要不是不感兴趣，国防忧患历史教育就有发挥的空间，就能起到一定的作用。公民的兴趣具有选择性，国防忧患历史教育需要并能够做到的，是在青少年时期兴趣发生分化时尽可能影响公民的兴趣选择，在兴趣进入稳定期后尽可能引导公民的兴趣倾向，以保持或激发其对国防忧患历史的兴趣（不一定必须是中心兴趣）。

20 世纪 90 年代以来，中国公民生活在信息爆炸的时代，视野不断拓展，兴趣也日益广泛，这在一定程度上冲击了对严肃历史的兴趣，给国防忧患历史教育带来了不利影响。同时，由于生活节奏加快，以及市场化迅速发展带来生活、学习、就业、工作等压力，使公民的兴趣产生、保持和兴趣本身都发生了巨大变化。以阅读兴趣为例。2019 年 4 月 16 日，中国新闻出版研究院在北京公布了第十六次全国国民阅读调查数据：2018 年我国成年国民包括书报刊和数字出版物在内的各种媒介综合阅读率为 80.8%，较 2017 年的 80.3%有所提升，数字化阅读方式（网络在线阅读、手机阅读、电子阅读器阅读等）的接触率为 76.2%，较 2017 年的 73.0%上升了 3.2 个百分点；图书阅读率为 59.0%，与 2017 年的 59.1%基本持平；报纸阅读率为 35.1%，较 2017 年的 37.6%下降了 2.5 个百分点；期刊阅读率为 23.4%，较 2017 年的 25.3%下降了 1.9 个百分点。总体来看，我国成年国民各媒介综合阅读率保持增长势头，我国成年国民和未成年人有声阅读继续较快增长，移动有声 App（应用软件）平台已经成为

---

① 刘开军：《价值判断、问题反思与走出困境——近 35 年来公众历史教育思想的演进》[J]，《四川师范大学学报（社会科学版）》2016 年第 3 期，第 54 页。

② 刘开军：《价值判断、问题反思与走出困境——近 35 年来公众历史教育思想的演进》[J]，《四川师范大学学报（社会科学版）》2016 年第 3 期，第 55 页。

听书的主流选择。[①] 有专家提醒，国内大型图书馆网站的借阅排行榜上，遥遥领先的都是穿越、武侠等消遣性文学作品；相对于人文图书，有关升学、就业、职称考试书籍的阅读量较多；唯经济主义导致图书出版庸俗化、山寨化。功利性对阅读的影响在青年学生群体体现得非常明显。青年学生面临的升学、就业等压力，使他们把兴趣转移到应试和实用性、技能性知识方面，很难再像以前的青年学生那样有充裕的时间阅读课外读物，任由兴趣自由发展。我们不可能强行要求公民必须具有某种学习兴趣，但可以运用一定的杠杆对公民的学习兴趣进行调节。比如，如果能在入升学考试、就业录用、考核考察、福利分配中加入国防教育的内容，渗透进国防忧患历史的因素，则有利于影响公民对国防安全的态度，培养对国防忧患历史的兴趣。当然，在实际操作中，设置硬性指标可能会带来一系列的问题，必须软硬结合，使这一杠杆能够潜移默化地长期发挥作用。

公民的兴趣具有个性化、社会化、智能化、感性化和边缘化特征，开展国防忧患历史教育，必须适应这些特征，而不是单纯地试图去改变他们的兴趣取向。兴趣的个性化表现为追求新异，充分展现自我。兴趣的个性化特征提醒我们，国防忧患历史教育的内容、方法都要突出个性，脸谱化、千篇一律的教育内容和方法不仅不能实现教育的初衷，反而容易引起教育对象的逆反心理。兴趣的社会化表现为其与社会流行和社会需求息息相关。这一点与个性化并不矛盾，例如，追求时尚是一种个性，但对时尚的追求总是离不开一定的社会环境，公民个体追求的时尚，最终异曲同工地汇聚到一起，成为社会的流行元素。正是一个个公民个体化兴趣构成了社会流行，而这些流行反过来又影响个体的兴趣选择。国防忧患历史教育不能刻板地照搬传统历史研究和历史教学的内容、方法，而要在不改变历史原貌的基础上实现内容与社会流行文化的结合，在严肃的历史中融入流行文化元素，在流行文化中渗入严肃的历史内容。但要注意流行不是庸俗化，更不是恶搞。在一段时间内，古装历史剧动辄以“秘史”为噱头，抗战“神剧”充斥荧屏。一些通俗读物，只看书名就会吓人一跳，如《三国一点儿也不靠谱》《唐朝从来不淡定》《唐朝绝对很邪乎》《别笑，这是大清正史》《民国就是这么生猛》《历史是个什么玩意儿》《历史真的很有料》等。《唐朝绝对很邪乎》甚至赫然写着“李世民之所以选择儿子李治做接班人，是因

① 左志新：《第十六次全国国民阅读调查成果发布》[J]，《传媒》2019 年第 4 期（下），第 62 页。

为李治的性取向没有发现什么异常”这样无厘头和粗俗不堪的话语。① 至于戏说和恶搞，特别是像抗战“神剧”那样把国防历史弄得面目全非，无助于甚至会极大地损害国防忧患意识的形成。现代科技的进步使数字化阅读成为人们的日常习惯，国防忧患历史教育应当重视利用数字化阅读平台，并在教育方法上引入互动参与等因素，以增强内容的吸引力。在读图时代，图形、图像成为阅读的重要内容，大众文化对形象化的追求使公民更注意对文化的直观体验，使兴趣呈现感性化特征。它要求我们要充分利用视觉、听觉的冲击性效果，用恢宏的气势和细腻的描写去触发公民对国防忧患历史的兴趣（如《亮剑》等影视作品起到的效果那样）。另外，一些大众媒体为避免经济风险和政治风险，其承载的内容越来越远离意识形态等敏感话题，导致公民对边缘性的东西产生了浓厚的兴趣。边缘性话题聚集了一批草根和非专业写手。国防忧患历史教育不能轻视媒体的边缘性内容和草根写手，他们的作用有时是庙堂史学不能替代的。

（二）内容安排要避免造成片面记忆

由于历史记忆“过多地来自于震撼性事件”，国防忧患历史教育需要突出国防安全的灾难性内容。灾难给人带来的心理感觉是沉重的，过于沉重的历史会使人窒息。因此，要注意把握好灾难的展示程度和灾难性内容与其他内容的比例，避免把国防忧患历史教育变成“比惨式”的单纯国耻教育和失败史教育。

要光荣史与耻辱史并重。历史教育是精神国防的工具。国防忧患历史教育既要让公民牢记历史上蒙受的国防耻辱，通过还原挫折、失败的事实，找出并分析其原因，更重要的是要使公民通过对历史的分析、评价，明白在当下应负的责任，激发起爱国热情。因此，否定性教育内容必须与肯定性教育内容结合起来，才不至于导致公民对本国历史的习惯性否定和否定性放大，陷入自暴自弃的心理状态。因此，国防忧患历史教育必须把有利于提高民族自尊心和自信心的内容融入其中。中国历史曾长期处于激扬奋进的时代，有着多难兴邦的血脉基因，即使在屈辱和失败的年代也始终有不屈的反抗。1840 年以来，西方殖民者凭借坚船利炮大举入侵，中华民族陷入前所未有的百年忧患。在亡国灭种的生死关头，以“救亡图存”“富国强兵”为主旨的国防忧患意识鼓舞和鞭策着

---

① 刘开军：《价值判断、问题反思与走出困境——近 35 年来公众历史教育思想的演进》[J]，《四川师范大学学报（社会科学版）》2016 年第 3 期，第 54 页。

身处危亡困境中的中国人民，支撑中国社会艰难前行，使中国和中华文明免于彻底沦亡的悲惨命运，并最终走上了复兴的道路。离开了这些内容，国防忧患历史教育要么使公民国防忧患意识走向狭隘的民族主义，要么走上悲观失望的沉沦之路，两者都偏离了国防忧患历史教育的初衷与目标。民族自信心是一国人民内心坚持力的基础，也是国防忧患意识有别于失败主义的标志。它可以使人产生来源于内心深处的强大力量和毫无畏惧的感觉，形成“战无不胜”的心理追求，为实现民族复兴伟业提供更基本、更深沉、更持久的力量。历史教育如果充满耻辱，是无法形成自豪感的，没有民族自豪感，也就难以树立民族自信心。

要重视运用英雄的人格感染。“英雄人物符号承载着一个国家的历史记忆。每个国家的历史中都记载着为民族和国家做出重要贡献的人物，通过文化宣传教育，这些英雄人物的形象和事迹被广为传播，深深扎根在每个民众的头脑中。”① 中国近代著名思想家、教育家，维新运动的代表人物梁启超主张，要从历史人物发掘民族精神。他所推崇的民族英雄，开疆拓土者如张骞、赵武灵王等，勇敢反抗外敌入侵者如岳飞、袁崇焕等，都是具有强烈国防忧患意识的历史英雄人物。民族英雄的事迹是其高尚人格的外在反映，在国防忧患历史教育中，除了要让公民了解英雄史实，更重要的是让他们体会民族英雄为国家为民族不屈不挠舍生取义的人格魅力。英雄虽已故去，但他们的精神之光会永存，照亮现在和未来。要用历史上对国家和民族，特别是对中国历代国防安全做出杰出贡献者的精神感染公民，造成心理震撼和心灵感动，使他们形成跨越时空的思想共鸣，确立心系国防安全的价值取向。需要注意的是，历史英雄人物的书写往往受到选择性遗忘、刻意凸显等因素影响，其形象塑造是话语掌控者或者公众有意识选择的结果。“也正因为如此，任何历史事件和历史人物的诠释，都被赋予了时代色彩，打上了鲜明的时代烙印，体现出了叙事者的价值关切。”② 因此，在塑造和将英雄人物运用于教育的时候就应认识到，英雄毕竟也是历史或现实中人，有着普通人的情感和价值追求，也有着与普通人一样的生活，要防止极端化地去书写和塑造英雄，为民众树立根本无法企及的英雄形象，

① 赵琼、吴玉军：《历史记忆与国家认同——基于美国国家认同教育中历史英雄人物符号的塑造问题分析》[J]，《思想教育研究》2017 年第 7 期，第 102 页。

② 赵琼、吴玉军：《历史记忆与国家认同——基于美国国家认同教育中历史英雄人物符号的塑造问题分析》[J]，《思想教育研究》2017 年第 7 期，第 104 页。

而是要为公众呈现全面的、丰富的、有血有肉的、可亲近的、可效仿的英雄人物形象。

要注意国防忧患史与其他历史内容的融合。历史是社会系统综合发展整体推进的过程，国防忧患历史是国家历史的重要组成部分。进行国防忧患意识教育，在历史教育内容中当然要以国防忧患史为重点，但并不是说就可以舍弃掉其他历史内容。历史本身是无法割裂的，其他历史内容不仅有助于公民更好地理解国防忧患的发生发展，只要运用得当，其本身也能起到国防忧患意识教育作用。例如，中国历代疆域曾多次大幅度伸缩，中国历代经济有繁荣也有低迷，中国历代政治有清明也有昏暗，中国历代外交有荣耀也有屈辱。通过这些内容的学习，可以使公民联系地而不是孤立地、辩证地而不是机械地认识中国历史上的国防忧患，有利于他们思考各领域的振荡性变迁与国防忧患发生发展的内在联系，循着理性的轨道生成国防忧患意识，而不是生成非理性的国防忧患情绪，从而达到国防忧患意识教育追求的理想效果。

（三）恰当引导公民进行体验和思考

国防忧患历史教育需要引导公民分析历史、思考历史、理解历史，从国防忧患历史的发生发展中汲取理性的力量，与历史中蕴含的国防忧患意识产生心灵的共鸣。传统的历史教育几乎总是在描述或解说一个假定已认同的或确定的历史“事实”或历史事件，好像历史是理所当然的，这种以知识传授为中心的历史教育，与国防忧患历史教育对历史思维能力的要求是格格不入的。国防忧患历史教育必须重视引导公民用心去体验历史、用头脑去思考历史。

要注重运用移情使公民体验国防忧患历史。历史教育的移情，简单地说就是把情感渗透进里面去。移情是心理学的概念，心理学家一般从两个方面来界定移情：一是对另一个人思想、感受、知觉和意图等内在状态的认知觉察。二是对另一个人产生同感的情感反应。美国心理学家霍夫曼的移情道德发展理论以第二种界定为理论依据，认为人们通过感受他人的心情从而理解他人，最终产生关爱他人的道德情感。在教育活动中，历史移情教育大致有三种模式：一种是基于现代认知理论——信息加工理论的“讲谈—接受”式，一种是自学辅导式或导学式，还有一种是基于人本主义心理学的“参与—活动”式。其中，“参与—活动”式的移情教育特点最为鲜明。它又可以分为角色扮演式、体验感悟式和问题假设探究式三种模式。移情教育特别适合国防忧患历史这一需要情感注入也易于注入情感的教育内容，在学历教育、成人教育及公众教育中均可根据条件灵活采用。如国外“为了借助过去让今日的公众参与，遗产教育工作者一直在寻找让历史变得鲜活的创新方法。一些教育人员让学生参与历史角色表演，带领学生深入到历史事件当中；另一些则指导学生采访社区内的老人，通过这样的方法，学生们发现自己的爷爷奶奶、外公外婆或邻居竟然是某个历史事件的参与者；还有一些人帮助整理文献以及保护周边历史遗址……”①。我国许多景区采取场景复古、人物复古及舞台剧、情景剧并吸收游客参与的方式，既吸引了游客，又起到了移情教育的作用。在学校历史教学中，有教师让学生模拟参与晚清朝政，进行“海防”“塞防”的争论。总的来看，移情教育可以通过形象促认知，可打破时空的界限，增强参与者学习兴趣，通过多感官活动，引导参与者积极思维，有助于实现国防忧患历史教育的生动化，有助于教育对象理解生动的国防忧患历史。同时，移情教育可以通过探究促认知，从刺激第一信号系统出发，由感知深入到思维和情感领域，引起认知与情意的变化，增进参与者对国防忧患历史现象、历史事件因果关系、横向和纵向联系的理解，使其视野更为扩大，认识更为深化，促进国防态度和价值观的养成。

要避免简单归因和国防忧患历史的直线化。国防忧患历史事件的发生发展是复杂的，历史人物在这些事件中的表现也往往具有多面性，而我们以往的教育习惯于直线性叙事、简单化归因，对历史人物习惯于脸谱化描写。一位中学教师曾经这样描述中学历史教学：在近代的中西冲突中，我们的历史教育奉行“隐恶扬善”“隐善扬恶”的原则，前者对自己，后者对西人。在中外冲突中，我们永远有理，没有丝毫错误，外国人永远无理，他们负全部责任。讲列强侵略，那就是暴行满天飞，绝无一个好人，即便提到列强在华起到一些积极作用的举措，也就是一句话——主观动机和客观效果的分离。讲人民反抗外来侵略，就是民族大义，而在这种人民自发运动中体现出的负面因素以及维护落后的一面，要么不提，要么一笔带过。提到南京大屠杀的时候，极少提到中国人的反抗，好像一提就减轻了日本侵略者的罪孽一样。如果我们处在一个闭塞的时代，信息的来源比较单一，这些直线化和简单归因下描述的历史就成了人们心中的历史。但我们现在处在一个信息异常丰富、信息渠道空前多样化的时代，人们

---

① 约恩·洪纳、埃贝·韦斯特格伦、王好强：《历史环境教育：借助过去让今日的公众参与》[J]，《国际博物馆》2011 年第 2 期，第 102 页。

可以很方便地通过多种途径去了解历史，通过信息的比对，人们就会怀疑我们所讲授的直线式国防忧患历史不是真实的历史，进而与我们希望的效果背道而驰。有效的国防忧患历史教育，应当尽可能提供原始的、全面的历史信息，鼓励教育对象去发掘历史资料，提取有效信息，运用马克思主义唯物辩证法分析评价历史，运用想象、假设，思考历史可能的发展轨迹，从而真正感悟历史，从国防忧患历史中汲取情感意志的精华，形成客观的国防忧患历史记忆，生成理性的国防忧患意识。

第十章　警惕国防忧患发生的现实威胁教育

国防忧患意识是对国家国防安全状态具有否定意向的知觉，基于批判性和否定性判断，倾向于寻找国防安全状态中的不安全因素，并认为国防处于不安全状态，即使现在是安全的，将来也可能处于不安全之中。因此，国防忧患意识教育要牢牢抓住国防安全面临的外部威胁这一刺激因素，使人们在对国家面临外部威胁、本国国防能力综合感知的基础上，形成对国防安全状况的否定性意向，从而生成国防忧患意识。那么，现实威胁是如何刺激人们产生国防忧患意识，又怎样针对公民现实威胁认知存在的缺陷，恰当运用现实威胁对公民进行国防忧患意识教育呢?

一、现实威胁认知生成国防忧患意识的原理

在自然界中，生命体受到外在力量侵害时，机体就自然会做出强烈且迅速的反应，以发挥其最大能量抵御外力入侵，这是一种安全本能。作为自然界的高等生命体，人的安全本能发展为安全需要。1943 年，美国心理学家马斯洛在《人类动机理论》中提出了需要层次理论，认为人的需要可以划分为五个层次，依次是生理的需要、安全的需要、归属和爱的需要、尊重的需要和自我实现的需要。人是一种智慧动物，但人类的身体远不是所有物种中最强壮的，身体机能也难说是最强大的。在远古时期，面对充满各种威胁的恶劣环境，单个人的生存几乎是不可能的，人类个体为寻找安全，产生对群体的强烈依赖。为了安全、稳定，免受恐吓、焦躁和混乱的折磨，人们产生对体制、秩序、法律、界限的需要，以及对保护者实力的要求，它往往要求一个可以预料、有组织、有秩序、有法律的世界。在这个世界里，出人意料、无法应付、混乱不堪的事情

或其他有危险的事情都不会发生，或者无论发生了什么事情都会有法律或保护人使之免遭灾难。① 在这种需要的支配下，人类社会发展到国家成为个体获得安全的一种手段。②

自国家产生之后，个体安全的命运便与国家安全紧密联系在一起。国家为了防止和抵抗外来入侵，产生国防安全需求，建立国防。维护国防安全既是维护个体安全的体现，又是国家赋予国民的义务。国民因关注、担忧个体安全而关注和担忧国防安全，形成自发的国防忧患意识；国家为维护国防安全而要求国民关注、担忧国防安全，进行国防忧患意识教育，提高人们的国防忧患意识水平。对国防安全的关注和担忧，其基础和起点是关注和感知、认识国防安全面临的威胁，主要是指军事威胁。威胁可能是现实的，也可能是潜在的；可能是客观的，也可能是想象的。即使是想象的威胁，人们也会倾向于把它认为是客观存在的。无论是客观存在的还是想象的，现实的威胁或多或少可以从明确的信号或意图中推断出来。③ 如果人们认识到威胁的存在，就会认为本国是不安全的，从而产生关于国家安全的不确定感或"国家不安全感"，主要基于军事威胁的国家安全不确定感和"国家不安全感"，即是"国防不安全感"。"国家的安全决定着国民的生命，因而任何一个国民在本能上都是爱国的，都希望自己的国家是安全的。"④ 国民的"国防不安全感"一旦生成，便会在内心与"希望自己的国家是安全的"这种本能愿望产生激烈的冲突，这种激烈的冲突使国民安全心理发生严重失衡。为了恢复心理平衡，国民内心就会产生关注外部威胁和希望消除外部威胁的强烈冲动和内驱力，这便是国防忧患意识的表现。那么，由威胁认知产生国防忧患意识的心理过程又是怎样的呢？客观存在或想象的外部威胁作为刺激因素要作用于人们的心理，必须依靠认知结构的连接，其实质就是对刺激信息进行选择、组织、解释并赋予威胁意义的过程。对刺激信息的认识必须具备两个基本条件："一是来自当前环境的刺激信息。二是个体自身具备的信息，即先前获得的有关这类刺激的知识经验。只有这两类信息相匹配时，刺激信息才得到认识。"⑤ 关于外部威胁的知识经验即前文所述的历史记忆，它

---

① A. H. 马斯洛：《动机与人格》[M]，许金声译，北京：华夏出版社，1987年版，第44页。
② 柳建平：《安全、人的安全和国家安全》[J]，《世界经济与政治》2005年第2期，第58页。
③ 何玮鹏：《恐惧：国家安全的心理分析》[J]，《世界经济与政治》2001年第2期，第26页。
④ 高中：《国家安全与个人安全的法理辨析》[J]，《中共长春市委党校学报》2006年第6期，第80页。
⑤ 李维：《认知心理学研究》[M]，杭州：浙江人民出版社，1998年版，第129页。

以镜像的形式在人们的认知结构中储存下来，一旦受到当前环境中威胁因素的刺激便被激活，使历史记忆中符号化的国防忧患意识活跃起来，刺激越强烈，国防忧患意识也就越强烈。因此，现实威胁认知是国防忧患意识思维活动的启动机，也是国防忧患意识的加速器。

现实威胁认知对国防忧患意识的激活和加速作用受到一些因素的影响：一是国民对国家制度、体制和政策的认同。一个致力于关心人的生存与发展、不断改善个人安全环境的社会和国家，肯定是一个值得为之奉献的社会和国家；一个能够有效平衡国家主权和公民权益、国家安全与个人安全的政府，必然是一个在政治道德评价上合法、正当的政府。国防安全活动只有以国民利益与安全为核心和根本目标，才能赢得广大国民的认可和支持，吸引他们自觉关心国防安全，关注外部威胁。国家如果做不到这些，便会降低国民认识外部威胁的主观能动性，从而削弱现实威胁的刺激作用。二是国民对外部威胁的认知能力。威胁本身是客观的，但是，人们对威胁的认识却是主观的，这种认识可能是与客观相符即正确的，也可能是偏离客观即错误的。有时可能客观上没有威胁，或者威胁不大，人们却认为存在威胁，或者威胁感很强烈；有时可能客观上存在威胁，人们却认为没有威胁，或者威胁感不强。即使面对同样的一种威胁，人们在主观上感受到的威胁程度也不一样。国民认识外部威胁的能力受到文化程度、思维习惯、心理稳定性以及价值观等多种因素的影响，如果认识能力存在缺陷，会使他们经常难以准确地把握外部因素和威胁态势，从而给形成正确的国防忧患意识带来不利影响。三是长期较高的国防安全度带来的对外部威胁的不敏感。在日常生活中，我们经常会发现或体验到这种“安全疲劳”现象。例如，许多事故往往不是在“风大浪急”的恶劣条件下发生的，而是在“风平浪静”的情况下意想不到地出现。这是因为，在“风大浪急”的情况下，人们往往集中精力，慎重行事，时刻警惕事故发生，而在环境条件较好时，人们容易丧失警惕，不那么认真了，反而容易发生事故。当一个国家长期处于和平安全状态，人们在对国防安全高度放心的时候，也往往会忽视威胁的存在，或不那么认真对待威胁。

二、现实威胁教育的功能

现实威胁教育是国防忧患意识教育主体利用客观存在的国防安全外部威胁，

使教育对象感知、接受威胁信息，并在教育主体的引导下以理性的态度和方法认识、分析威胁信息，从而产生或提高国防忧患意识的活动。现实威胁教育具有使教育对象感知国防安全面临的威胁、提高认识国防安全威胁能力以及积聚和保持国防忧患意识的功能。

（一）感知国防安全面临的威胁

1999 年 3 月 24 日，一阵阵尖厉的警报声响彻贝尔格莱德上空，正在绿草花丛中散步的塞尔维亚居民难以相信，在享受了 50 年的和平生活后，战争的阴云会降临到自己头上。令中国人感到无比震惊的是，5 月 8 日，中国驻南联盟大使馆竟然无端被炸。2001 年 4 月 1 日，中国一架战斗机在海南岛附近南海上空与美军一架侦察机相撞，飞行员王伟坠海牺牲。2012 年 4 月，菲律宾海军在南海黄岩岛海域抓扣中国渔民，中国派出海监和渔政船对我渔船和渔民实施现场保护。2017 年 6 月 18 日，印度边防人员在中印边界锡金段越过边界线进入中方境内，阻挠中国边防部队在洞朗地区的正常活动，中国边防部队与印军形成对峙，8 月 28 日，印方将越界人员和设备全部撤回边界印方一侧。这些事件给习惯了长期和平生活的中国人以极大的震惊和愤怒，许多人正是由此真切感受到国家领土、主权外部威胁的存在，激发起强烈的爱国心和忧患意识。在信息化时代，人们可以从多种渠道获取关于国防安全外部威胁的信息，而国防忧患意识教育在传递这些信息方面更具有权威性、全面性、系统性和科学性。现实威胁教育的目的和作用，就是在安全威胁转化为灾难之前，使人们意识到威胁的存在，警惕和防范威胁的发生。自 20 世纪 70 年代末我国实行改革开放以来，特别是新时代我国进入由大向强跃升的关键阶段，前所未有地靠近世界舞台中心以来，我国公民在现实中感受到的是生活富足、国泰民安，不少人认为现在国家强大、国防巩固，没有人再敢来侵犯我们，没有必要把自己搞得过于紧张。人们只有认识到危险的存在，才会对危险保持警惕，并尽自己的努力防止由危险而导致灾难的发生。现实威胁教育最基本的功能，就是通过适当的方式，及时、全面、持续、理性地将国防安全外部威胁的信号等信息传递给公民，使他们意识到国防安全现实威胁的存在，为公民正确认识威胁，支持、响应国家采取防范和应对措施打下基础。

（二）提高认识国防安全威胁的能力

正确认识国防安全威胁是一个极其复杂的问题，即使是阅历丰富的政治家、军事家或者进行专门研究的学者，也往往难以对威胁做出准确的判断。二战前英、法两国的政治家们由于对纳粹德国侵略扩张的政策走向判断失误，一次次纵容了德国逐步升级的侵略扩张行为，不仅损害和牺牲了捷克斯洛伐克、波兰等许多欧洲国家的利益，本国也深受其害，当时的英国首相张伯伦也因为《慕尼黑协定》签署后带回的所谓“和平”而留下历史的笑柄。① 2008 年 6 月 11 日，中国著名国际问题专家、清华大学国际问题研究所所长阎学通在《环球时报》国际论坛版刊载《台海和平是谁维护的》一文，就 2000 年以来“一直预测台海发生军事冲突不会晚于 2008 年”一事，公开向读者道歉。文中讲到，“2000 年陈水扁上台后，我一直预测台海发生军事冲突不会晚于 2008 年。然而，2008 年台湾举行的‘入联公投’和领导人选举，不但没有引发军事冲突，反而伴随的是更加稳定的和平前景。在此，我先要为我预测的不正确向读者道歉”②。国际政治心理学的代表人物，美国学者罗伯特·杰维斯认为：“一个国家没有办法既能增强保护自己的力量又不增强摧毁对方的力量。由于存在这些条件，只有具备极高的移位思考意识和政治家远见，同时也具有遭受别国首先攻击的准备，才能使一个国家避免走向战争。”③ 政治家和专业研究人员准确判断国防安全威胁尚且如此之难，不具备专业知识、经验，也不可能对国防安全问题进行专门研究的普遍民众，则更加不可避免地存在国防安全威胁认识能力上的缺陷。现实威胁教育不仅要把政治家、军事家和专业研究人员发现的威胁告诉普通民众，更重要的是要将认识威胁的经验体会传授给他们，让他们掌握一定的分析国防安全威胁问题的方法，从而使他们逐渐地学会正确认识本国所处的安全环境，辨别、分析威胁因素，并在准确认定威胁因素的基础上，全面、准确地认识国防安全现实威胁状态。

（三）积聚和保持国防忧患意识

现实威胁教育还具有积聚和保持国防忧患意识的功能。“每当战争硝烟散

---

① 1938 年 9 月 30 日，《慕尼黑协定》签署后，张伯伦回到英国伦敦，一下飞机，他就挥舞着《英德宣言》高喊：“我搞到了这份宣言。”当天傍晚，张伯伦在唐宁街 10 号首相府阳台对公众说，他“把光荣的和平从德国带回唐宁街来了”，“这是我们时代的和平”，“我们这一代人享受和平的新世纪已经到来”。参见王绳祖：《国际关系史》（上册）[M]，武汉：武汉大学出版社，1988 年版，第 478 页。

② 阎学通：《台海和平是谁维护的》[N]，《环球时报》2008 年 6 月 11 日。

③ 罗伯特·杰维斯：《国际政治中的知觉与错误知觉》[M]，秦亚青译，北京：世界知识出版社，2003 年版，第 89 页。

尽，最容易引起人们兴趣的往往是安逸和享乐；最容易被淡化的往往是忧患意识和国防观念；最容易被忽略的往往是国防和军队建设。”① 2014年俄罗斯与乌克兰的军事冲突中，乌克兰军队的糟糕表现就是该国自废武功的结果。乌克兰地域广袤，自然条件得天独厚，曾是苏联实力第二强的加盟共和国，拥有配套齐全的工业体系，很多尖端产业在苏联具有举足轻重的地位，甚至在世界上也占有一席之地。独立后的乌克兰军事实力也曾经令人生畏，不仅拥有战略轰炸机和洲际导弹，甚至继承了苏联的航空母舰。这些本可以让乌克兰成为一个有重要影响的大国，但是乌克兰却无视自己所处的地缘战略环境，在自废武功的道路上一误再误，最终走向不堪收拾的地步。在我国，也有人指出，“几十年的和平环境和日益繁荣的社会经济，人们听到的多是欢声笑语，不是枪炮声；看到的多是高楼大厦，不是硝烟弥漫的战火。战争记忆越来越模糊，居安思危、枕戈待旦的危机意识日趋弱化”②。正因为如此，许多国家想尽一切办法，用“威胁”不断刺激国民，使他们保持对外部威胁的关注和对国防安全的支持。以“中国威胁论”为例。20世纪90年代以来，国际舆论先后掀起多次“中国威胁论”浪潮。2017年以来，中国“锐实力”“新帝国主义列强”“债权帝国主义”等“中国威胁论”的新变种层出不穷，其中的“中国军事威胁论”观点主要包括：中国军事实力将快速与美国匹敌且极具战略进攻性，是全球安全的潜在威胁；中国军事现状和国防政策造成军备竞赛，是亚太地区的现实威胁。③ 至于“中国威胁论”产生的原因，国务院前副总理钱其琛曾经一针见血地指出：“那些散布‘中国威胁论’的人，既没有兴趣去研究历史，也不想认真地去了解现实。他们感兴趣的是在苏联解体后，为美国寻找新的‘敌人’，即使找不到，也要制造一个。似乎只有这样，美国才能生存，才能维护超级大国的地位。”④ 也就是说，以美国为首的西方国家之所以乐此不疲地鼓吹“中国威胁论”，并不是因为“中国威胁”已经成为一种客观实在，而是因为中国的全面进步让他们感

---

① 宫兆良、胡浩洋、邢瑞贤：《国防意识事关国家存亡——从“零点公司”的调查说起》[J]，《国防》2000年第5期，第13页。

② 石纯民：《增强忧患意识，推进国防教育——学习贯彻党的十九届四中全会精神笔谈》[N]，《中国国防报》2019年11月15日第1版。

③ 苏珊珊：《冷战后“中国威胁论”的历史演变》[J]，《社会主义研究》2019年第2期，第144～145页。

④ 中共中央党校国际战略研究所：《中国和平崛起新道路》[M]，北京：中共中央党校出版社，2004年版，第532页。

觉到了威胁的存在，特别是中国的持续发展“威胁”到了美国的霸权。“从心理学的角度来讲，这种感觉到威胁存在的心理便是忧患意识，也就是说发达国家所保有的忧患意识，是‘中国威胁论’得以广泛传播的心理基础。”① 那么，现实威胁教育是如何使国防忧患意识产生、积聚和保持的呢？俄罗斯心理学家巴甫洛夫曾经这样描述动物对外界刺激的反应：刺激—反应—类似刺激—反应强化—反应稳定。现实威胁教育也是通过类似的方式和过程完成人们国防忧患意识的生成、积聚和保持。假定人们在某一时期接收到影响国防安全的威胁信息，在这种信息的刺激下认为国家是不安全的，形成了国防忧患意识，以后再遇到类似的信息，该意识就会强化；如果不断地受到类似信息的刺激，则该意识就会不断地得到强化。这一过程可以表示为：威胁刺激—国防忧患意识形成—类似威胁刺激—国防忧患意识强化—国防忧患意识稳定。威胁可以是直接针对本国的，也可以是针对别国的。一国并不一定要经历某种直接的威胁，而只需通过观察他国威胁镜像的形成过程就能得到“某种认知表象，并以此指导自己以后的行为，这样就使得它减少了不必要的尝试错误”②。值得注意的是，教育主体在每次传递威胁信息时，都必须要使教育对象内心真正认为威胁信息是真实的，如果教育对象对威胁信息的真实性产生怀疑，则不断的威胁刺激反而会产生负效应，使人们在不断的“狼来了”声中，更加倾向于否定威胁的存在。

三、现实威胁教育的主要内容

现实威胁教育，主要是利用国际安全形势、国防安全面临的风险挑战、重大国防安全事件等内容，使公民了解国防安全所处的外部环境、呈现的总体态势以及国际环境中对本国国防安全构成现实和潜在威胁的因素，本国直接卷入或与本国国防安全相关的争端、危机、冲突对本国国防安全构成的威胁或造成的影响，使公民能够对本国国防安全面临的各种威胁保持高度关注和警觉，并在观念和行动上统一于国家的相关思想观念、方针政策和决策部署。不同国家面临的安全形势以及对现实威胁的判断各不相同，我国全民国防教育中的现实威胁教育，应依据党和国家对国际形势和国家安全形势的总体判断，结合重大

① 徐光木：《从“中国威胁论”说到忧患意识》［J］，《学习月刊》2007 年第 5 期，第 41 页。

② 叶浩生：《西方心理学的历史与体系》［M］，北京：人民教育出版社，1998 年版，第 261 页。

国防安全事件，突出强调可能对我国国防安全带来挑战和威胁的风险性内容。

（一）国际总体安全形势

“当今世界正经历百年未有之大变局，世界多极化、经济全球化、社会信息化、文化多样化深入发展，和平、发展、合作、共赢的时代潮流不可逆转，但国际安全面临的不稳定性、不确定性更加突出，世界并不太平。”① 在把握国际安全总体态势的前提下，现实威胁教育应侧重引导公民关注国际战略格局演变、亚太安全形势发展、国际军事领域竞争中对我国国防安全带来压力和挑战的内容。

国际战略格局深刻演变：一是国际力量加快分化组合，霸权主义、强权政治和单边主义时有抬头，地区冲突和局部战争持续不断，国际安全体系和秩序受到冲击。二是国际战略竞争呈上升之势，特别是一些大国调整国家安全战略和国防战略，奉行单边主义政策，挑起和加剧大国竞争，大幅增加军费投入，加快提升核、太空、网络、导弹防御等领域能力，损害全球战略稳定。三是全球和地区性安全问题持续增多，国际军控和裁军遭遇挫折，军备竞赛趋势显现，防止大规模杀伤性武器扩散形势错综复杂，国际防扩散机制受到实用主义和双重标准危害，面临新的挑战，极端主义、恐怖主义不断蔓延，网络安全、生物安全、海盗活动等非传统安全威胁日益凸显，解决伊朗核问题、叙利亚问题等一系列国际问题的政治进程艰难，大国博弈激烈。四是各国安全的交融性、关联性、互动性不断增强，没有哪一个国家能够独立应对或独善其身。

亚太安全形势及其发展：一是世界经济和战略重心继续向亚太地区转移，亚太地区成为大国博弈的焦点，给地区安全带来不确定性。二是一些大国强化亚太军事同盟，加大军事部署和干预力度，给亚太安全增添复杂因素。三是周边一些国家调整军事安全政策，增加投入，军事外向性增强。四是地区热点和争议问题依然存在，朝鲜半岛局势存在不确定因素，印巴冲突不时发生，阿富汗国内政治和解和重建艰难推进，部分国家之间的领土和海洋权益争端、民族宗教矛盾等问题仍然存在，地区安全热点问题时起时伏。

国际军事领域竞争：一是世界各主要国家纷纷调整安全战略、军事战略，

---

① 国务院新闻办公室：《新时代中国的国防》［EB/OL］，中华人民共和国国防部网站，2019 年 7 月，http://www.mod.gov.cn/regulatory/2019-07/24/content_4846424.htm.

调整军队组织形态，发展新型作战力量，抢占军事竞争战略制高点。一些国家试图通过军事技术和体制创新，谋求绝对军事优势。二是国际军事竞争格局发生历史性变化，在新一轮科技革命和产业变革推动下，人工智能、量子信息、大数据、云计算、物联网等前沿科技加速应用于军事领域，以信息技术为核心的军事高新技术日新月异，武器装备远程精确化、智能化、隐身化、无人化趋势更加明显，战争形态加速向信息化战争演变，智能化战争初现端倪。三是我军机械化建设任务尚未完成，信息化水平亟待提高，军事安全面临技术突袭和技术代差被拉大的风险，在国际军事竞争日趋激烈的情况下，军队现代化水平与国家安全需求相比差距还很大，与世界先进军事水平相比差距还很大。①

（二）国防安全风险挑战

进入新时代，我国继续保持政治安定、民族团结、社会稳定的良好局面，综合国力、国际影响力、抵御风险能力明显增强，仍处于发展的重要战略机遇期，同时安全环境也更加错综复杂，国防安全面临的风险挑战不容忽视。

国际战略格局变化带来挑战：一是大国关系进入全方位角力新阶段，外部对我国关注、借重、利用和遏制交织并存。二是以我国为矛盾焦点的利益冲突比以往任何一个时期都尖锐复杂，由此带来的碰撞和挑战前所未有。

反分裂斗争形势更加严峻：一是“台独”分裂势力及其活动始终是台海和平稳定的最大现实威胁，是祖国和平统一的最大障碍。民进党当局顽固坚持“台独”分裂立场，拒不承认体现一个中国原则的“九二共识”，加紧推行“去中国化”“渐进台独”，图谋推动“法理台独”，强化敌意对抗，挟洋自重，在分裂道路上越走越远。二是境外“藏独”“东突”等分裂势力活动频繁，对国家安全和社会稳定构成威胁。三是国土安全依然面临威胁，陆地边界争议尚未彻底解决，岛屿领土问题和海洋划界争端依然存在，个别域外国家舰机对我国频繁实施抵近侦察，多次非法闯入中国领海及有关岛礁邻近海空域，危害中国国家安全。四是中国海外利益面临国际和地区动荡、恐怖主义、海盗活动等现实威胁，驻外机构、海外企业及人员多次遭到袭击。太空、网络安全威胁日益显现。②

---

① 根据国务院新闻办公室 2019 年 7 月发布的《新时代中国的国防》白皮书整理。

② 根据国务院新闻办公室 2019 年 7 月发布的《新时代中国的国防》白皮书整理。

（三）国防安全威胁事件

根据国防忧患意识的生成机理，关于外部威胁的知识经验以镜像的形式储存于人们的认知结构，一旦受到现实威胁因素的刺激便被激活，刺激越强烈，则最终激起的国防忧患意识也就越强烈。国际关系学院刘跃进、李文良、杨建英教授组织开展的一项国家安全研究项目，自 2012 年开始面向公众进行调查，并组织评选发布年度“中国国家安全十大事件”。根据调查评选结果，在公众认为的年度“中国国家安全十大事件”中，属于国防安全威胁事件的，2012 年是日本政府“购岛”引发中日钓鱼岛危机（排名第一）、中菲黄岩岛对峙（排名第二）、韩国海警杀死中国渔民（排名第十），2013 年是钓鱼岛争端继续升级（排名第二）、斯诺登曝料美国监听中国（排名第四）、金水桥恐怖袭击事件（排名第五）、新疆屡现恐怖袭击（排名第八），2014 年是暴恐袭击多发（排名第四）、香港“占中”事件及其妥善解决（排名第六）、南海冲突不平静（排名第十），2015 年是中美南海对阵（排名第四）、日本通过新安保法案（排名第十），2016 年是中国多方应对“南海仲裁”及相关挑衅（排名第一）、美国拟在韩国部署萨德系统（排名第三）、蔡英文接任台湾地区领导人（排名第九）、朝鲜核导问题继续发酵（排名第十），2017 年是驻韩美军部署萨德系统（排名第一）、中印洞朗对峙（排名第二），2018 年是中美贸易摩擦（排名第一，非国防安全直接威胁，有国防安全威胁因素）、加拿大拘留华为 CFO（首席财务官）孟晚舟（排名第四，非国防安全直接威胁，有国防安全威胁因素），2019 年是香港“修例风波”（排名第四）。此外，虽非国防安全威胁事件，但涉及国防安全入选的尚有 2012 年的中国首艘航母“辽宁号”服役（排名第三）、三沙市成立（排名第八），2013 年的中央决定设立国家安全委员会（排名第三）、中国划设东海防空识别区（排名第六），2014 年的中央国家安全委员会成立（排名第一）、总体国家安全观提出（排名第九），2015 年的新《国家安全法》颁布实施（排名第一）、《反恐怖主义法》公布（排名第二）、中共中央政治局会议审议通过《国家安全战略纲要》（排名第五）、中国深化国防与军队改革（排名第七），2016 年的中国军改强力推进（排名第五）、《反恐怖主义法》实施（排名第六）、习近平在核安全峰会上首提打造核安全命运共同体（排名第八），2017 年的习近平主持召开国家安全工作座谈会（排名第四）、中国首艘国产航空母舰下水（排名第六）、《中国的亚太安全合作政策》白皮书发布（排名第八），2018 年的武警部队改由党中央、中央军委集中统一领导（排名第五）、中国首艘国产航母试航（排名第八）、中央军委南海阅兵（排名第九），2019 年的中华人民共和国成立 70 周年大庆（排名第九）、“嫦娥四号”探索器在月球背面着陆（排名第十）。①

客观上，国防安全威胁事件的年度分布是不均匀的。综合上述 2012 至 2019 年的调查结果来看，一旦年度发生国防安全威胁事件，特别是可能导致军事冲突的对抗性事件，以及侵害中国主权和领土完整或者给中国国防安全造成较大压力的军事部署、军事行动等事件，总是能够引起公众的高度关注。2016 年国家安全十大事件中，“中国多方应对‘南海仲裁’及相关挑衅”“美国拟在韩国部署萨德系统”“朝鲜核导问题继续发酵”等边境安全和周边安全事件位列其中，且“中国多方应对‘南海仲裁’及相关挑衅”高居榜首。2017 年调查中，“驻韩美军部署萨德系统”和“中印洞朗对峙”分别占据第一和第二位置，位居第十一至二十位的事件中，还有“朝鲜核武与洲际导弹又有新进展”“韩国乐天集团换地给‘萨德’”“美国军舰闯入中国南海美济礁 12 海里”等。2018 年投票结果中“中国首艘国产航母试航”和“中央军委南海阅兵”分别居于第八和第九位。项目负责人、国际关系学院公共管理系杨建英教授认为：从概念上做严格分析，无论是国产航母试航，还是中央军委南海阅兵，其要维护的安全对象并不是军事，而是现实的或潜在的海洋国土。自 2012 年以来，调查对象屡把以南海问题和航母为标志的海洋国土安全问题投进十大事件，说明在传统安全领域，海洋国土安全在当前中国国家安全中居于十分重要的地位。我国公民对国防安全威胁事件的关注情况，再次印证了现实威胁认知生成国防忧患意识的原理，同时也体现了利用国防安全威胁事件进行国防忧患意识教育的必要性。正如项目组刘跃进教授所说，现实威胁教育“特别是对于增强公民的国家安全意识有重要意义，同时对国家安全学术研究也有重要参考价值”②。

四、现实威胁教育应注意把握的问题

2019 年国防忧患意识调查中，我国公民对国防安全现实威胁的认识表现为：①更加关注核事故、周边问题对我国造成的核威胁。②对军事安全问题的

---

① 资料来源：中国社会科学网、海外网。

② 张君荣：《2018 年中国国家安全十大事件调查结果发布》[EB/OL]，中国社会科学网，2019 年 1 月 15 日，http://ex.cssn.cn/zx/bwyc/201901/t20190115_4811543.shtml? COLLCC=1542041201&.

关心程度与该问题与中国国家利益关系的关联程度高度吻合。③仍然将免受外国入侵作为衡量国防安全的一个重要指标，并表现出对与外国发生武装冲突的高度担心和对我国国防安全能力的高度自信。④与中国的实力对比、历史恩怨、是否在核心利益问题上存在争端，是判断一个国家是否对我国构成威胁的主要因素。⑤对中国与周边国家的领土和海洋权益争端比较关注，但了解程度严重不足。调查结果表明，我国公民较为关注国防安全存在的现实威胁，但同时也存在认知上的缺陷，因此，在利用现实威胁进行国防忧患意识教育时，应注意利用和保护好公民对现实威胁的关注度，并针对认知缺陷进行有意识的引导和弥补。

（一）引导公民辩证认识战争与和平问题

20 世纪 70 年代中后期，我国对战争问题的看法发生了重大变化。1977 年 12 月，在中央军委全体会议上，邓小平同志在谈到战备问题时阐述了当时国际形势变化的新特点，第一次提出“可以争取延缓战争的爆发”。80 年代，邓小平同志多次谈到，争取比较长期的和平是有可能的，战争是可以避免的，并且指出：“一九七八年我们制定一心一意搞建设的方针，就是建立在这样一个判断上的。”[①] 1984 年 5 月，邓小平同志提出和平与发展是当今世界的两大突出问题，并把这两大问题作为全球性的战略问题来看待。1985 年 3 月，邓小平同志对和平问题和南北问题做出进一步阐述，指出：“现在世界上真正大的问题，带全球性的问题，一个是和平问题，一个是经济问题或者说发展问题。”[②] 此后，和平与发展是当今世界主题或时代主题的提法长期见诸党的全国代表大会报告。不过，有相当一部分人对这一判断的理解出现了偏差，认为世界已经进入和平与发展的时代，加上中国确实已多年没有经历战争，“和平麻痹症”逐渐形成并在社会上占据一定市场。它一方面感染了一部分公民，一方面也对那些对国防安全现实威胁有着较强感知的公民造成冲击，使他们产生思想上的困惑。对安全环境的总体判断会框定人们对安全威胁的认知态度和行为取向，而对战争与和平问题的认识又是构成这一框架的基础。因此，现实威胁教育首先应该注意的是，要帮助公民辩证认识一定时代条件下的战争与和平问题。进入新时代，

---

① 邓小平：《邓小平文选》（第三卷）[M]，北京：人民出版社，1993 年版，第 233 页。

② 邓小平：《邓小平文选》（第三卷）[M]，北京：人民出版社，1993 年版，第 105 页。

必须结合国际战略形势和国家安全形势新变化，以习近平新时代中国特色社会主义思想关于国家安全、国防和军队建设、人类命运共同体构建等基本方略为指导，引导公民树立与客观实际相符合、与国防安全需求相适应的战争与和平观。

一是帮助公民把握战争与和平的辩证统一。“国虽大，好战必亡；天下虽安，忘战必危。”当今时代，国际格局、大国关系、军事力量发展与运用都呈现新的特点，一个国家如果不坚持战争与和平的辩证法，便会在战略上失智失误，在行动上进退失据，在国防上失败失安；一国公民如果不能正确地认识战争与和平问题，则可能以公众舆论、集体行为等方式对国家的战略判断、战略决策和国防行为等造成干扰。毛泽东同志指出：“和平时期的斗争是政治，战争也是政治，但用的是特殊手段。战争与和平既互相排斥，又互相联结，并在一定条件下互相转化。”[①] 习近平同志指出：“能战方能止战，准备打才可能不必打，越不能打越可能挨打，这就是战争与和平的辩证法。”[②] 也就是说，战争与和平是既相互区别又相互联系、相互转化的矛盾统一体，战争中孕育着和平因素，和平中包含战争因素。在战争中，要争取扩大和平的因素来结束战争，在和平中要通过备战的方式遏制战争爆发。进入新时代，虽然国际力量总体朝着有利于世界和平的方向发展，但战争的因素也不能忽视。当前，我国正处于发展的关键期，比以往任何时候都要接近民族复兴的目标，也更加需要和平稳定的发展环境。但是，面对各种安全困境和军事威胁，不能愚蠢地坚持所谓的和平主义或者宋襄公式的仁义，只有充分做好迎战准备，只有敢于进行军事斗争，才能达到争取和平的最终目的。无论何时，军事手段始终是维护国家安全的保底手段。中国坚持走和平发展道路，决不干称王称霸的事，决不会搞侵略扩张，但如果有人要把战争强加到我们头上，我们必须能战而胜之。

二是帮助公民全面认识国防安全面临的新形势、新挑战。当今世界一个突出的特点是乱象纷呈。霸权主义、强权政治、新干涉主义、单边主义抬头，地区冲突和动荡此起彼伏，极端主义、恐怖主义蔓延，网络安全、生物安全形势严峻，贸易战、汇率战轮番出现。各种国际力量思谋乱中求变、乱中谋利，围

---

① 中共中央文献研究室：《毛泽东著作专题摘编》［M］，北京：中央文献出版社，2003年版，第1277页。

② 中共中央宣传部：《习近平总书记系列重要讲话读本》［M］，北京：人民出版社，2016年版，第252页。

绕权力和利益再分配展开激烈斗争。同时，我国国家利益大大拓展，国家安全和发展与外部世界的联系更加紧密，国际上一有风吹草动就可能影响到我国安全特别是海外利益安全。要帮助公民拓宽视野，树立辩证思维、战略思维和底线思维，统筹本国安全与世界安全、地区安全与全球安全、周边安全与远域安全，全面认识和把握我国国家安全、国防安全面临的挑战与威胁。首先，要看到机遇。尽管国际形势急剧变化，但和平与发展的时代主题没有变，世界多样化和经济全球化深入发展的大趋势没有变，国际力量对比有利于保持世界形势总体稳定的大环境，中国能够为自己的发展争取一个长期的和平环境。其次，要关注挑战。在小战不断、冲突不止、危机频发成为常态的情况下，国际安全环境充满了不确定性、不稳定性，世界依然面临着现实和潜在的战争威胁，也容易出现这样那样的摩擦冲突甚至战略意外。要重点关注哪些因素可能把我国拖入战争或武装冲突。再次，要重视周边。我国国防安全面临的许多威胁来自周边。我国周边安全形势历来错综复杂，亚太地区战略格局深刻变化，一些历史积怨和现实冲突浮出水面，周边领土争端、大国地缘竞争、军事安全较量、民族宗教矛盾等问题凸显，家门口生乱生战的可能性增大。我国是世界上尚未实现完全统一的大国，也是同周边多个国家存在领土主权和海洋权益争端的大国，尤其是争端领土很大一部分被有关国家占据，不仅对我国维护领土完整和国家安全提出了重大挑战，也为一些外部势力插手干预提供了可乘之机，国防安全面临长期的持续性风险。最后，要瞩目海外。海外利益的拓展，使国家利益的边界延伸到海外，国防安全的内涵和外延也因此而更加丰富。在国际市场、海外能源资源、战略通道安全以及海外机构、人员和资产安全地位日益重要的情况下，必须高度重视国际和地区局势动荡、恐怖主义、海盗活动、重大自然灾害等对我国安全构成的威胁。

三是帮助公民保持对偶然因素和偶发事件的警惕。一般来说，在对立双方可能爆发战争或冲突的时候，促使双方放弃战争的因素是对战争后果的恐惧。因此，不断地、准确地以战争的严酷事实和逻辑相告诫，可以使人们保持理智状态，不至于因为时空的发展而淡忘历史的教训。① 但是，不幸的是，历史一再证明，偶然因素、非理性动机和行为都可能成为引发战争、冲突和危机的因素，许多本可避免的战争，恰恰由于决策者的错误知觉而导致了其爆发。1969

---

① 李朋：《战争机制的历史分析》[J]，《北方论丛》2001 年第 2 期，第 117 页。

年，地处中美洲的萨尔瓦多和洪都拉斯两国，因足球世界杯预选赛期间的民间冲突导致断绝外交关系，并最终发生战争。因此，即使生活在长期的和平状态，即使一片风平浪静，也必须保持对这些因素危害国防安全的警惕。进一步说，有两种战争或冲突是无法阻止其发生的：一是非理性的人发起的战争或冲突，他们抱有战争狂想，并不按着理性逻辑去思维和行动。另一种是绝望者发起的同归于尽的战争或冲突，他们不受逻辑的约束，战与不战的结果对于他们来说是一样的。[①] 所以，当国际上特别是涉及我国的矛盾不断积累的时候，即使一个看似不起眼或者不相干的事件也应特别警惕；当一些国家出现集体性狂热，或者具有极端思想而又常常不按常理出牌的领导人上台的时候，尤其应该保持高度的警觉。

以辩证的思维观察、分析世界和我国国防安全面临的环境，是准确判断国防安全现实威胁的一种重要方法。当国际环境整体向好的时候，要有忧患意识，要有危机感和紧迫感；当外部形势趋于不利的时候，要有坚定的自信，看到机遇的存在。现实威胁教育要引导公民冷静观察、辩证分析，不因为局部或一时的问题而看不清国防安全因素的主流，同时也不因为一时的无忧而忽视国防安全干扰性、破坏性因素的存在。

（二）运用现实威胁对公民进行适度刺激

现实威胁教育具有感知国防安全威胁、提高国防安全威胁认识能力、积聚和保持国防忧患意识的功能，在国防忧患意识教育中，应当针对公民对现实威胁的感知状况、认识特点和存在缺陷，有意识地运用现实威胁对公民进行适度刺激。

一是在教育内容上优先选择涉及国家生存利益与核心利益的威胁信息。国防安全最基础、最核心的是军事安全。按照马克思主义国家学说，国家本质上是一种有组织的暴力。这一本质属性，决定了军事安全在国家总体安全中的保底作用。在当代国际环境中，“武力成本的增加并不意味着武力被淘汰出局。恰恰相反，在无政府的国家体系之中，没有更高一级的政府解决冲突，而最终的手段是自助，终止使用武力是绝不可能发生的。在利害攸关的某些情况下，不

---

① 李朋：《战争机制的历史分析》[J]，《北方论丛》2001 年第 2 期，第 117 页。

惜代价运用武力是必要的、正确的”①。国家间相互制衡、相互防范和由此产生的安全压力是难以完全排除的。对外来威胁，人们通常采取“宁可信其有，不可信其无”的态度，军事安全领域更是倾向于从最坏的情况出发考虑问题。小国是这样，大国也是这样；弱国是这样，强国也是这样。当今世界存在着许多战争、威胁、动荡、冲突，国家可能会面临诸多国防安全威胁，现实威胁教育可以要求公民去了解，但不可能要求公民对这些问题都同等程度地重视，并且，没有重点就没有重视。那么，应该让公民特别重视哪些问题，优先关注哪些国防安全威胁呢？一个标准是在对外国面临的威胁和本国面临的威胁之间，优先关注本国面临的威胁。这一点看似不存在问题，但在20世纪的科索沃战争期间，我国媒体在舆论引导上就有一些值得反思的地方。另一个标准是要优先关注对国家生存利益与核心利益的威胁。美国学者纽克莱因在摩根索国家利益分类的基础上，提出了“利益强度”说，把国家利益分成四种，按利益强度依次为生存利益（survival interests）、核心利益（vital interests）、主要利益（major interests）和次要利益（peripheral interests）。生存利益是最根本的国家利益，因为国家若不能生存，便没有其他利益可言了。核心利益是国家需要采取包括武力在内的强力手段加以保护的利益。主要的和次要的国家利益虽然国家也应尽力保护，但没有必要使用武力。② 按照这一标准，传统安全威胁，特别是对国家主权独立和领土完整的威胁，如当前存在的对中国领土和海洋权益的蚕食、侵占，“台独”等分裂活动及外部势力的干涉等，即属于对中国生存利益与核心利益的威胁，应当作为现实威胁教育优先选择的内容信息。

二是客观评价外部因素对国防安全的威胁程度。在进行现实威胁教育时，教育主体对威胁的评价必须客观。既不能将严重的威胁视为一般威胁，也不能过分夸大本来并不严重的威胁；既不能忽视非传统安全问题对国防安全造成的威胁，也不能在认识非传统安全问题上套用传统安全思维模式。但在实践中，教育主体对国防安全威胁的评价往往容易走极端。例如，一段时间以来，部分新闻媒体在宣传报道以及一些“专家”在接受访谈、开设讲座时，为博人眼球或哗众取宠，习惯于炒作热点，对事件夸张夸大。2016年，《光明日报》曾刊

---

① 约瑟夫·S. 奈：《硬权力与软权力》[M]，门洪华译，北京：北京大学出版社，2005年版，第116页。

② Donald E. Nucechterlein, America Over Committed: United States National Interests in the 1980s [M], University of Kentuchy Press, Lexington, 1985.

文认为：新闻的全球实时可见，使部分微事件可能产生战略性、全局性影响。有些突发事件，地理上远在千里万里之外，但在信息和信息的影响层面，跟公众实际是零距离。一个从事件本身来看属微小、局部、偶发的事情，往往因为大众媒体的报道而成为全球热点，意料之外的国家安全变数被大量生成。一些媒体不管后果，不论导向，不分是非，对于复杂、敏感的国家安全议题采取一种好为大言、刻意炒作的态度，不少媒体惯于炒作国家安全威胁，甚至渲染“威胁”、制造“敌人”。上述情形，对国家安全政策制定和决策执行，构成复杂影响：一是国家安全领域难免出现的坏消息，包括误解、错报、误传的消息，将在有关方面没有来得及干预之前，就影响到公众；一些原本可以从容处置的国家安全事态，在炒作之下，形成非理性舆论声浪，给外力介入提供机会窗口，增加妥善处置的难度。二是新闻舆论对国家安全议题的超常规聚焦，增强了公众不安全感和舆论不稳定性，国家安全战略容易受制于导向有误、剧烈变动的舆论潮流，甚至被片面、冲动的民众情绪所绑架。三是对国家安全风险和灾难的长期热衷报道和引申评论，使得人们夸大了对国家安全风险的认知，由此造成一种从“世间本无事，庸人自扰之”到“魔由心生，危从中来”的恶性因果关系链。四是碎片化的国家安全问题报道，使公众对战略层面、长远的国家安全漠不关心，对涉及自身利益、短期利益的安全问题则又过度敏感。这种由于过度聚焦、过度渲染而导致的麻木，从长远来看更为危险。① 前述“国家安全十大事件”调查项目负责人之一的刘跃进在解释为什么调查中使用“中美贸易摩擦”而不用“中美贸易战”时认为：过去非常普遍、今天依然存在的一种倾向，就是把什么问题都说成“战”，如把经济领域、文化领域、信息领域的摩擦、冲突等说成是经济战、贸易战，甚至“货币战争”，说成文化战、网络战等。在经济、贸易、文化、网络等领域用“战争”一词，只是一种不科学、不合理的比喻，既不符合这些问题的客观实际，又容易造成把武力对抗引入这些本可通过协商合作解决问题的非军事领域，这不仅不利于问题的解决，而且还可能给人类和自己国家带来更多的灾难和麻烦。② 在现实威胁教育中，忽视威胁的存在，或者对威胁轻描淡写，其危害自不必说；过分夸大威胁，则可能会

---

① 李习文：《新闻舆论：国家安全的必争之地》[EB/OL]，光明网，2016年6月13日，http://junshi.gmw.cn/2016-06/13/content_20521122.htm.

② 张君荣：《2018年中国国家安全十大事件调查结果发布》[EB/OL]，中国社会科学网，2019年1月15日，http://ex.cssn.cn/zx/bwyc/201901/t20190115_4811543.shtml? COLLCC=1542041201&.

使公民产生非理性的国防忧患情绪，干扰科学的忧患意识形成。如果形势的发展并不像告诉他们的那样严重，则忧患情绪会迅速衰退，对现实威胁的反应也会趋于迟钝。因此，对现实威胁的客观评价就显得十分重要。

三是注意排除诱发定势和敌国意象的干扰。诱发定势是指认知主体往往以当前的关注点去感知外在现象，并以此解读新的信息。无论理智与否，人们总是根据接收信息时自己所关注的对象来解读收到的信息。诱发定势的存在使人们根据即时的联想去认识和解读刺激因素。比如，中国公民对台湾问题以及中美关系、中日关系的高度关注，使他们对这些问题上发生的重大事件特别敏感，一旦发生重大事件，便会全神贯注地关注事件的发展，暂时遮蔽正常情况下的知觉。集中精力关注一个问题还会使人产生一种隧道视觉，认定他人的关注点与自己相同。由于这些错误知觉的存在，人们在本国与外国发生涉及国防安全的重大事件，并且认定该事件威胁到本国安全时，便会倾向于夸大威胁程度，甚至认为该外国在一定时期内任何涉及安全问题的举动都是针对本国。“突发事件比渐进事件更容易改变人们的认识。”① 1999 年发生的“炸馆”事件、2001 年发生的“撞机”事件，不仅激起了中国公民的强烈愤慨，也激活了美国粗暴干涉中国内政、侵犯国家主权和领土完整以及遏制围堵中国的一系列历史记忆，强化了中国公民国防安全的危机感和对美国霸凌的认知。涉及国防安全的重大事件特别是危机还很容易激活人们的“敌国意象”，一旦意象中的“敌国”在有关本国安全方面有重大举动，人们特别容易从正常的心态一下变得十分敏感，如果这些举动导致双边关系出现危机，则恐惧心理与敌国意象相结合，极易导致敌意迅速升级。例如，近代中国的百年耻辱造就了中国人“历史上的受害者”心理，庚子战争时的“八国联军”、抗日战争时期的“日本鬼子”、朝鲜战场上的“美国鬼子”，均在中国人头脑中留下了深刻的印记，所以当钓鱼岛发生“撞船事件”时，当美国舰机进入南海从事所谓的“航行自由行动”时，中国公众会认为他们是在“拉仇恨”。尤其是在互联网时代，信息的接收、传播空前快捷，人们对信息的解读速度比通过层层上传的官方解读速度更为快速和直接，所做出的反应也比官方的反应更快更强烈。运用现实威胁教育培养国防忧患意识，应当注意上述心理现象和信息传播现象的存在，既要尽可能通畅正规渠道

---

① 罗伯特·杰维斯：《国际政治中的知觉与错误知觉》[M]，秦亚青译，北京：世界知识出版社，2003 年版，第 323 页。

传递事件信息和国家的有关政策，主动掌握话语权，引导公众舆论，又要避免过度刺激导致公众夸大威胁和情绪失控。同时，也可以考虑在常态化、系统性的全民国防教育中，有意识地嵌入有关国际关系和心理学知识，使公民能够认识到并自觉克服这些心理现象对国防忧患意识形成过程的干扰。

（三）帮助公民增强国防安全能力建设意识

2019 年国防忧患意识调查显示：中国公民仍然将免受外国入侵作为衡量国防安全的一个重要指标，并表现出对我国国防安全能力的高度自信。也就是说，由于中国综合国力和国防实力强大，使中国遭受外敌入侵的危险降低了，并且即使有外敌入侵，国家也有能力应对。对中国有能力维护国防安全的高支持率和对中国可能与外国发生武装冲突的高选择率这一“双高”现象，说明当代中国公民对现代战争的残酷性和武装冲突对国防安全的高风险性还认识不足，对公民关于国防安全能力的认识必须加以适当的引导。

一是克服过高估计自己这一心理现象对公民评价国防安全能力的影响。国防安全能力也就是国防能力。有两种心理因素会导致人们过高估计本国的国防能力：国家因素和个体因素。在国家间的互动关系中，国家一般倾向于过高估计自我能力。“当对方的所作所为符合自己的希望的时候，行为体几乎总是认为这是自己施加影响的结果。这样的认识往往是不正确的。在几乎所有案例中，我们没有发现一个行为体在出现有利于自己的结果的情况下低估自己作用的例子。”[①] 在个体因素方面主要是愿望思维。愿望是影响人们知觉的一个重要的情感因素。“人们看到的只是他们希望看到的事情”[②]，这就是愿望思维。公民出于爱国情感希望国家国防能力强大，而在长期和平条件下，国防能力又很难接受到战争最直接最残酷的检验，在愿望思维的影响下，人们就会倾向于认为本国国防能力客观上就是强大的。国防忧患意识教育重在检视、告诫国防能力的不足，但是，在我们的思想教育活动中，凡涉及国防和军队建设的内容，多数情况下倾向于告诉人们取得的成就和军事力量的强大。由于公民在长期接受教育的过程中接受的这类信息远远超过关于国防能力不足的信息，前者内化为他

① 罗伯特·杰维斯：《国际政治中的知觉与错误知觉》[M]，秦亚青译，北京：世界知识出版社，2003 年版，第 361 页。

② 罗伯特·杰维斯：《国际政治中的知觉与错误知觉》[M]，秦亚青译，北京：世界知识出版社，2003 年版，第 373 页。

们的思想意识甚至价值观。在这一内化结果的基础上，大部分没有经过专业培训的公民容易形成根深蒂固的国防能力足够强大的判断。这种判断很可能使公民在已经感知到国防安全面临威胁时，想当然地认为现有国防能力是足够的，并很可能导致心理上不认可国家采取军事以外的手段应对，甚至出现不顾战略全局动辄喊打的情况。鉴于这一心理现象，现实威胁教育应当重视国防能力的客观评价，努力建构政治、军事、经济、外交等手段综合运用的合力观，有意识地引导公民克服非理性评价本国国防实力的倾向。

二是运用横向比较帮助公民认清国防能力的不足。国防能力是强是弱，是否足够，只有在同潜在对手的横向比较中才能显示出来。自己与自己比，只能看到自身的成长进步，而难以看到问题与不足。在现实威胁教育中，要重视与别国国防能力的横向对比，不仅与周边国家比，与可能的对手比，更要向世界一流水平看齐。只有通过全面的横向对比，才能发现我国国防能力建设存在的不足，与发达国家和一流军事强国的差距。其实，世界上许多国家非常惯于运用这种对比来对本国国民进行现实威胁教育。例如，美国国防部的《中国军力报告》就惯常于渲染、夸大中国军事力量的发展，制造中国军力发展构成威胁的国内、国际舆论，以刺激本国国民和盟国产生所谓的危机感。只有认识到差距，才会产生努力追赶、缩小差距的动机和动力，对于公民来讲，才会增强支持国家加强国防和军队建设的意向。因此，在现实威胁教育中运用比较教育手段，有助于公民确立对国防安全状态的正确认知，强化公民对国防安全能力的需求，在这种需求的牵引下，形成自觉支持国防和军队建设的能动性，并将其贯穿于认识国防安全和改造国防安全的知行统一过程。

三是凝聚公民支持国家国防能力建设的共识。党的十九大报告指出："国防和军队建设正站在新的历史起点上。面对国家安全环境的深刻变化，面对强国强军的时代要求，必须全面贯彻新时代党的强军思想，贯彻新形势下军事战略方针，建设强大的现代化陆军、海军、空军、火箭军和战略支援部队，打造坚强高效的战区联合作战指挥机构，构建中国特色现代作战体系，担当起党和人民赋予的新时代使命任务。"① 现实威胁教育的重要目标之一，就是要凝聚公民对国防和军队建设的支持，为国家国防能力建设提供强大的精神动力，并进而

---

① 习近平：《决胜全面建设小康社会 夺取新时代中国特色社会主义伟大胜利——在中国共产党第十九次全国代表大会上的报告》，见《中国共产党第十九次全国代表大会文件汇编》[M]，北京：人民出版社，2017 年版，第 43 页。

有效调动蕴藏于社会的国防能力建设所需资源等物质力量，以满足国家安全发展的需要。国防安全是一种公共品，关于公共品存在着一个“公共的悲剧”理论。亚里士多德认为：“凡是属于最多数人的公共事物常常是最少受人照顾的事物，人们关怀着自己的所有，而忽视公共的事物；对于公共的一切，他至多只留心到其中对他个人多少有些相关的事物。人们要是认为某一事物已有别人在职管，他就不再去注意了，在他自己想来，这不是他对那一事物特别疏忽。”① 这是“公共的悲剧”理论的最早起源。大卫·休谟于1740年阐述了“公共的悲剧”的完整含义：在一个经济社会中，如果有公共物品或服务存在，“搭便车”的出现就不可避免，但如果所有社会成员都成为搭便车者，最后的结果则是没有一个人能享受到公共物品或服务。对于如何克服“公共的悲剧”现象对公共品生产的影响，政治学家、经济学家和社会学家开出了不少“药方”，包括公民美德培养、法律和制度约束等。那么，在国防安全这一公共品建设上，如何克服“公共的悲剧”，让公民自觉地支持和投入呢？除了利用国防教育中的“美德”教育外，还可以从利益的角度建立公民个人利益与国防安全这一公共利益间的联系，而现实威胁教育恰恰能够发挥这一作用。这就要求现实威胁教育中，要重视发掘公民能够直接体验到的因国防安全能力不足而致使公民个人、集体利益受到损害的事例，并与国防能力发展壮大后公民个人、集体利益得以受到良好保护的事实相对比，运用事实、归因与逻辑的力量，增强说服力。在这方面，我们已经有不少鲜活的事例可资进行新旧对比，如在争议海域以军事力量为后盾对渔民的保护、在动荡和冲突地区的撤侨行动等。当然，无论是从理论上分析，还是在实践中观察，公众对国防能力建设的支持都有自发自觉形成的可能，公众不仅有为国防能力建设献言献策的意愿和行动，而且有积极投身国防能力建设的意愿和行动。对此，政府和社会积极的关注和支持，将起到与现实威胁教育相得益彰的作用。

---

① 亚里士多德：《政治学》[M]，吴寿彭译，北京：商务印书馆，2008年版，第48页。

第十一章　防止知行分离的国防责任意识教育

国防忧患意识教育的任务是通过向公民传授国防忧患意识理论、历史与现实的忧患知识，使他们能够形成正确的国防忧患认知，把握国防安全对个体意识和行为的要求，指导他们关注和自觉维护国防安全。当代中国公民的国防忧患意识教育，必须正视公民在国防安全问题上安全意愿和行为意愿分离的现象，寻找其成因，采取针对性的方法和途径，加强国防责任意识培养，努力使公民做到在维护国防安全上知行合一。

一、国防责任意识形成的心理机制

责任意识，也叫责任心理、责任心或责任感，《汉语大词典》中定义为“自觉做好分内事的心情”。美国心理学家K. S. 扬认为，责任心意味着能力以及乐意承担自身行动的后果。美国学者哈里斯认为，责任心不仅仅是一种能力、知识或才能，更是一种态度。这些定义中，除《汉语大词典》只强调责任意识的价值维度外，后两者都同时强调责任意识的价值维度和认知维度。因此，叶浩生等人认为：“责任意识应该是对责任的客观认知与主观体验，主要包括责任认知与责任情感两个方面。”①

国防责任意识，是一个国家的国民参与国防建设和军事斗争的认识、情感和信念，主要来自于个体的国家认同意识、公共安全意识和公民义务意识，经历了由国家到国防安全，再到国防义务，最终到国防责任的认同和内化过程。

---

① 叶浩生、杨文登：《责任的二重性及责任意识的培养——基于心理学的视野》[J]，《心理学探新》2008年第3期，第11页。

第一阶段是建立国家认同。自人类意识产生以来，人们就需要对宇宙和社会现实有一种认知上可以接受的解释，这样他们知道如何把自己和整个外部环境联系在一起，因而他们就具有了认同。在认同与主要需要满足之间存在着重要联系，任何安全认同意识的缺乏都会引起焦虑，如果这种焦虑得不到缓解，人格崩溃就会发生。① 人是群居性的社会动物，群体或团体成为人类社会当然的一部分，归属于一个愉快的身份群体的欲望被看作是人类的自然需求：家庭、氏族、部落、社会等级、社会秩序、阶级、宗教组织、政党，最后是民族和国家，所有这些都是这种基本需求实现的历史形态。② 国家通常被近现代的人们视为最大和最重要的群体。如果所有的人类群体都是为了满足某种社会需要而组织起来的，国家作为一种普遍性的机构，就必须满足普遍性的需要。在所有人类的普遍需求中，有一种是对肢体和生命安全的愿望。在通过个人力量不能获得必要的安全时不得不诉诸联合。由于民族国家既能很好地提供身体安全和心理安全，也能够保护个人认同和追求个人卓越感，对国家的认同，继氏族、城邦、帝国等政治共同体之后，成为个人主要需要的最终落脚点。

第二阶段是在内心建立个人安全与国防安全的联系。国防安全是一种公共安全。公共安全是多数人生命、健康和公私财产的安全，包括内部安全和外部安全。国防安全是属于外部安全的一种安全品，这种安全品不仅保证了国家的安全，而且通过保证国家的安全保证了国民的安全。当人们意识到国防安全为个人提供了身体安全和心理安全，并切实感受到这种安全的时候（即获得了安全感），在内心深处便把个人安全与国防安全联系起来；当人们意识到国家无法保证国防安全或可能无法保证国防安全，感受到个人安全将要或可能受到损害的时候（即产生不安全感），实际上也已经把个人安全与国防安全联系到一起。也就是说，只要人们意识到自己正在使用国防安全这一公共品，这种联系便自然而然建立起来，意识到正在使用国防安全这一公共品是将个人安全与国防安全联系起来的基础。

第三阶段是由义务意识向自觉的责任意识的升华。一个人内心建立了个人安全与国防安全的联系之后，并不必然地形成国防责任感。一个人可能会游戏

---

① 美国心理学家马斯洛认为，人的一切行动来源于动机，而动机来源于人的需要，人的需要分为生理的需要、安全的需要、归属和爱的需要、尊重的需要和自我实现的需要五个层次。弗洛姆则认为，人存在关联的需要、超越的需要、寻根的需要、同感的需要、定向和献身的需要。

② 以赛亚·伯林：《论民族主义》[J]，秋风译，《战略与管理》2001 年第 4 期，第 46 页。

人生，得过且过，不愿履行任何责任。但是，国家具有强制性。任何国家都会强制性地赋予本国国民一定的义务，维护国防安全便是其中重要的义务之一。对于这一强制性义务，多数人首先会愿意依从，其动机是为了获得奖赏或免受处罚。此后，在价值观、信仰或道德境界的作用下，趋于认同这一义务，并会因不履行义务而体验到强烈的负向情感。这一认同经过一个长期的过程后，便会逐渐内化为持久、稳固的意识，形成国防责任意识，如果认为自己没有履行好责任，就会因严重的负向情感而进行自责。

二、公民国防责任意识缺陷形成的原因

2003 年，中国青少年研究中心课题组曾做过一次调查，调查对象涉及我国最著名的 20 所大学的学生和青年教师。调查结果以“中国青年看世界调查报告”为题，发表于 2005 年第 5 期《中国青年研究》杂志。这次调查反映的其中一个问题是：中国青年普遍关注国防安全，主张应维护国防安全，但是如果需要自身参与维护国防安全，持保留态度的人则占有相当大的比例。例如，在回答“如果国家遇到国家分裂或外敌入侵，您会如何做”这一问题时，有 46.9％的人选择“如需要，可献出自己的一切”，有 45.0％的人选择“尽自己可能给予帮助”（“尽自己可能给予帮助”意味着对为国牺牲是有保留的），另外尚有 3.0％的人选择“看看别人的表现再决定，随大流”，1.1％的人选择“无动于衷”。① 2014 年 1 月，在上海市政协十二届二次会议期间，有委员发言透露，此前一项涉及 1500 人的问卷调查结果显示，国防意识弱化的问题较为明显，在“对应征入伍你是什么态度”选项中，22％的受访者选择“和平年代当兵没有什么意义”。② 2018 年两会期间，国防和军队建设成为会议讨论的热点话题，但是普通网民对国防和军队建设的热情并不是特别高。两会召开前，人民网推出两会热点问题调查，参与网民超过 421 万人次，国防和军队建设议题关注度排名未进前十。③ 2019 年国防忧患意识调查在关于公民服兵役态度问题上，62.75％

---

① 中国青少年研究中心课题组：《中国青年看世界调查报告》[J]，《中国青年研究》2005 年第 5 期，第 23 页。

② 程琦：《和平年代当兵没意义？孙宁委员：国防教育不能“挂空挡”》[EB/OL]，东方网，2014 年 1 月 20 日，http://sh.eastday.com/m/2014shlh/u1a7897790.html.

③ 杨玉国：《提高全民国防意识：国防建设必须全民参与》[EB/OL]，中国军视网，2018 年 3 月 15 日，http://www.js7tv.cn/news/201803_136669.html? from=singlemessage.

的调查对象表示会“积极履行兵役等国防义务”，26.13%的调查对象表示“轮到自己不会逃避”，11.12%的调查对象选择了“更愿意以其他方式为国家尽义务”。当被问及“如果国家利益遭到严重侵害而发生战争，你会如何做”，74.29%的调查对象选择“如需要，可以献出自己的一切”，但也有超过四分之一的人持犹疑或逃避态度。中国部分公民中这种在需要个人履行国防义务时的消极倾向，实际上是国防责任意识不强的表现，是一种典型的国防态度和行为分离现象。那么，是什么原因导致这种现象在部分公民中存在呢？

（一）部分公民残存历史形成的国民性格缺陷

“国民性格”“国民性”“民族性”是几个经常混用的概念。鲁迅先生认为，“民族性”指的就是“中国人向来的魂灵”，也就是中国固有的颇具特色的民族精神。[①]“国民性”多与“民族性”通用，又称“国民性格”。所谓“国民性”，“意指一个国家或民族中大多数人普遍具有的文化精神和心理结构，包括思维、精神、性格、情感、观念、价值等一系列表现要素”[②]。国民性格缺陷指的是一个民族或者一定国家的国民性格中欠缺或不够完备的地方，是与个人性格相对应的一个民族性格中普遍存在的某种共性，具有左右个体行为的根本作用，有时也称“劣根性”。近代以来，一些著名学者在对百年耻辱的反思中对中国人性格缺陷述及较多，其中与国防责任意识缺陷相关的，主要表现在两个方面：一是缺乏社会责任感。二是和平文弱。梁漱溟在《中国文化要义》第一章中，综合当时学术界的各种见解，列举了中华民族的若干性格特点，其中包括“一盘散沙，不能合作，缺乏组织能力，对国家及公共团体缺乏责任感”“温顺和平，耻于用暴，重文轻武，文雅而不免纤弱”[③]。1947年，朱光潜发表《苏格拉底在中国》一文，专谈中国民族性和中国文化的弱点，指出中国人“轻视群众与团体生活”。林语堂认为中国人“系心于各自的家庭而不知有社会”[④]，“凡事过善

---

① 迟蕊：《鲁迅的“国民性”概念辨析——从与“民族性”概念的关联出发》[J]，《鲁迅研究月刊》2016年第1期，第25页。

② 刘晓潇：《试论道家哲学智慧与中国国民性格的养成》[J]，《山西社会主义学院学报》2018年第3期，第68页。

③ 梁漱溟：《中国文化要义》[M]，上海：学林出版社，1987年版，第12页。

④ 林语堂：《吾国与吾民》，见《林语堂名著全集》（第二十卷）[M]，长春：东北师范大学出版社，1994年版，第164页。

于计算个人利害而自保，却难得一糊涂人肯勇敢任事，而国事乃不可为”[①]。20世纪初曾被聘为北洋政府宪法顾问的美国人古德诺在《解析中国》一书中认为，“中国直到受到西方入侵之前一直是和平主义的”，“中国文化具有恒定性的特点，这是毋庸置疑的，它的恒定性自然会产生出一种和平主义的倾向”，“中国在过去的世纪中面对西方的武力威胁所表现出的无助，而对其强邻——日本的侵略所表现出的软弱，也反映出这种中国式的和平主义会发展到软弱可欺的程度”。[②] 罗素认为，中国人性格中还具有一种厌恶战争、期望和平与安定的心理定式和行为取向，“如果在这个世界上有‘骄傲到不屑打仗’的民族，那就是中国”，“中国历史上虽然征战连绵，但老百姓天性是喜好和平的”[③]。中华人民共和国建立后，中国共产党领导下的集体主义塑造和中国在国际上不畏强权的斗争精神，在极大程度上改变了中国人的精神面貌和国际社会对中国人国民性格的认知。改革开放以后，在20世纪80年代的文化热中，中国国民性问题再次成为热门话题。1985年，有人总结了中国人性格变化的实证研究成果，其结果显示，在社会现代化进程的影响下，中国人社交能力、支配性、灵活性、容忍度和男性化倾向方面有所提高，但在情绪性（焦虑）、自我约束（谨小慎微）、友好（和睦关系）、责任感、坚持不懈、女性化方面有所降低。80年代末，香港中文大学张妙清教授和中国科学院心理研究所宋维真、张建新教授等一起启动了中国人性格研究工作。他们根据我国代代相传、影响至深的各种哲学文献、文学作品和格言习语，以及当时中国人的生活习惯和思想观念等，编制出“中国人个性调查表”，试图发现和总结中国人独具的性格特点。这次调查发现，在责任感方面，老年人的得分较高，年轻人在领导力方面表现突出，但责任感较弱，中年人则介乎两者之间。[④] 国民性格“有着非同寻常的延续力”[⑤]，2019年国防忧患意识调查反映的部分公民国防态度和行为分离现象，说明历史形成的

---

① 林语堂：《拾遗集》（下），见《林语堂名著全集》（第十八卷）[M]，长春：东北师范大学出版社，1994年版，第19页。

② 古德诺：《解析中国》[M]，蔡向阳、李茂增译，北京：国际文化出版公司，1998年版，第16～17页。

③ 伯特兰·亚瑟·威廉·罗素：《中国问题》[M]，秦悦译，上海：学林出版社，1996年版，第154页。

④ 霍霞：《中国人性格大调查》[N]，《北京科技报》2004年11月3日第A03版。

⑤ 罗伯特·帕特南：《使民主运转起来：现代意大利的公民传统》[M]，王列、赖海榕译，南昌：江西人民出版社，2001年版，第183页。

国民性格缺陷具有顽固的生存力，虽经社会主义精神文化的长期熏陶，缺乏社会和国家责任感的偏执思维仍然固执地残余在部分公民的头脑里。

（二）社会环境变化对公民心理形成一定冲击

中华人民共和国建立后，中国在近代以来第一次实现了国家的主权独立并迅速重新走向国家的富强。建国初期，饱受列强侵略欺凌和长期战乱之苦的中国人深为新生的共和国而自豪，产生了强烈的国家归属感。同时，社会结构的同质性、经受大革命洗礼后清新的社会风气也使人们的精神境界得以升华，社会成员产生了高度的国家责任感（包括国防责任感）。改革开放以后，社会的巨大变革、长期的和平环境使中国公民的社会责任感、国家责任感进入一个重构的新阶段。随着政府组织职能转型和经济社会的发展，在革命战争时期形成的国防教育体系运行的基础和环境发生了巨大变化，出现了很多新情况、新挑战，一些社会民众对国防和军队建设的关注拥护有所淡化，“阴柔文化”“娘炮文化”对国防安全造成了严重侵害。①

社会环境对公民国防责任感的消极影响主要表现在以下几个方面：一是国家职能回归后公民“失落感”弱化国防责任感。改革开放前 30 年，在当时的历史条件下，我国实行高度集中的管理模式，国家行使了社会的几乎全部职能，人们的就业、入学、生产、生活等方方面面几乎充满了国家因素，国家既是利益的分配者，也是社会成员利益的协调者和保护者。社会成员利益与国家之间的这种紧密联系，使人们容易产生并保持对国家的高度认同，这种高度认同为国防责任感的产生、积聚和保持提供了丰厚肥沃的土壤。改革开放后，国家逐步将本该由社会承担的职能交给社会和市场，如取消住房分配、大学生毕业国家不再包分配、允许企业破产等，部分公民或公民群体将这些变化理解为国家“不再管我们”“不再关心我们”，在“推卸责任”。它给这些公民带来的心理冲击，造成激烈的应激反应和持续的应激后创伤，最终会映射到国家责任感及至国防责任感上。例如，20 世纪八九十年代，俄罗斯国家和社会处于崩溃边缘，在毫无准备的情况下匆忙把大量部队、装备从东欧国家撤回，军人居无定所。曾经立志终生报效国家的人突然发现自己的计划全盘落空，国家不再提供任何

---

① 王卫星：《加强全民国防教育 凝聚新时代国防力量——写在第十八个全民国防教育日之际》[J]，《国防》2018 年第 9 期，第 52～53 页。

保障。当时俄军流行一句话："国家假装关心我们，我们假装保卫国家。"① 二是经济热潮的遮蔽效应。改革开放后，中国社会在释放出巨大经济活力的同时，人们对经济活动的热情参与在一定程度上遮蔽了对其他方面的关注，如片面追求经济发展，不顾一切地开发建设而忽视环境污染。国防安全是一种高端政治，人们对国防安全的关注程度、对国防安全的责任感也不可避免地受到经济热情的冲击。经济狂热潮中的公民社会蕴藏着一些不安全因素，如通货膨胀、贫富分化、道德败坏等。如果国家政治调控得力，经受住了经济狂热的考验，诸多不安全因素得到遏制，国家就会回归经济理性和社会理性。届时，建立在理性基础上的政治热情将会有利于人们形成自觉、稳定、持久的社会责任感，从而重铸国家责任感和国防责任感的基础。三是社会多元化冲击人们的社会责任认同。改革开放后，中国社会从前 30 年高度同质的社会转变为经济成分多样化、社会生活多样化、利益关系多样化、分配形式多样化的社会。社会的多元化使身处其中的个体和组织较以往更加关注自身利益的实现，社会整体的背景和利益在一部分公民心中变得越来越不清晰，他们因此也越来越难以对自己生活于其中的社会产生认同，进而不愿意承担社会责任，更不用说比普通社会责任更为高远的国家责任和国防责任。四是不良社会风气和思潮的影响。社会风气和思潮以"猎奇"或"流行"的方式对人们产生影响。当社会风气和社会思潮涌来时，人们去看、去听、去比较、去鉴别、去模仿或摒弃，这个过程就是人的思想意识受影响、起变化的过程。人们身处一定的社会空间，眼睛密切地关注着社会，并自觉不自觉地以社会的参照物来调整自己的品行。面对社会丑恶现象等各种"负能量"，当人们长时间感到无能为力时就可能屈从或从众，这样，"负能量"就通过"挤出效应"不断蚕食人们的责任感，使人们不愿承担社会和国家责任。同时，"地球人"话语模糊了爱国主义认知，"世界公民"与国家感情渐行渐远，也侵蚀了人们的理想信念，淡化了人们的民族认同，削弱了人们的国家忠诚，消减了人们的责任担当。五是"和平麻痹症"的症候。认识国防安全刺激信息的首要条件是接收来自当前环境的刺激信息。"听惯梨园歌管声，不识旌旗弓与箭。""和平麻痹症"的主要表现就是人们漠视国防安全面临和可能面临的威胁。当人们意识不到国防安全威胁存在或对威胁淡然处之的时候，

① 绍伊古：《我们是如何挽救军队的?》[EB/OL]，孙军译自俄《军队文集》2019 年第 11 期，环球视野网，2020 年 3 月 9 日，http://www.globalview.cn/html/military/info_36874.html.

便无法将国防安全与自身的责任联系起来，或者将自己排除在责任主体之外，认为国防安全只是军人的事，与普通人无关。如果“和平麻痹症”在社会上不是零星存在，便会像流行病一样扩散，不断侵蚀人们的国防责任意识。

（三）教育存在有碍国防责任意识养成的问题

现代国家的公民从小开始直到成年之后大多不断地接受各种方式的教育。在我国，除学校教育得以普及外，各类成人教育和社会教育也基本普及，思想政治教育和国防教育几乎贯穿于主流教育渠道的全过程。部分公民存在的国防责任意识不强的问题，同样也折射出教育本身存在的一些问题。一是教育的功利性。教育的本质是启迪人的精神世界，但是，某些教育活动在很大程度上已经失去了自我本质，失去了责任、乐趣，而是极具近乎赤裸裸的功利性。一切以经济效益为指标，以市场需求为借口，教育人文精神失落，理想信念被教育的功利化所异化，从而使教育对象远离精神家园，远离对社会、对国家的责任。二是责任教育的空洞化。如果仅仅从形式上看，某些教育活动也能够找到“重视”责任教育的证据，但是这些所谓的“责任教育”习惯于以培养“完美的人”为目标，责任要求过于理想化，脱离教育对象的实际。假大空的责任要求往往导致教育对象本应承担、也完全有能力承担的基础性责任被忽视，使责任要求与责任体验一直处于脱节状态。由于难以从责任体验中获得意识积累，进而做好心理准备，部分公民往往在需要承担国防责任这样的重大考验面前出现心理恐慌并产生逃避意识。三是升学、就业的指挥棒使公民在青少年时代就缺失责任教育环境。在我国现阶段教育资源仍不充裕、就业压力持续增大的情况下，一切服务于升学、就业，即使不是教育机构和教育主体的初衷，也是一种客观存在。在小学、中学阶段，教育主体和教育对象以及学生家长都自觉不自觉地强调升入更好的学校，把“成才”与学生个人前途、个人利益之间的关系放在首位，忽略了其与社会发展、社会贡献之间的关系，强化了青少年学生学习的个人动机而弱化了社会动机，使他们对自己的责任感异常发展，对集体、社会和国家的责任感显著降低。同时，家庭教育也存在责任内容的缺失。中国传统社会以家庭为本位，重视亲情是中国社会的一大特色。中国父母一向愿意替孩子承担更多的责任，伴随独生子女家庭的增多和升学、就业压力的增大，这一倾向表现得更为明显。在许多家庭，父母包办了所有家务劳动甚至“陪读”，子女把本该由自己承担的责任推给父母，这样的孩子自幼就很少有回报他人的意识，成人后更是缺乏对他人、对社会、对国家尽责的精神。至于国防责任，2019年国防忧患意识调查结果显示，作为青少年学生的调查对象，多数很少从家庭中得到相应的教育。中国家长更为关心孩子的吃穿住行、学习成绩和未来就业，极少有家长注意引导孩子将这些与国家、民族的命运联系起来，“岳母刺字”式的精忠报国教育已鲜见于中国的家庭教育。

三、教育视角的当代中国公民国防责任意识强化

国防责任意识教育，是国防忧患意识教育的重要组成部分，是公民关于国防安全的思想力向行动力转化的关键环节。增强当代中国公民的国防责任意识是一项综合性的系统工程，受到多种因素的影响和制约，其中有些客观因素是在短期内难以消除的。正因为如此，教育更应承担起强化公民国防责任意识的历史责任。

（一）改进社会责任意识教育

社会责任意识是国防责任意识的基础，没有社会责任意识便不可能有国防责任意识。近年来，党和国家在全社会大力培塑社会主义核心价值观，积极推进思想政治教育，从公民道德建设入手，把加强社会主义思想道德建设作为发展先进文化的重要内容和中心环节。以爱国主义教育为核心，把国防教育作为一项全民性、群众性的社会系统工程。2010年制定的《国家中长期教育改革和发展规划纲要（2010—2020年）》明确提出“着力提高学生服务国家服务人民的社会责任感”①。《新时代公民道德建设实施纲要》指出：“坚持提升道德认知与推动道德实践相结合，尊重人民群众的主体地位，激发人们形成善良的道德意愿、道德情感，培育正确的道德判断和道德责任，提高道德实践能力尤其是自觉实践能力。”② 在社会责任意识教育如此受到重视、力度不断加大的条件下，如何进一步提高教育的实效呢？

---

① 国家中长期教育改革和发展规划纲要工作小组办公室：《国家中长期教育改革和发展规划纲要（2010—2020年）》[EB/OL]，中华人民共和国教育部网站，2010年7月29日，http://www.moe.gov.cn/srcsite/A01/s7048/201007/t20100729_171904.html? gs_ws=tqq_635879677144434007.

② 中共中央、国务院：《新时代公民道德建设实施纲要》[EB/OL]，中华人民共和国中央人民政府网站，2019年10月27日，http://www.gov.cn/zhengce/2019-10/27/content_5445556.htm.

一是用责任伦理教育辅助理想信念教育。责任伦理是与信念伦理相对的。责任伦理意味着一个行为的伦理价值只能在于行为的后果，它要求行动者对自己行为可预见的后果承担责任。① 任何一次重大的社会变迁都伴随着新的伦理精神的产生，当代中国社会需要新的伦理精神来支撑社会的成功转型和可持续发展。② 这种新的伦理精神就是责任伦理精神。如在抗击新冠肺炎过程中，许许多多的中国普通公民身上体现了平凡而又伟大的责任伦理精神，这种责任伦理，不只体现在医务工作者身上，还体现在那些坚守岗位的保安、清洁工、快递小哥、超市营业员身上。他们中的许多人可能是为了养家糊口，但其背后还有一种职业伦理和契约精神支撑着。当然，"在国际国内形势深刻变化、我国经济社会深刻变革的大背景下，由于市场经济规则、政策法规、社会治理还不够健全，受不良思想文化侵蚀和网络有害信息影响，道德领域依然存在不少问题。一些地方、一些领域不同程度存在道德失范现象，拜金主义、享乐主义、极端个人主义仍然比较突出；一些社会成员道德观念模糊甚至缺失，是非、善恶、美丑不分，见利忘义、唯利是图，损人利己、损公肥私；造假欺诈、不讲信用的现象久治不绝，突破公序良俗底线、妨害人民幸福生活、伤害国家尊严和民族感情的事件时有发生。这些问题必须引起全党全社会高度重视，并采取有力措施切实加以解决"③。《新时代公民道德建设实施纲要》指出的这些道德失范现象，归根结底是由于人们价值观的错位缺失造成的社会责任感的缺失。理想信念教育有助于社会责任意识的提高，但教育实践已经证明，单纯的理想信念教育并没有产生所期望的广泛的理想效果。社会责任意识教育，既要有动力牵引，也要有精神防线，即为人们划定底线，规定一个不是过高、可以达到的标准。伦理即是责任的最后一道防线，人们通过恪守伦理，来证实自己之所以为人的尊严与人格。理想化地要求每个公民都具有崇高的理想和坚定的信念、承担起伟大的社会责任，并不一定获得某些人的认同，但作为社会人不要违背责任伦理，承担起最基本的社会责任，这种要求并不过分。大声疾呼通过理想信念教育来克服"价值危机"，唤起公民的社会责任感，尚须最基本的"责任伦理"这一更现实的力量相配合。

---

① 杨能山：《论大学生社会责任感的培养》[J]，《中国成人教育》2008 年第 2 期，第 75 页。

② 曹刚：《责任伦理：一种新的道德思维》[J]，《中国人民大学学报》2013 年第 2 期，第 70 页。

③ 中共中央、国务院：《新时代公民道德建设实施纲要》[EB/OL]，中华人民共和国中央人民政府网站，2019 年 10 月 27 日，http://www.gov.cn/zhengce/2019-10/27/content_5445556.htm.

二是鼓励引导公民在社会参与中培养社会责任感。人们不愿意对自己不了解的事物承担责任；人们对自己的亲历和发现往往更容易产生感情和责任意识；人们只有在意识到社会对自己的需求时才会发现自己的社会价值，为了满足自我实现的需要，愿意去承担社会责任。公民不仅属于家庭，同时也属于自己所在的组织和更广泛的社会。“在科层化社会中，离开了单位、家庭以及个体的小圈子，人们很难在抽象社会中找到自己的身份位置。而身份是与责任紧密相连的，很难想象，一个无法明确自身社会主体身份的人，能够感受到自身对社会的责任。通过社会参与，首先解决了社会主体身份的问题。个体在参与过程中，他们以社会一员的身份履行义务、展开行动，很容易产生作为‘社会主人’的感受和认同，构建起社会主体身份，以及与主体身份相联系的社会责任感。”①

三是建立和完善社会责任追究制度培养公民的社会责任意识。人处于严格的责任追究制度之中，能够时时切身体验责任情感态度。培养公民的社会责任意识，有赖于全社会责任追究制度的建立和完善，使不负责任的人受到应有的惩罚。目前，我国已经建立了覆盖广泛、相对完善的责任追究制度，主要面向“体制内”人员的岗位职责实施责任追究，有的甚至是终身追责，但是面向全体公民的社会责任追究制度很不健全，基本停留在道德层面。事实证明，许多倡导的行为赋予了公民一定的社会责任，但如果没有相应的责任追究制度，则倡导往往显得过分苍白。如在长时期内，我国对“机动车礼让行人”仅做一般的道德和法律要求，全国许多地方提出过相关倡议或进行主题教育活动，但在真正严格实施扣分和罚款等处罚之前，效果并不明显。社会责任追究机制，可以使过失或故意不承担社会责任的行为因不可逃避的“责任追究”而得到有效遏制。这种外在的行为强化作用，其本质就是刺激与反应之间的连接形式，是人的责任行为习惯的养成过程。对社会责任追究机制的运用，即是在发挥制度甚至法律固有的教育引导作用。

（二）增进公民国防责任体验

《新时代公民道德建设实施纲要》提出：“全面推进社会公德、职业道德、家庭美德、个人品德建设，持续强化教育引导、实践养成、制度保障，不断提

① 贾双跃：《发挥社会参与在社会建设中的作用》[N]，《学习时报》2017 年 3 月 22 日第 3 版。

升公民道德素质，促进人的全面发展，培养和造就担当民族复兴大任的时代新人。”① 公民的社会责任感需要在社会参与中培养，也就意味着国防责任感也离不开参与和体验，所以，《全民国防教育大纲》提出“将教育融入公民日常的工作、学习、生活之中”②。如果不能把公民的生产、生活、学习等实践与承担国防责任统一起来，而将国防责任感的培养仅仅囿于“象牙塔”式的教育，则将造成公民日常最熟悉、最习惯的个体行为与活动参与和国防安全事项的人为隔离，使其内心形成对国防责任的敬畏、冷漠甚至排斥。那么，如何让公民在工作、学习、生活等日常的个体行为与活动参与中体验到国防责任呢?

一是确立工作、生活以及知识技能教育与国防教育相统一的观念。现行《国防教育法》第一章《总则》规定：“国家通过开展国防教育，使公民增强国防观念，掌握基本的国防知识，学习必要的军事技能，激发爱国热情，自觉履行国防义务。”可见国防教育有特定的指向、特定的内容和特定的功能。那么，公民日常的工作、学习甚至生活除了满足人的各层次需要，有没有服务社会，甚至服务国防安全的功能呢?显然，在现代国家与社会，有许多事实足以支撑给出肯定的答案。比如，当国家需要通过消费来提振经济时，公民的消费行为就是在为国家尽责。再比如，在军民日益深度融合的今天，公民正常的生产、生活等行为可能在不经意间已经具有了担当国防责任的性质。比较典型的例子是国民教育中的科学文化教育。学习科学文化知识不仅是培养公民个体的生存技能，也是在培养服务国家建设和国防安全的能力，从这个意义上说，科学文化教育就是一种国防教育，学习本身就是在对国防安全承担一份责任。美国早在 20 世纪 50 年代制定的《国防教育法》即是秉持的这一理念。该法认为，美国国防取决于对复杂科学原理和现代技术的掌握，还取决于新原理、新技术和新知识的发现与发展，美国必须努力识别和教育更多的天才。美国国防教育法体现的将科学文化教育与国防教育相统一的理念，将公民自身发展需要与国防需要有机统一起来，在实践中也使公民在接受教育，从事科学研究、工厂生产等活动中体验到参与国防、为国服务等自我实现的满足感和自豪感，在潜移默化中培养了公民的国防责任意识，这种理念和做法是值得我们参考

① 中共中央、国务院：《新时代公民道德建设实施纲要》[EB/OL]，中华人民共和国中央人民政府网站，2019 年 10 月 27 日，http://www.gov.cn/zhengce/2019-10/27/content_5445556.htm.

② 国家国防教育办公室：《全民国防教育大纲》[EB/OL]，中华人民共和国国防部网站，2015 年 9 月 10 日，http://www.mod.gov.cn/edu/2015-09/10/content_4618342.htm.

和借鉴的。

二是促进公民在建设创新型国家中体验国防责任。纵观当今世界发展态势，创新是引领发展的第一动力，实施创新驱动发展战略是我国发展的迫切要求。2006 年，全国科技大会提出自主创新、建设创新型国家战略，颁布了《国家中长期科学和技术发展规划纲要（2006—2020）》。习近平同志在党的十九大报告中强调，把加快建设创新型国家作为现代化建设全局的战略举措，坚定实施创新驱动发展战略，强化创新第一动力的地位和作用。2014 年 9 月，李克强同志在夏季达沃斯论坛上提出要在 960 万平方公里土地上掀起“大众创业”“草根创业”的新浪潮，形成“万众创新”“人人创新”的新势态。此后，他在首届世界互联网大会、国务院常务会议和 2015 年《政府工作报告》等场合频频阐释这一关键词，强调推动大众创业、万众创新是充分激发亿万群众智慧和创造力的重大改革举措，是实现国家强盛、人民富裕的重要途径。在国际军事竞争日益激烈的形势下，国防安全领域同样唯创新者胜，不创新不行，创新慢了也不行，否则就会陷入战略被动。因此，创新不仅是提高社会生产力、提升国际竞争力、增强综合国力的重要手段，也是保障国防安全的战略支撑。“创新和创业也有一个社会责任问题，也需要‘社会责任＋’的思维!”① 公民科学素质是实施创新驱动发展战略的基础，是大众创业创新的热情和潜力源泉，随着保卫国防安全、承担国防责任的能力与科技和创新的联系日益紧密，公民科学素质也是实现公民工作、生活以及知识技能教育与国防教育相统一的基本条件。因此，全民国防教育必须改变单一功能思维，抓住国家实施创新驱动战略的机遇，借力政府推进全民科学素质工作，充分发掘国家和地方重大科技创新工程项目及大众创业、万众创新实践的国防责任体验功能，努力引导公民发现创新实践活动中的国防安全元素，用参与创新实践的情感力和创新文化的陶冶力，促进公民形成承担国防责任的心理取向，获得履行国防责任的心理愉悦。

三是促进公民在推进军民融合深度发展中体验国防责任。2015 年，习近平同志首次提出把军民融合上升为国家战略。2016 年 3 月 25 日中共中央政治局召开会议，审议通过《关于经济建设和国防建设融合发展的意见》。2017 年 6 月 20 日，习近平同志在中央军民融合发展委员会第一次全体会议上的讲话中指

① 殷格非：《大众创业，万众创新的社会责任思考》[J]，《WTO 经济导刊》2015 年第 6 期，第 53 页。

出，把军民融合发展上升为国家战略，“是从国家发展和安全全局出发做出的重大决策，是应对复杂安全威胁、赢得国家战略优势的重大举措”，“当前和今后一个时期是军民融合的战略机遇期，也是军民融合由初步融合向深度融合过渡、进而实现跨越发展的关键期”①。随着军民融合的深化和拓展，将有越来越多的公民通过学习、工作甚至生活与之建立联系或参与其中。例如，2017 年，顺丰集团、中铁快运、中邮速递、德邦物流、京东物流等五家物流细分领域领军企业与部队签署《军民融合战略合作协议》，在运输配送、仓储管理、物资采购、信息融合、科研创新、力量建设、拥军服务、配套支撑等方面展开深入合作，最终达到后勤物流“成系统、整建制、全覆盖”融合的目的。“物流参军”意味着其庞大的从业队伍在承担起岗位职责的同时，也获得了服务国防、参与国防建设的机会。随着体制障碍和机制壁垒的不断打破，会有越来越多的企业、公民参与到军民融合中来，有机会体验到国防责任我有分担的快感和尊严。国防忧患意识教育以至整个全民国防教育应当重视乘军民融合深度发展之势，积极利用军民融合发展成果，探索新渠道，开发新内容，努力在军民融合领域融入国防意识培养新内涵，发掘国防精神建设新功能。

（三）培养公民勇敢意志品质

一个国家、一个民族要想生存与发展，必须要有强大的国防，强大的国防不仅需要雄厚的物质基础，也需要国防责任的承担者具有坚强的意志品质。承担国防责任，意味着时刻准备着为保卫国防安全承受各种艰难困苦甚至牺牲生命。强烈的国防责任意识，需要一个人具有勇敢的意志品格。每个人都会有恐惧。恐惧是一种本能的心理反应，并且对个体、对群体、对民族、对国家经常是一种破坏性力量。公民国防责任意识的弱化与对承担国防责任可能给个体带来的困苦、危险的恐惧有着直接的联系。长期和平与高速发展的环境以及社会的变革、机会的增多、收入的提高、生活的改善等在使公民增强自信的同时，也使一些公民对困苦、危险的承受力有所下降。勇敢的人当然也会产生恐惧，但他们能够进行自我的心理调适，最终战胜恐惧，承担起应负的责任，努力去战胜各种困苦和危险。提高公民的国防责任意识，必须培养其勇敢的意志品质，并使这种意志品质与国防责任联结起来。

---

① 习近平：《习近平谈治国理政》（第二卷）[M]，北京：外文出版社，2017 年版，第 412 页。

一是要从儿童、少年时期抓起。勇气并非天生，需要不断地学习。有关教育的研究表明，儿童、少年有没有勇气，和环境与教育有直接关系，过度保护与照顾，会使孩子变得软弱、胆小。儿童、少年是否勇敢和家长是否勇敢也有直接关系，家长遇事胆怯会造成怯懦的氛围，阻碍或抵消孩子勇敢心理的形成。中国家庭、学校和社会总是习惯给予孩子过多的呵护，使他们远离困苦、危险和恐惧。孩子稍有大胆的举动，常能听到大人们惊呼："快下来，危险!""别碰，危险!""小心呀，危险!"……这样，孩子的心理就逐渐被"不能触及"的危险包围起来，在他们的眼里，可怕的东西越来越多，勇气就这样被一点点挤跑。儿童、少年有时会出现阶段性惧怕，这是一种对环境的畏缩退拒反应。有时，当一种惧怕出现时，另一种惧怕往往会消失，但有时也会更严重和持久，甚至造成心理障碍。培养儿童、少年的勇敢心理和勇敢精神，要在生活中有意识地进行勇气训练，如练习碰撞、玩勇敢者游戏，鼓励他们与成年人进行力所能及的较量，在较量中滋长勇气。要避免过度呵护，在孩子遇事表现出胆怯时，鼓励孩子做勇敢者，战胜自己的胆怯。成年人要为儿童、少年树立勇敢者榜样，在现实和历史中、在小说和影视等作品中寻找勇敢者形象，用他们的精神感动儿童、少年，在儿童、少年面前表现出对勇敢者的钦佩和赞美，引导他们羡慕勇敢者。勇敢的根基是独立，所以要培养儿童、少年的独立性。例如，可以有意识地锻炼他们的独处能力，在他们表现出恐惧时不要让步，并逐步延长时间和增加次数。同时，要注意培养儿童、少年的自我保护意识和能力。"一朝被蛇咬，十年怕井绳。"儿童、少年一旦受到伤害，往往会产生强烈的恐惧心理。要和他们一起分析为什么会受伤害，怎样避免受到伤害，教会他们判断危险程度，有效保护自己。

二是学生军训引入勇气培养内容。学生军训是青少年接受国防教育的重要形式，也是在公民青少年时期将勇敢精神和国防责任联系起来最现实、最直接、最有效的途径。2019 年新版《普通高等学校军事课教学大纲》的课程定位就包括"增强国防观念、国家安全意识和忧患危机意识""提高学生综合国防素质"①。在新版大纲中，军事技能训练中的轻武器射击、战术、格斗基础、战场医疗救护、核生化防护、紧急集合、行军拉练、野外生存等内容均具有培养勇

① 教育部、中央军委国防动员部：《关于印发〈普通高等学校军事课教学大纲〉的通知》[EB/OL]，中华人民共和国教育部网站，2019 年 1 月 11 日，http://www.moe.gov.cn/srcsite/A17/moe_1061/s3289/201902/t20190201_368799.html.

敢意志品质的功能。但在以往的学生军训实践中，部分承训单位和人员习惯把军事技能训练的重点放在队列训练上，其他训练内容，特别是能够锻炼胆气的内容往往被简化或取消，因为这些内容不仅训练组织较为复杂，有的还具有一定的“危险性”。承担国防责任离不开战斗精神，战斗精神又离不开勇气、胆略。军队往往通过实战化训练演练甚至“魔鬼式”对抗训练，使军人克服对战斗的恐惧心理，积累勇气和胆识。学生军训虽然不必像军队训练那么严酷，但起码应当让受训青少年直观认识和体验到战争的残酷性，锻炼在战场环境中处变不惊、临危不惧的意志力，并使他们在体验中提高对磨难、危险的耐受力，养成“勇于承担”“我能承担”的国防责任价值取向和心理习惯。

三是鼓励公民进行冒险体验。人的一生不可能不遇到风险和危险，只有不断地接受锻炼，才能学会努力适应它们、敢于面对它们，在风险和危险真正来临时理性处置、恰当处置。成年公民已经具有较强的判断能力、自控能力和自我保护能力，可以利用社会经济发展形成的客观条件，倡导风气、创造机会，鼓励他们进行适当的冒险，这种冒险只要是适度的，就既可避免受到伤害，又能达到培养勇敢精神的目的。中国国民性格中的和平主义取向折射出冒险精神的不足，并且在现实许多方面的态度和行为中都有所体现。以参加体育运动为例。历史地看，“由于重文轻武思想和文武分途教育制度的影响，中国古代体育的竞技项目逐渐减少”，“中国古代体育同西方体育的最大区别在于对待竞技的态度上”①，这种态度上的区别在当代仍然有着比较明显的表现。《中国体育产业发展报告（2013）》调查显示，2012 年中国人参与比例最高的体育活动中，散步以 56.7％的比例位居第一，紧随其后的是羽毛球，跑步排名第三。2017 年，腾讯公司运用 QQ 大数据，基于 8.77 亿 QQ 用户行为分析发布了《中国人运动报告》。报告显示：中国人最常进行的运动中，健走占比 36.93％，跑步占比 23.56％，两者之和超过 60％；之后是骑车 14.60％、健身 9.84％、跳舞 3.46％等。相比较而言，美国最受欢迎的体育运动包括赛车、橄榄球、棒球、冰球等。这些深受美国人欢迎的体育运动大都具有较大的刺激性和危险性。冒险，可以体现在社会生活的方方面面，冒险精神和冒险体验有助于养成艰苦奋斗、顽强拼搏的公民性格和社会风气，使公民在为维护国防安全需

---

① 王铁新：《中国人的“民族性格”与中国体育的选择》［J］，《体育文史》2001 年第 4 期，第 14 页。

要冒险与牺牲时，能够以勇敢者的态度和行为义无反顾地承担起责任。培养勇敢精神，在条件允许的情况下，还可以有意识地训练公民在生活中遇到危险时如何控制忧虑和恐惧，训练可以是创设情境，如进行防灾演练，也可以进行心理引导。

参考文献

[1] 马克思恩格斯全集：第一卷 [M]. 中共中央马克思恩格斯列宁斯大林著作编译局，译. 北京：人民出版社，1995.

[2] 马克思恩格斯选集：第三卷 [M]. 中共中央马克思恩格斯列宁斯大林著作编译局，译. 北京：人民出版社，2002.

[3] 马克思恩格斯选集：第四卷 [M]. 中共中央马克思恩格斯列宁斯大林著作编译局，译. 北京：人民出版社，2012.

[4] 马克思恩格斯文集：第九卷 [M]. 中共中央马克思恩格斯列宁斯大林著作编译局，译. 北京：人民出版社，2009.

[5] 列宁. 列宁全集：第二十五卷 [M]. 中共中央马克思恩格斯列宁斯大林著作编译局，译. 北京：人民出版社，1988.

[6] 列宁. 列宁全集：第三十五卷 [M]. 2 版. 中共中央马克思恩格斯列宁斯大林著作编译局，译. 北京：人民出版社，1985.

[7] 列宁. 列宁全集：第六卷 [M]. 中共中央马克思恩格斯列宁斯大林著作编译局，译. 北京：人民出版社，1986.

[8] 毛泽东. 毛泽东选集：第一卷 [M]. 北京：人民出版社，1991.

[9] 毛泽东. 毛泽东选集：第五卷 [M]. 北京：人民出版社，1977.

[10] 中共中央文献研究室. 毛泽东文集：第五卷 [M]. 北京：人民出版社，1996.

[11] 中共中央文献研究室. 毛泽东著作专题摘编 [M]. 北京：中央文献出版社，2003.

[12] 中共中央文献研究室，中国人民解放军军事科学院. 建国以来毛泽东军事文稿：中卷 [M]. 北京：军事科学出版社，2010.

[13] 中共中央文献研究室. 毛泽东年谱：中卷 [M]. 北京：中央文献出版社，2013.
[14] 邓小平. 邓小平文选：第三卷 [M]. 北京：人民出版社，1993.
[15] 习近平. 习近平谈治国理政 [M]. 北京：外文出版社，2014.
[16] 习近平. 习近平谈治国理政：第二卷 [M]. 北京：外文出版社，2017.
[17] 中共中央文献研究室. 习近平总书记重要讲话文章选编 [M]. 北京：中央文献出版社，2016.
[18] 中共中央宣传部. 习近平总书记系列重要讲话读本 [M]. 北京：人民出版社，2016.
[19] 中共中央文献研究室. 十五大以来重要文献选编 [M]. 北京：人民出版社，2000.
[20] 中国共产党第十九次全国代表大会文件汇编 [M]. 北京：人民出版社，2017.
[21] 广东省社会科学院历史研究室，中国社科院近代史研究所中华民国研究室，中山大学历史系孙中山研究室. 孙中山全集：第一卷 [M]. 北京：中华书局，1981.
[22] 广东省社会科学院历史研究室，中国社科院近代史研究所中华民国研究室，中山大学历史系孙中山研究室. 孙中山全集：第二卷 [M]. 北京：中华书局，1982.
[23] 广东省社会科学院历史研究室，中国社科院近代史研究所中华民国研究室，中山大学历史系孙中山研究室. 孙中山全集：第五卷 [M]. 北京：中华书局，1985.
[24] 严复. 严幾道诗文钞：卷之四 [M]. 上海：国华书局，1922（民国十一年）.
[25] 康有为. 大同书 [M]. 上海：中华书局，1935.
[26] 谭嗣同. 谭嗣同全集 [M]. 北京：三联书店，1954.
[27] 中国史学会. 中国近代史资料丛刊：戊戌变法 [M]. 上海：神州国光社，1953.
[28] 中国史学会. 中国近代史资料丛刊：辛亥革命 [M]. 上海：上海人民出版社，1957.
[29] 中国史学会. 中国近代史资料丛刊：洋务运动 [M]. 上海：上海人民出版

社，1961.
[30] 梁廷枏. 夷氛闻记 [M]. 北京：中华书局，1959.
[31] 梁廷枏. 奥海关志：卷二十三 [M]. 台北：成文出版社，1968.
[32] 广东省文史研究馆. 三元里人民抗英斗争史料：广东夷务事宜 [M]. 北京：中华书局，1959.
[33] 张枬，王忍之. 辛亥革命前十年时论选集：第一卷 [M]. 北京：三联书店，1960.
[34] 齐思和. 鸦片战争：第二册 [M]. 上海：上海人民出版社，1962.
[35] 齐思和. 鸦片战争：第五册 [M]. 上海：上海人民出版社，1962.
[36] 龚自珍. 龚自珍全集：上册 [M]. 北京：中华书局，1963.
[37] 中山大学历史系中国近代现代史教研组、研究室. 林则徐集：奏稿 [M]. 北京：中华书局，1965.
[38] 欧阳修. 新五代史：第二册 [M]. 北京：中华书局，1974.
[39] 复旦大学历史系中国近代史教研室. 中国近代对外关系史资料选辑：上卷第一分册 [M]. 上海：上海人民出版社，1977.
[40] 赵光贤. 周代社会辨析 [M]. 北京：人民出版社，1980.
[41] 夏甄陶. 关于目的的哲学 [M]. 上海：上海人民出版社，1982.
[42] 朱有瓛. 中国近代学制史料：第一辑 [M]. 上海：华东师范大学出版社，1983.
[43] 中华书局编辑部. 魏源集：上册 [M]. 北京：中华书局，1983.
[44] 龚古今，唐培吉. 中国抗日战争史稿：上册 [M]. 武汉：湖北人民出版社，1983.
[45] 孙文光，王世芸. 龚自珍研究资料集 [M]. 合肥：黄山书社，1984.
[46] 曾业英. 蔡松坡集 [M]. 上海：上海人民出版社，1984.
[47] 王维礼. 中国现代史 [M]. 沈阳：辽宁人民出版社，1984.
[48] 黄丽镛. 魏源年谱 [M]. 长沙：湖南人民出版社，1985.
[49] 黄泽德. 林则徐信稿 [M]. 福州：福建人民出版社，1985.
[50] 中央教育科学研究所. 老解放区教育资料：抗日战争时期 [M]. 北京：教育科学出版社，1986.
[51] 上海书店. 二十五史 [M]. 上海：上海古籍出版社，1986.
[52] 李德顺. 价值论：一种主体性的研究 [M]. 北京：中国人民大学出版

社，1987.
［53］梁漱溟. 中国文化要义［M］. 上海：学林出版社，1987.
［54］王玉梁. 价值和价值观［M］. 西安：陕西师范大学出版社，1988.
［55］王绳祖. 国际关系史：上册［M］. 武汉：武汉大学出版社，1988.
［56］任应来. 国防史话［M］. 北京：国防大学出版社，1989.
［57］陆贾. 新语［M］. 上海：上海古籍出版社，1990.
［58］中国第二历史档案馆. 中华民国史档案资料汇编：第五辑［M］. 南京：江苏古籍出版社，1991.
［59］曾成平. 现代教育哲学论［M］. 重庆：重庆出版社，1991.
［60］高时良. 中国近代教育史资料汇编：洋务运动［M］. 上海：上海教育出版社，1992.
［61］宋敏求. 唐大诏令集［M］. 上海：学林出版社，1992.
［62］张晓生. 中国近代战策辑要［M］. 北京：军事科学出版社，1993.
［63］中共中央宣传部宣传教育局. 爱国主义教育实施纲要读本［M］. 北京：学习出版社，1994.
［64］钱穆. 国史大纲［M］. 北京：商务印书馆，1994.
［65］林语堂. 林语堂名著全集：第十八卷［M］. 长春：东北师范大学出版社，1994.
［66］林语堂. 林语堂名著全集：第二十卷［M］. 长春：东北师范大学出版社，1994.
［67］陶绪. 晚清民族主义思潮［M］. 北京：人民教育出版社，1995.
［68］朱熹. 四书集注［M］. 上海：上海古籍出版社，1996.
［69］朱熹. 周易集注［M］. 上海：上海古籍出版社，1996.
［70］徐复观. 中国人文精神之阐扬［M］. 北京：中国广播电视出版社，1996.
［71］徐复观. 中国人性论史：先秦篇［M］. 上海：上海三联书店，2001.
［72］金冲及. 毛泽东传［M］. 北京：中央文献出版社，1996.
［73］陈高华，钱海皓. 中国军事制度史：军事教育训练制度卷［M］. 郑州：大象出版社，1997.
［74］贾若瑜. 中国军事教育通史：上［M］. 沈阳：辽宁教育出版社，1997.
［75］中国军事通史编委会. 中国军事通史：第一卷［M］. 北京：军事科学出版社，1998.

[76] 中国军事通史编委会. 中国军事通史：第十五卷 [M]. 北京：军事科学出版社，1998.
[77] 中国军事通史编委会. 中国军事通史：第十六卷 [M]. 北京：军事科学出版社，1998.
[78] 郭齐家. 中国古代学校 [M]. 北京：商务印书馆，1998.
[79] 叶浩生. 西方心理学的历史与体系 [M]. 北京：人民教育出版社，1998.
[80] 李维. 认知心理学研究 [M]. 杭州：浙江人民出版社，1998.
[81] 许江瑞，方宁. 国防法概论 [M]. 北京：军事科学出版社，1999.
[82] 夏保成. 国家安全论 [M]. 长春：长春出版社，1999.
[83] 赵汝愚. 宋朝诸臣奏议 [M]. 上海：上海古籍出版社，1999.
[84] 李平. 中国文化散论 [M]. 合肥：安徽大学出版社，2000.
[85] 孙培青. 中国教育史 [M]. 上海：华东师范大学出版社，2000.
[86] 刘献君. 大学之思与大学之治 [M]. 武汉：华中理工大学出版社，2000.
[87] 武炳，张彦斌，杜景山. 国防教育学 [M]. 北京：国防大学出版社，2000.
[88] 汤志钧. 康有为政论集 [M]. 北京：中华书局，2000.
[89] 梁启超. 饮冰室文集：第一集 [M]. 昆明：云南教育出版社，2001.
[90] 梁启超. 饮冰室文集：第四集 [M]. 昆明：云南教育出版社，2001.
[91] 梁启超. 论中国学术思想变迁之大势 [M]. 上海：上海古籍出版社，2001.
[92] 李伯黍，燕国材. 教育心理学 [M]. 2 版. 上海：华东师范大学出版社，2001.
[93] 项久雨. 思想政治教育价值论 [M]. 北京：中国社会科学出版社，2003.
[94] 钮先钟. 中国古代战略思想概论 [M]. 合肥：安徽教育出版社，2003.
[95] 傅景云. 国防教育概论 [M]. 北京：军事科学出版社，2003.
[96] 苑士军. 国防教育概论 [M]. 北京：解放军出版社，2004.
[97] 弘治，张鑫典，孙大超. 盛世之毁：甲午战争 110 年祭 [M]. 北京：华文出版社，2004.
[98] 中共中央党校国际战略研究所. 中国和平崛起新道路 [M]. 北京：中共中央党校出版社，2004.
[99] 子杉. 国家的选择与安全 [M]. 上海：上海三联书店，2005.

［100］张耀灿，郑永廷，吴潜涛，等. 现代思想政治教育学［M］. 北京：人民出版社，2006.
［101］黄仁宇. 万历十五年［M］. 北京：三联书店，2006.
［102］乌杰. 系统哲学［M］. 北京：人民出版社，2008.
［103］陈来. 古代宗教与伦理：儒家思想的根源［M］. 北京：三联书店，2009.
［104］刘晓鲁. 大学生军事思想与国防精神教育［M］. 电子科技大学出版社，2011.
［105］王淑梅. 国防教育教程［M］. 北京：军事科学出版社，2013.
［106］何锋. 中国国防教育史纲［M］. 厦门：厦门大学出版社，2013.
［107］李大光. 国家安全［M］. 北京：解放军出版社，2016.
［108］郑建邦. 国际关系辞典［M］. 北京：中国广播电视出版社，1992.
［109］侯树栋，冯少武，崔辉政，等. 国防教育大辞典［M］. 北京：军事科学出版社，1992.
［110］顾明远. 教育大辞典［M］. 上海：上海教育出版社，1998.
［111］马士. 中华帝国对外关系史：第一卷［M］. 张汇文，译. 上海：上海三联书店，1957.
［112］黑格尔. 小逻辑［M］. 贺麟，译. 北京：商务印书馆，1980.
［113］卢梭. 社会契约论［M］. 何兆武，译. 北京：商务印书馆，1980.
［114］实藤惠秀. 中国人留学日本史［M］. 谭汝谦，译. 上海：上海三联书店，1983.
［115］苏共中央直属社会科学院心理学和教育学教研组. 党的工作中的社会心理学和教育学［M］. 史民德，何得霖，译. 南宁：广西人民出版社，1986.
［116］马斯洛 A H. 动机与人格［M］. 许金声，译. 北京：华夏出版社，1987.
［117］联合国教科文组织教育统计局. 国际教育标准分类［M］. 北京：人民教育出版社，1988.
［118］博福尔. 战略入门［M］. 军事科学院外国军事研究部，译. 北京：军事科学出版社，1989.
［119］奥戴，阿维德. 宗教社会学［M］. 刘润忠，译. 北京：中国社会科学出版社，1990.
［120］默顿. 论理论社会学［M］. 何凡兴，李卫红，王丽娟，译. 北京：华夏

出版社，1990.
[121] 罗素. 中国问题 [M]. 秦悦，译. 上海：学林出版社，1996.
[122] 基辛格. 大外交 [M]. 顾淑馨，林添贵，译. 海口：海南出版社，1998.
[123] 古德诺. 解析中国 [M]. 蔡向阳，译. 北京：国际文化出版公司，1998.
[124] 帕特南. 使民主运转起来：现代意大利的公民传统 [M]. 王列，赖海榕，译. 南昌：江西人民出版社，2001.
[125] 杰维斯. 国际政治中的知觉和错误知觉 [M]. 秦亚青，译. 北京：世界知识出版社，2003.
[126] 普劳斯. 决策与判断 [M]. 施俊琦，王星，译. 北京：人民邮电出版社，2004.
[127] 麦克纳马拉，布莱特. 历史的教训：美国国家安全战略建言书 [M]. 张立平，译. 北京：世界知识出版社，2005.
[128] 奈 J S. 硬权力与软权力 [M]. 门洪华，译. 北京：北京大学出版社，2005.
[129] 迈尔斯. 社会心理学 [M]. 8 版. 侯玉波，乐国安，张智勇，译. 北京：人民邮电出版社，2006.
[130] 亚里士多德. 政治学 [M]. 吴寿彭，译. 北京：商务印书馆，2008.
[131] 谢尔巴特赫. 恐惧感与恐惧心理 [M]. 刘文华，杨进发，徐永平，译. 北京：华文出版社，2008.
[132] 教育杂志，1936，25 (1).
[133] 解放，1937，1 (4).
[134] 余家菊. 非和平主义的教育 [J]. 少年中国，1922 (4).
[135] 于光远. 关于建立和发展教育经济学的几个问题 [J]. 经济研究，1980 (8).
[136] 杨静云. 美国政治观、价值观驾驭掠影 [J]. 思想教育研究，1994 (3).
[137] 中国企业文化建设协会赴美考察团. 美国的国家意识教育 [J]. 思想政治工作研究，1995 (8).
[138] 陈立思. 关于美国思想政治教育的几个问题 [J]. 中国青年政治学院学报，1997 (1).
[139] 代金平. 对主体性思想历史演变的中西比较研究 [J]. 甘肃社会科学，1997 (6).

[140] 陈道德. 确立思想政治教育目的的意义和主要依据 [J]. 武汉交通管理干部学院学报，2000 (4).
[141] 宫兆良，胡浩洋，邢瑞贤. 国防意识事关国家存亡：从“零点公司”的调查说起 [J]. 国防. 2000 (5).
[142] 何玮鹏. 恐惧：国家安全的心理分析 [J]. 世界经济与政治，2001 (2).
[143] 李朋. 战争机制的历史分析 [J]. 北方论丛，2001 (2).
[144] 王铁新. 中国人的“民族性格”与中国体育的选择 [J]. 体育文史，2001 (4).
[145] 苏珊珊. 冷战后“中国威胁论”的历史演变 [J]. 社会主义研究，2019 (2).
[146] 高廉怡，郑富兴. 论全球化时代国家认同感的培养 [J]. 比较教育研究，2002 年“全球化与教育改革”专刊.
[147] 刘志生. 社会发展与忧患意识的理性审视 [J]. 南京政治学院学报，2003 (5).
[148] 杜汉生，刘爽. 忧患意识与中华民族的民族精神 [J]. 湖北师范学院学报(哲学社会科学版)，2004 (4).
[149] 李瑢瑢. 论爱国主义中的忧患意识 [J]. 求索，2004 (8).
[150] 董恩林. 以战求和：唐代边塞诗的主旋律 [J]. 新疆师范大学学报（哲学社会科学版)，2005 (1).
[151] 王缉思，徐辉. 中美危机行为比较分析 [J]. 美国研究，2005 (2).
[152] 柳建平. 安全、人的安全和国家安全 [J]. 世界经济与政治，2005 (2).
[153] 中国青少年研究中心课题组. 中国青年看世界调查报告 [J]. 中国青年研究，2005 (5).
[154] 王红松. 应重视大学生的忧患意识教育 [J]. 理论界，2005 (9).
[155] 李晓社. 传统忧患意识的形成及思想内涵 [J]. 攀登，2006 (3).
[156] 张男星. 俄罗斯国家安全意识与教育政策 [J]. 教育理论与实践，2006 (4).
[157] 高中. 国家安全与个人安全的法理辨析 [J]. 长春市委党校学报，2006 (6).
[158] 徐光木. 从“中国威胁论”说到忧患意识 [J]. 学习月刊，2007 (5).
[159] 翟成蹊，陈舒音. 儿童青少年的国家认同感的心理分析 [J]. 消费导刊，

2007 (8).
[160] 杨能山. 论大学生社会责任感的培养 [J]. 中国成人教育，2008 (2).
[161] 叶浩生，杨文登. 责任的二重性及责任意识的培养：基于心理学的视野 [J]. 心理学探新，2008 (3).
[162] 邓李赟，史向军. 略论历史教育的功能和作用 [J]. 前沿，2008 (4).
[163] 赵鹏旭，王铁震. 论“忧患意识”[J]. 改革与开放，2009 (12).
[164] 洪纳，韦斯特格伦，王好强. 历史环境教育：借助过去让今日的公众参与 [J]. 国际博物馆，2011 (2).
[165] 曹刚. 责任伦理：一种新的道德思维 [J]. 中国人民大学学报，2013 (2).
[166] 王洁. 论“愤青”的爱国主义思想教育 [J]. 学理论，2014 (31).
[167] 谢素蓉. 国防教育主体辨析 [J]. 厦门大学学报（哲学社会科学版），2015 (6).
[168] 甄宇. 中共历代领导人忧患意识发展初探 [J]. 北京警察学院学报，2015 (6).
[169] 殷格非. 大众创业、万众创新的社会责任思考 [J]. WTO 经济导刊，2015 (6).
[170] 钱美玲，丁三青. 思想政治教育价值论的逻辑起点再认识 [J]. 学校党建与思想教育，2016 (1).
[171] 迟蕊. 鲁迅的“国民性”概念辨析：从与“民族性”概念的关联出发 [J]. 鲁迅研究月刊，2016 (1).
[172] 张夏力. 人学视域中思想政治教育的功能研究 [J]. 理论与改革，2016 (3).
[173] 刘开军. 价值判断、问题反思与走出困境：近 35 年来公众历史教育思想的演进 [J]. 四川师范大学学报（社会科学版），2016 (3).
[174] 李佩佩. 中国与新加坡爱国主义教育内容的比较探究 [J]. 亚太教育，2016 (4).
[175] 丛文胜. 塑造新型国防安全观 [J]. 人民法治，2016 (8).
[176] 王卫星. 加强全民国防教育，凝聚新时代国防力量：写在第十八个全民国防教育日之际 [J]. 国防，2018 (9).
[177] 章秀英，戴春林. 公民国家认同感发展现状及影响因素：基于 10 省市问

卷跟踪调查（2011—2014）[J]. 马克思主义与现实，2017（4）.
[178] 赵琼，吴玉军. 历史记忆与国家认同：基于美国国家认同教育中历史英雄人物符号的塑造问题分析 [J]. 思想教育研究，2017（7）.
[179] 杨千里. 论新形势下高校国防教育的基本规律 [J]. 现代教育科学，2017（9）.
[180] 杨恕，王术森. 议题性质、威胁认知、共同利益与“可合作安全” [J]. 国际安全研究，2018（2）.
[181] 吴玉军. 如何提升国民的国家认同感 [J]. 中国德育，2018（2）.
[182] 刘晓潇. 试论道家哲学智慧与中国国民性格的养成 [J]. 山西社会主义学院学报，2018（3）.
[183] 谭东华，刘宇赤. 习近平忧患意识的特色、来源及时代价值 [J]. 攀登，2018（5）.
[184] 张璐璐. 高校国防教育功能发挥研究：以真人秀节目为视角 [J]. 改革与开放，2018（5）.
[185] 左志新. 第十六次全国国民阅读调查成果发布 [J]. 传媒，2019（4）（下）.
[186] 刘晓荷，董小玉. 读图时代的阅读嬗变与出版调适 [J]. 现代出版，2019（6）.
[187] 埃尔金. 教育的目的 [J]. 李雁冰，译. 教育发展研究，2016（18）.
[188] 柏林. 论民族主义 [J]. 秋风，译. 战略与管理，2001（4）.
[189] 习近平. 在中央国家安全委员会第一次会议上的讲话 [N]. 人民日报，2014-4-16.
[190] 习近平在首个全民国家安全教育日之际作出重要指示强调：汇聚起维护国家安全强大力量，不断提高人民群众安全感幸福感 [N]. 人民日报，2016-4-15.
[191] 国民精神总动员纲领 [N]. 新华日报，1939-3-12.
[192] 徐向前. 全社会都来关心国防教育 [N]. 解放军报，1990-1-5.
[193] 迟浩田. 在人大分组会上的发言 [N]. 解放军报，1991-3-28.
[194] 胡锦涛在中央政治局第五次集体学习时强调：密切关注世界新军事变革的发展态势，积极关心支持国防和军队现代化建设 [N]. 人民日报，2003-5-25.

[195] 唐洲雁. 凝心聚力共筑中国梦：学习习近平同志在十二届全国人大一次会议上的重要讲话 [N]. 人民日报，2013-3-28.
[196] 新时代公民道德建设实施纲要 [N]. 人民日报，2019-10-28.
[197] 深入实施军民融合发展战略，努力开创强军兴军新局面 [N]. 解放军报，2015-3-13.
[198] 贾双跃. 发挥社会参与在社会建设中的作用 [N]. 学习时报，2017-3-22.
[199] 石纯民. 增强忧患意识，推进国防教育：学习贯彻党的十九届四中全会精神笔谈 [N]. 中国国防报，2019-11-15.
[200] 梅宁华. 树立符合新时代要求的现代国家意识：兼析民族虚无主义思潮的表现和危害 [N]. 北京日报，2019-8-5.
[201] 程刚，谢湘. 中国人看中美关系 [N]. 环球时报，2005-3-2.
[202] 阎学通. 台海和平是谁维护的 [N]. 环球时报，2008-6-11.
[203] 霍霞. 中国人性格大调查 [N]. 北京科技报，2004-11-3.
[204] 国家教育委员会，总参谋部，总政治部. 关于印发新修订的《高等学校学生军事训练大纲》的通知 [A]. 1994-5-6.
[205] 教育部，总参谋部，总政治部. 关于印发《普通高等学校军事课教学大纲》的通知 [A]. 2002-6-19.
[206] 中国人民解放军政治学院党史教研室. 中共党史参考资料：第 7 册 [A]. 1979.
[207] 习近平. 坚持总体国家安全观，走中国特色国家安全道路 [EB/OL]. (2014-04-15). http://cpc.people.com.cn/xuexi/n/2015/0720/c397563-27331861.html.
[208] 习近平. 让历史说话用史实发言，深入开展中国人民抗日战争研究 [EB/OL]. (2015-07-31). http://news.xinhuanet.com/politics/2015-07/31/c_1116107416.htm.
[209] 国家中长期教育改革和发展规划纲要工作小组办公室. 国家中长期教育改革和发展规划纲要（2010—2020 年） [EB/OL]. (2010-07-29). http://www.moe.gov.cn/srcsite/A01/s7048/201007/t20100729_171904.html?gs_ws=tqq_635879677144434007.
[210] 程琦. 和平年代当兵没意义？孙宁委员：国防教育不能“挂空档” [EB/OL]. (2014-01-20). http://sh.eastday.com/m/2014shlh/u1a7897790.html.

[211] 调查显示多数民众认为我国存在安全威胁，支持增加军费［EB/OL］.（2014-03-31）. http://gd.people.com.cn/n/2014/0331/c123932-20896678.html.

[212] 曾伟. 习近平“治军”关键词：从严，实战，转型［EB/OL］.（2014-06-19）. http://cpc.people.com.cn/n/2014/0619/c64094-25170727.html.

[213] 国家国防动员委员会. 全民国防教育大纲［EB/OL］.（2015-09-10）. http://www.mod.gov.cn/edu/2015-09/10/content_4618342.htm.

[214] 李习文. 新闻舆论：国家安全的必争之地［EB/OL］.（2016-06-13）. http://junshi.gmw.cn/2016-06/13/content_20521122.htm.

[215] 杨玉国. 提高全民国防意识：国防建设必须全民参与［EB/OL］.（2018-03-15）. http://www.js7tv.cn/news/201803_136669.html?from=singlemessage.

[216] 教育部，中央军委国防动员部. 关于印发《普通高等学校军事课教学大纲》的通知［EB/OL］.（2019-01-11）. http://www.moe.gov.cn/srcsite/A17/moe_1061/s3289/201902/t20190201_368799.html.

[217] 张君荣. 2018 年中国国家安全十大事件调查结果发布［EB/OL］.（2019-01-15）. http://ex.cssn.cn/zx/bwyc/201901/t20190115_4811543.shtml?COLLCC=1542041201&.

[218] 国务院新闻办公室. 新时代的中国国防［EB/OL］.（2019-07-24）. http://www.mod.gov.cn/regulatory/2019-07/24/content_4846424.htm.

[219] 中共中央，国务院. 新时代公民道德建设实施纲要［EB/OL］.（2019-10-27）. http://www.gov.cn/zhengce/2019-10/27/content_5445556.htm.

[220] 绍伊古. 我们是如何挽救军队的？［EB/OL］. 孙军译自俄《军队文集》2019 年第 11 期，（2020-03-9）. http://www.globalview.cn/html/military/info_36874.html.

[221] 周易：系辞.

[222] 诗经.

[223] 尚书.

[224] 论语.

[225] 礼记.

[226] 周礼.

［227］左传.
［228］国语.
［229］孟子.
［230］墨子.
［231］商君书.
［232］吕氏春秋.
［233］孙子.
［234］楚辞.
［235］战国策.
［236］司马迁. 史记.
［237］班固. 汉书.
［238］桓宽. 盐铁论.
［239］范晔. 后汉书.
［240］陈寿. 三国志.
［241］颜之推. 颜氏家训.
［242］魏收. 魏书.
［243］郭茂倩. 乐府诗集.
［244］沈约. 宋书.
［245］房玄龄，褚遂良，许敬宗. 晋书.
［246］令狐德棻，长孙无忌，魏徵. 隋书.
［247］杜佑. 通典.
［248］王溥. 唐会要.
［249］刘昫. 旧唐书.
［250］董诰，阮元，徐松. 全唐文.
［251］欧阳修，宋祁. 新唐书.
［252］欧阳修. 欧阳修全集.
［253］苏轼. 东坡全集.
［254］张耒. 柯山集.
［255］司马光. 资治通鉴.
［256］司马光. 温国文正司马公文集.
［257］王安石. 临川先生文集.

[258] 李纲. 靖康传信录.
[259] 陆游. 剑南诗稿.
[260] 叶适. 叶适集.
[261] 张光祖. 言行龟鉴.
[262] 李焘. 续资治通鉴长编.
[263] 吕祖谦. 宋文鉴.
[264] 李觏. 李觏集.
[265] 蔡襄. 蔡忠惠集.
[266] 赵翼. 廿二史札记.
[267] 李心传. 建炎以来系年要录.
[268] 黎德清. 朱子语类.
[269] 徐自明. 宋宰辅编年录.
[270] 脱脱. 宋史.
[271] 曾公亮，丁度. 武经总要.
[272] 叶子齐. 草木子.
[273] 宋濂. 元史.
[274] 何秋涛. 朔方备乘.
[275] 胡宗宪. 筹海图编.
[276] 徐梦莘. 三朝北盟会编.
[277] 申时行. 明会典.
[278] 查继佐. 罪惟录.
[279] 范景文. 南枢志.
[280] 徐学聚. 国朝典汇.
[281] 毕沅. 续资治通鉴.
[282] 张廷玉. 明史.
[283] 明太宗宝训.
[284] 清圣祖实录.
[285] 清会典事例.
[286] 包世臣. 安吴四种.
[287] 魏源. 海国图志.
[288] 欧阳昱. 见闻琐录后集.

[289] 文庆. 筹办夷务始末：道光朝.
[290] 贾桢. 筹办夷务始末：咸丰朝.
[291] 宝鋆. 筹办夷务始末：同治朝.
[292] 李翰章编，李鸿章校，曾国藩著. 曾文正公全集：奏稿.
[293] 吴汝纶编，李鸿章著. 李文忠公全集：朋僚函稿.
[294] 吴汝纶编，李鸿章著. 李文忠公全集：奏稿.
[295] 杨书霖编，左宗棠著. 左文襄公全集：书牍.
[296] 杨书霖编，左宗棠著. 左文襄公全集：年谱.
[297] 杨书霖编，左宗棠著. 左文襄公全集：奏稿.
[298] 赵尔巽，柯劭忞等. 清史稿.
[299] NUECHTERLEIN D E. America Over Committed: United States National Interests in the 1980s[M]. Lexington: University Press of Kentuchy Press, 1985.
[300] WOLFERS A. Discord and Collaboration[M]. Baltimore: The Johns Hopkins University Press, 1962.
[301] WANG J W. Limited Adversaries: Post—Cold War Sino-American Mutual Images [M]. Oxford and New York: Oxford University Press, 2000.
[302] RUSSETT B, STARR H. World Politics: The Menu for Choice[M]. New York: W. H. Freeman and Company, 1996.
[303] BOULDING K E. The Image: Knowledge in Life and Society [J]. Southern Economic Journal, 1957(10).
[304] BOULDING K E. National Images and International Systems[J]. Journal of Conflict Resolution, Peace Science Society(International), 1959, 3(2).
[305] LENG R J. Reagan and the Russians: Crisis Bargaining Beliefs and the Historical Record[J]. American Political Science Review, 1984(78).
[306] HALPIN T. Textbooks Rewrite History to Fit Putin's Vision[N]. The Times, July 30, 2007.

后　记

进入新时代，全民国防教育属性涵蕴内生增殖，主体客体强化拓展，时空背景更加广阔，形式内容更加丰富，平台载体更加多样，向全体公民深入普及，向社会诸领域全面渗透，向重点对象深化拓展，日益形成骨干性支撑、网络状通达的新格局；信息化特征日益鲜明，新媒体、新手段层出不穷，更加能够集聚并盘活各种资源，提升价值引领层次。行百里者半九十，越是接近民族复兴的实现，越是走近世界舞台的中央，越需要增强全民忧患意识。“备豫不虞，为国常道”，“一日不备，会有亡国之恨，一日纵敌，便有数世之患”，“有万分之一的危险，就要有万分警惕、万全准备”。不管形势如何变化，国防忧患意识都必须深入国民之心、注入民族之魂。加强全民国防忧患意识教育，将有助于进一步改造新时代全体公民国防认知结构，激发新时代全体公民精神活力，铸牢新时代全体公民国防担当。

依托多年的积累，得益于单位和诸多同志们的帮助，于举国抗击新冠期间完成定稿。在写作的同时，也始终在关注着疫情和战“疫”的发展，既有揪心的焦虑，也不断地收获感动，并常常移情于课题研究。希望此研究成果能够为国防教育理论建设做出一定的贡献，为开展全民国防教育工作助微薄之力。

陈胜武

2020 年 9 月